Josef Rattner

TIEFENPSYCHOLOGIE UND RELIGION

VERLAG MAX HUEBER

CIP-Kurztitelaufnahme der Deutschen Bibliothek

Rattner, Josef:
Tiefenpsychologie und Religion / Josef Rattner. –
Ismaning bei München : Hueber, 1987.
ISBN 3-19-005514-9

Copyright © 1987 by Max Hueber Verlag, Ismaning bei München
Umschlaggestaltung Hanno Rink und Team 86, München
Gesetzt aus der Candida bei Otto Gutfreund, Darmstadt
Druck und buchbinderische Verarbeitung Pustet, Regensburg
Printed in Germany

Inhalt

Das *religiöse* Elend ist in einem der *Ausdruck* des wirklichen Elends und in einem die *Protestation* gegen das wirkliche Elend. Die Religion ist der Seufzer der bedrängten Kreatur, das Gemüt einer herzlosen Welt, wie sie der Geist geistloser Zustände ist. Sie ist das *Opium* des Volks.

Die Aufhebung der Religion als des *illusorischen* Glücks des Volkes ist die Forderung seines *wirklichen* Glücks. Die Forderung, die Illusionen über seinen Zustand aufzugeben, ist die Forderung, *einen Zustand aufzugeben, der der Illusionen bedarf.* Die Kritik der Religion ist also im *Keim* die *Kritik des Jammertales*, dessen *Heiligenschein* die Religion ist.

Karl Marx *Zur Kritik der Hegelschen Rechtsphilosophie*

Vorwort

Das Thema, das ich im vorliegenden Buch be-
handle, ist delikater als diejenigen Gebiete, die in
anderen Büchern behandelt werden. Wenn man
Fragen der Religion kritisch erörtert, muß man sich
darauf gefaßt machen, Aversionen und Abwehrmechanismen zu mobilisieren. Ich kann gleichwohl diesen Forschungsbereich nicht jener Neu-
tralität überlassen, die in der derzeitigen Analy-
tikergeneration Mode geworden ist. Da Freud,
Adler und Jung lebenslänglich mit Religionspro-
blemen gerungen haben, kann die tiefenpsychologische Forschung von heute nicht einfach einen
konventionellen Standpunkt einnehmen und sich
oberflächlich mit Konfessionen und Kirchen arrangieren, als ob Religion und Psychoanalyse »Zwil-
lingsschwestern« wären. Freud und Adler jedenfalls dachten nicht so, und da ich in ihrer Tradition
aufgewachsen bin und denken gelernt habe, versuche ich in diesem Buch die Geschichte der analytischen Religionspsychologie nachzuzeichnen,
um einige ihrer Intentionen in die Zukunft weiterzuführen. Ich beziehe Feuerbach, Marx und Nietzsche in meine Überlegungen ein, da in ihren
religionspsychologischen Beiträgen viele tiefenpsychologische Erkenntnisse vorweggenommen
wurden.

Berlin, Januar 1987   *Josef Rattner*

Sigmund Freud:
Religion als Illusion

Die Auseinandersetzung mit der Religion zieht sich wie ein roter Faden durch das gesamte Lebenswerk Sigmund Freuds, der zu den bedeutendsten Religionskritikern der Neuzeit gezählt werden muß. Diese Tendenz zum Agnostizismus und zum Atheismus beim Begründer der Psychoanalyse hat sowohl lebensgeschichtliche als auch epochale Hintergründe; Freuds leidenschaftliche Abwendung vom religiösen Glauben ist typisch für viele bürgerliche Wissenschaftler der Neuzeit, die sich als Erben des Aufklärungszeitalters empfanden und hauptsächlich von der exakten Wissenschaft die Weiterentwicklung der Menschheit erhofften.

Wie Ernest Jones in seiner Biographie *Das Leben und Werk von Sigmund Freud*[1] berichtet, wurde Freud in einer relativ freidenkenden Familie erzogen, die nur wenige jüdische Bräuche noch einzuhalten pflegte. Der junge Gymnasiast, der auf Goethes Spuren die Natur enträtseln wollte, begeisterte sich sehr für den Darwinismus und die natürliche Schöpfungslehre, die für keinerlei Mystizismus mehr Raum ließ. Dazu kam bald die Schulung an der Universität, deren naturwissenschaftliche Disziplinen soeben einem strengen Positivismus zu huldigen begonnen hatten. Am Leitfaden des Induktionsprinzips, der Kausalität und des Determinismus sollten alle Probleme der Naturforschung geklärt werden, ohne »übersinnliche Mächte« ins Spiel zu bringen. Freuds große Lehrer in der Medizin, zum Beispiel Ernst Brücke, sahen in der Religion ein Hindernis für die unvoreingenommene Naturerklärung, ein Standpunkt, den sich auch Freud zu eigen machte. Wenn er später das religiöse Denken bekämpfte, so sprach aus ihm nicht nur seine Privatmeinung, sondern auch der Geist von Voltaire und Lessing, von Heine und Helmholtz, von Diderot und d'Alembert, von Du Bois-Reymond, Darwin und vielen anderen.

Abgesehen von fragmentarischen Äußerungen in Briefen und in *Die Traumdeutung* (1900) bezieht Freud die Religion bereits in *Zur Psychopathologie des Alltagslebens*[2] (1904) sehr aufschlußreich in seine psychoanalytischen Überlegungen ein. Zwar geht er vom Aberglauben aus, erklärt aber mit radikaler Entschiedenheit:

> Ich glaube in der Tat, daß ein großes Stück der mythologischen Weltauffassung, die weit bis in die modernen Religionen hinein reicht, nichts anderes ist als in die Außenwelt projizierte Psychologie.[3]

Der Mensch deute die Naturerscheinungen gemäß den sogenannten anthropomorphistischen Gedankenmustern; das Material zu seinen Weltbildern entnehme er offenbar den eigenen Seelenregungen, so daß man bei geeigneter Umkehrung dieses Prozesses »die Metaphysik in Metapsychologie auflösen könne«[4]. Die Religionsbildung weise Ähnlichkeiten mit der Neurose und der Paranoia auf. Beim neurotischen und beim religiösen Menschen sei ein allgemeines Ohnmachtsgefühl ganz zentral, das beim einen zur Ausbildung der verschiedenartigen Symptome, beim anderen zum Aufbau seines Glaubensrepertoires führe.

Dieser Gedankengang erfährt eine Erweiterung in *Zwangshandlungen und Religionsübungen*[5] (1907). Hierin werden die Zeremonielle der Zwangsneurotiker mit bestimmten religiösen Verrichtungen in Parallele gesetzt. In beiden Fällen wird laut Freud die *Lebensangst* verkleinert und in Schach gehalten. Die Übereinstimmungen sind so verblüffend, daß man nach Freud die Zwangsneurose »ein halb komisches, halb trauriges Zerrbild einer Privatreligion«[6] nennen kann. Schlecht gelungene Verdrängungen und Sublimierungen machen Zwänge aller Art nötig, zu denen sich auch irrationale Schuldgefühle, Ängste und Bußhandlungen gesellen. Was hierbei als Verhaltensanomalie zutage kommt, darf mit einer gewissen Kühnheit des Kombinierens ohne weiteres mit den geheiligten Formen des religiösen Lebens gleichgesetzt werden, so daß Freud geneigt ist,

> die Zwangsneurose als pathologisches Gegenstück zur Religionsbildung aufzufassen, die Neurose als eine individuelle Religiosität, die Religion als eine universelle Zwangsneurose zu bezeichnen[7].

Damit waren die Weichen für die analytische Religionsforschung weitgehend gestellt. Diese begab sich auf die Suche nach den Zusammenhängen zwischen Vaterkomplex und Gottesglauben, zwischen verdrängten Triebwünschen und Erlösungssehnsucht, zwischen Elternautorität und religiösem Abhängigkeitsgefühl. Die Fruchtbarkeit dieser Gesichtspunkte konnte in erstaunlicher Weise verifiziert werden.

Dies wird unter anderem erkennbar in Freuds Buch *Totem und Tabu*[8] (1912), dessen Untertitel programmatisch lautet: »Einige Übereinstimmungen im Seelenleben der Wilden und der Neurotiker«. Die Einsichten der Individualpsychologie werden hierbei auf die Völkerpsychologie übertragen, wodurch sich originelle Lösungen für eine ganze Reihe von Problemen ergeben, die damals das Interesse der Forscher in den Wissenschaften vom Menschen in Atem hielten.

Überall in der Welt, auch bei den Naturvölkern,

besteht das Gebot der Exogamie, das heißt die Forderung, daß Geschlechts- und Liebespartner außerhalb der Familie oder des Clans gewählt werden müssen; Familienangehörige sind für den Sexualverkehr »tabu«, also unberührbar. Unberührbarkeit eignet aber auch manchen anderen Personen, Örtlichkeiten, Fakten und so weiter. Das Leben des Primitiven wie auch des Kulturmenschen ist durch zahlreiche Gebote und Verbote eingeengt, für die oft keine vernünftigen Gründe angegeben werden können. Die allgemeine Tabuisierung des Lebens ist ein Phänomen, das dringend der Aufklärung bedarf.

Tabu ist bei den Naturvölkern immer auch das »Totemtier«, welches der Clan als sein eigentliches Symbol betrachtet; oft ist ein Stamm geradezu durch die Verehrung des gemeinsamen Totems zusammengehalten. Dieses Tier darf weder gejagt noch gegessen werden. Nur einmal im Jahr wird dieses Verbot aufgehoben, wobei das geheiligte Verehrungsobjekt erlegt und in der »Totemmahlzeit« feierlich verspeist wird, meistens unter Aufbietung von ausgelassenen Festlichkeiten, in denen viele übliche Beschränkungen, zum Beispiel auch die sexuellen, mißachtet werden dürfen. Die traditionelle Ethnologie stellte den Totemismus und die Tabuvorschriften beziehungslos nebeneinander; Freud jedoch ist der Auffassung, daß beide Phänomene einen gemeinsamen Ursprung und einen reziproken Sinn haben.

Wiederum soll die Neurose als Modell herangezogen werden, da der neurotische Patient für Freud zum Prototyp des Menschen überhaupt wird; hat man die Symptomatik der psychischen Erkrankungen verstanden, dann kann man auch die Probleme der Kultur und der Menschheit begreifen.

So konstatierte Freud bei Neurotikern ein quasianimistisches Weltbild, das heißt die Ansicht, daß einem überall im Leben Dämonen im Weg stehen, die durch »Zauberei« und »Magie« in Schach gehalten werden müssen. Für die magiegläubigen Naturvölker, die stets von »bösem Zauber« bedroht sind, ist es ein wichtiges Anliegen, den jeweiligen »Gegenzauber« zu finden, womit sie feindliche Wirkungen aus der Ferne neutralisieren können. Ähnlich benimmt sich der Neurotiker, der nach Freud an die »Allmacht der Gedanken« glaubt und gegen viele seiner Befürchtungen magische Rituale ins Werk setzt. So heißt es in *Totem und Tabu:*

> Die Neurotiker leben in einer Welt, in welcher, wie ich es an anderer Stelle ausgedrückt habe, nur die »neurotische Währung« gilt, das heißt nur das intensiv Gedachte, mit Affekt Vorgestellte ist bei ihnen wirksam, dessen Übereinstimmung mit der äußeren Realität aber nebensächlich. [...] So erweist sich die Allmacht der Gedanken, die Überschätzung der seelischen Vorgänge gegen die Realität, als unbeschränkt wirksam im Affektleben des Neurotikers mit allen von diesem ausgehenden Folgen. [...] Durch dieses Verhalten wie durch seinen im Leben betätigten Aberglauben zeigt er uns aber, wie nahe er dem Wilden steht, der durch seine bloßen Gedanken die Außenwelt zu ändern meint.[9]

Wo Verbote sind, müssen nach Freud auch starke Wunschregungen vorhanden sein, die durch das Tabu zurückgewiesen werden. Nun hat die Psychoanalyse beim Knaben in der ödipalen Phase seiner seelischen Entwicklung die sexuelle Begierde nach der Mutter und den Schwestern gefunden; beim Mädchen gebe es analoge Gefühle für den Vater und allfällige Brüder. Daher gilt der Ödipuskomplex als »normale Durchgangsstation« auf dem Weg zum Erwachsenwerden. Die anthropologische Bedeutsamkeit dieser Tatsache läßt Freud mutmaßen, daß die Totemverehrung, die Exogamieforderung und ähnliche Tabus eine enge Beziehung zur Ödipusthematik haben.

Die Theorie, die Freud vorlegt, ist abenteuerlich und faszinierend. Einer Hypothese von Charles Darwin folgend nimmt er an, daß die urtümliche Menschheit in Horden unter der Herrschaft mächtiger Hordenväter lebte, die oftmals die jungen Männer vertrieben, um den Alleinbesitz der Frauen zu genießen. Die vertriebenen Söhne, von denen viele durch den Urvater sogar kastriert wurden, taten sich in Männerbünden zusammen, erschlugen und verzehrten den Vater, der sie grausam unterdrückt oder verjagt hatte. Nach der Tat jedoch, so Freuds Rekonstruktion der Urgeschichte, überkamen sie Reue und Schuldgefühle: Sie hatten dem Vater gegenüber ambivalente Gefühlsregungen empfunden, so daß (nachdem ihr Haß durch den Mord gesättigt war) die ebenfalls vorhandene Liebe zu ihm in Erscheinung trat. Infolge dieser nachträglich dominant werdenden Liebe zum Vater versagten sie sich die Frauen, deretwegen sie sich gegen ihn erhoben hatten. Sie setzten als erste Regel einer primitiven Sitte fest, daß nur noch Frauen außerhalb der Familie und des Clans geheiratet werden durften. Die Vatertötung aber feierten sie alljährlich durch die Totemmahlzeit, in der sie ihren aufständischen Bund bekräftigten. Das Totemtier wäre somit ein *Symbol des Vaters*; daraus wird verständlich, daß dem betreffenden Tier jahraus, jahrein quasigöttliche Ehren erwiesen werden, bis zu dem Tag, an dem es geschlachtet und verzehrt werden darf.

Aus diesem *Urzeitroman* glaubt Freud die Entstehung von Religion und Sittlichkeit deduzieren zu können. Das erste religiöse Gebot enthielt die

Anweisung, das Totemtier (den Vater) zu verscho-
nen; später entstand daraus der allgemeingültige
Satz der Zehn Gebote: »Du sollst nicht töten!« Es
ergibt sich somit die eindrückliche Schlußfolgerung:

> Die Gesellschaft ruht jetzt auf der Mitschuld an dem
> gemeinsam verübten Verbrechen, die Religion auf
> dem Schuldbewußtsein und der Reue darüber, die
> Sittlichkeit teils auf den Notwendigkeiten dieser Ge-
> sellschaft, zum andern Teil auf den vom Schuldbe-
> wußtsein geforderten Bußen.[10]

Der später erdachte Gott des Monotheismus ist
»der in den Himmel erhobene Urvater«. Die Vatersehnsucht ist der Quell, aus dem die Gottesphantasie entspringt; auch der Mensch der Gegenwart
neigt noch dazu, sein Gottesbild gemäß seinem
Vatererlebnis zu formen: Gott ist eventuell dem
leibhaftigen Vater *nachgebildet* oder ist sein *Gegenbild,* das heißt mit jenen Vorzügen ausgestat-
tet, die man an diesem schmerzlich vermißt.

Der urzeitliche Vatermord erklärt für Freud das
von jeher auf der Menschheit lastende irrationale
Schuldgefühl. Daher auch der Erfolg des Christentums, das die sündigen Menschen von ihrer Ur-
schuld zu erlösen versprach, indem Christus alle
menschliche Schuld auf sich nahm und durch seinen Opfertod sühnte. Dabei kam es zur Wandlung
von der Vater- zur Sohnesreligion. In der »Erbsün-
denlehre« des Judentums und des Christentums
wird das Urverbrechen gewissermaßen verschlei-
ert zugegeben. Die Totemmahlzeit aber findet
man zum Beispiel im Abendmahl der christlichen
Konfessionen wieder, wo Brot und Wein ausdrück-
lich als Fleisch und Blut Gottes (Transsubstantia-
tion) bezeichnet werden.

Freuds Darlegungen in *Totem und Tabu* münden
zuletzt in folgende These ein:

So möchte ich zum Schluß dieser mit äußerster Ver-
kürzung geführten Untersuchung das Ergebnis aussprechen, daß im Ödipuskomplex die Anfänge von
Religion, Sittlichkeit, Gesellschaft und Kunst zusammentreffen, in voller Übereinstimmung mit der Feststellung der Psychoanalyse, daß dieser Komplex den
Kern aller Neurosen bildet, so weit sie bis jetzt unserem Verständnis nachgegeben haben. Es erscheint
mir als eine große Überraschung, daß auch diese Probleme des Völkerseelenlebens eine Auflösung von
einem einzigen Punkte her, wie es das Verhältnis
zum Vater ist, gestatten sollten.[11]

Es erhebt sich nun noch die Frage, was die drama-
tischen Schicksale der Urzeit (Vatermord) mit dem
Menschen von heute zu tun haben. Freud wagt die
kühne und kaum beweisbare Hypothese, daß sie
»Engramme« im menschlichen Hirn hinterlassen
hätten, so daß der Ödipuskomplex und die Kastra-
tionsangst bei jedem Menschenkind schon *biolo-
gisch-dispositionell* vorgegeben seien. Dies ist eine Übertragung der Theorien von Jean-Baptiste
Lamarck (1744–1829) und Ernst Haeckel (1834 bis
1919) auf das Seelenleben; der Lamarckismus behauptet die Vererbung erworbener Eigenschaften
auf die Nachkommen, und Haeckel formulierte
das biogenetische Grundgesetz, wonach das Individuum in seiner Individualentwicklung die
Hauptstadien der stammesgeschichtlichen Entwicklung nachvollzieht. Es ist sehr fraglich, ob diese biologische Optik, die schon in der Biologie
selbst sehr umstritten ist, von der Psychologie in
irgendeiner Form übernommen werden kann; dies
tangiert aber nicht das Gesamtkonzept von *Totem
und Tabu,* welches sich für die ethnologische und
psychologische Forschung als fruchtbar erwies.

Hinter Freuds Religionspsychologie steht ein
unbedingtes Ethos der Wissenschaft; es ist für ihn
eine fast fundamentale Überzeugung, daß die wis-

senschaftliche Erkenntnis nach und nach überall die religiösen Spekulationen und Traumvorstellungen überwinden soll, damit ein realistisches Weltbild entstehen kann. So sieht er den Gang des geistigen Fortschritts als einen säkularen Ernüchterungsprozeß, in dem viele Illusionen über den Menschen und die Welt hinfällig werden; die Psychoanalyse ist nur *ein* Glied in der Kette dieser Desillusionierungen. In seinem Aufsatz »Eine Schwierigkeit der Psychoanalyse« (1917) hat Freud die Entwicklung der Wissenschaft pointiert als eine kontinuierliche Kränkung der »Eigenliebe der Menschheit« beschrieben. Drei schwere Demütigungen konnten hierbei den illusionsgläubigen Menschen nicht erspart werden. Die erste war diejenige, die an den Namen des *Kopernikus* anknüpft. Durch seine Kosmologie mußte man zur Kenntnis nehmen, daß die Erde nicht im Mittelpunkt des Weltalls steht, sondern nur ein kleiner Wandelstern ist, der die Sonne umkreist. Darauf folgte die Einsicht *Darwins*, die den Menschen zu einem Vetter des Affen degradierte. Die dritte Kränkung aber ging von der *Psychoanalyse* aus, die uns zeigte, daß der Mensch nicht einmal Herr über sich selbst ist und daß sein Bewußtsein von unbewußten und triebhaften Kräften gesteuert wird. Somit fühlt sich Freud als einer der letzten großen »Entzauberer« der mythologischen Vorstellungswelt, die seiner Ansicht nach neben den wissenschaftlichen Tatsachenfeststellungen keine Daseinsberechtigung hat.

Merkwürdigerweise hatte der große »Tatsachengläubige« eine Achillesferse, auf die wir nun zu sprechen kommen müssen: Freud selbst war nicht frei von einem Aberglauben, der zu seiner positivistischen Gesinnung in fühlbarem Widerspruch stand. So war er lange Zeit von dem Gedanken beherrscht, er könne seinen Todestermin vorausberechnen. Aus verschiedenen vagen Erwägungen schloß er, daß er sein 62. Lebensjahr nicht überleben werde (er wurde jedoch 83 Jahre alt). In seiner Abhandlung *Das Unheimliche*[12] erzählt er in verschlüsselter Form, daß ihm auf einer Reise die Zahl »62« an Hotelzimmern, Eisenbahnwagen, Adressen und so weiter häufig ins Gesichtsfeld trat, was nicht ohne »Empfindungen der Unheimlichkeit« registriert wurde[13]. Jones ergänzt hierzu in seiner Biographie, daß Todesahnungen einen erstaunlich weiten Raum in der Phantasie des alternden Freud einnahmen; dies läßt auf Gefühle der Angst und der inneren Unfreiheit schließen, die, sofern sie verdrängt werden, sich oft in »Todeskalkulationen« umsetzen. Der Schöpfer der Psychoanalyse war offensichtlich ein Spielball eigener Verdrängungen, die seinem selbstanalytischen Versuch durch die »Traumdeutung« widerstanden, weshalb er nicht die tiefsinnige Mahnung seines Unglaubensgenossen Spinoza befolgen konnte, der in seiner *Ethik*[14] den herrlichen Satz aussprach: »Der freie Mensch denkt über nichts weniger nach als über den Tod: seine Weisheit ist nicht ein Nachsinnen über den Tod, sondern über das Leben.«[15]

Zu Freuds »Zahlenaberglauben« kamen – stark unterstützt durch Jung und Ferenczi, die ein großes Faible für jeglichen Okkultismus hatten – mit der Zeit auch Vorlieben für *telepathische Erscheinungen* hinzu. Zunächst näherte sich Freud diesem gefährlichen Thema nur sehr vorsichtig an. In *Psychoanalyse und Telepathie*[16] (1921) läßt er durchblicken, daß eine Gedankenübertragung unter Umständen durchaus in den Bereichen der Möglichkeit liege. Aber er umgibt sich noch mit

dem Mantel der Skepsis und erklärt seinen Zuhörern:

> Sie sehen, daß all mein Material den einzigen Punkt
> der Gedankenübertragung behandelt, über all die
> anderen Wunder, die der Okkultismus behauptet,
> habe ich nichts zu sagen. Mein eigenes Leben ist,
> wie ich schon öffentlich bekannt habe, in okkulter
> Hinsicht besonders armselig verlaufen. Vielleicht
> scheint Ihnen das Problem der Gedankenübertra-
> gung recht geringfügig im Vergleich zur großen Zau-
> berwelt des Okkulten. Allein bedenken Sie, welch
> folgenschwerer Schritt über unseren bisherigen
> Standpunkt hinaus bereits diese Annahme wäre.[17]

1922 veröffentlichte er eine Arbeit unter dem Titel
Traum und Telepathie[18]. Hierbei stützte er sich auf
Träume, die ihm von zwei deutschsprachigen Kor-
respondenten zugesandt wurden, welche nicht bei
ihm in Analyse waren. Gleichwohl verwendet er
deren keineswegs beglaubigte Traumberichte dazu, um die These von der Möglichkeit telepathi-
scher Botschaften – sozusagen vom Unbewußten
des einen zum Unbewußten des anderen Menschen – zu stützen. In seiner langjährigen Tätigkeit als Analytiker habe er zwar »nie einen richtigen telepathischen Traum miterlebt«[19]; daher sei
ihm die Beschäftigung mit dem »Okkulten« eher
unbehaglich. Dennoch will er den beiden frag-
lichen Traumbeispielen einigen Glauben schenken und die »Gedankeninduktion« in gewissen
Grenzen zulassen. Verblüffend sei nur, so stellt er
etwas spöttisch fest, wie oft telepathische Ahnun-
gen sich auf Tod und Todesgefahren bei unseren
Mitmenschen bezögen; vermutlich hänge dies mit
den unbewußten »Todeswünschen« zusammen,
die in engen menschlichen Bindungen häufiger
aufträten, als man wahrhaben wolle.

Seit 1911 war Freud korrespondierendes Mit-
glied der englischen Society for Psychical Re-

search in London, die sich die Erforschung und Förderung der außersinnlichen Phänomene zur Aufgabe gemacht hatte. Ernest Jones, der über Freuds parapsychologische Interessen und Neigungen gar nicht glücklich war, muß fast vierzig Druckseiten des dritten Bandes seiner Freud-Biographie dem Thema »Okkultismus« widmen. Vielleicht lockte Freud an diesem Gebiet das Geheimnisvolle, das Gesellschaftlich-Unglaubwürdige und das Vernunftferne, das ihn, den Rationalisten und Naturwissenschaftler, zeitlebens faszinierte. Noch 1933 publizierte er in *Neue Folge der Vorlesungen zur Einführung in die Psychoanalyse*[20] ein Kapitel »Traum und Okkultismus«, das seine diesbezüglichen Anschauungen in vorsichtiger Formulierung zusammenfaßt.

Des weiteren gehören zur Religionspsychologie auch Freuds Überlegungen in *Massenpsychologie und Ich-Analyse* (1921), die die Probleme der Massenbildung psychoanalytisch klären wollen. Freud schließt sich Gustave Le Bon an, dessen *Psychologie der Massen* (1895) für nahezu alle Studien auf diesem Gebiet grundlegend geworden ist. Was neu hinzukommt, ist die Ableitung der Massenvorgänge aus der Libidotheorie und aus dem Ödipuskomplex.

Freud nimmt einen primären Antagonismus der Massenmitglieder untereinander an und lehnt die Erklärung des menschlichen Gruppenzusammenhalts durch einen diffusen »sozialen Instinkt« ab. Die Menschen sind einander nicht besonders freundlich gesinnt; größere Zusammenballungen drohen daher immer an den in allen Beteiligten wirksamen auseinanderstrebenden Kräften zu scheitern. Freud fragt: Wie entstehen *stabile Mas-*

sen (zum Beispiel das Heer und die Kirche), die unter Umständen Jahre oder Jahrhunderte überdauern?

Seiner Meinung nach werden derartige organisierte Massen durch die Beziehung der Geführten zu ihrem Führer zusammengehalten. Jeder Mensch hat ein Ichideal, das mehr oder minder individuell gestaltet ist. Da die Ichideale verschieden sind, kommt es zu unterschiedlichen Wertungen und Lebenseinstellungen der Menschen, die darum meistens zu Konflikten tendieren. Uneinigkeit ist die vorherrschende Tatsache des sozialen Lebens und Erlebens. In den stabilen Massen jedoch wird der Führer zum *gemeinsamen Ichideal* aller Massenmitglieder. Auf dem Umweg über die Liebe zu ihm fühlen diese sich auch untereinander solidarisch. Denn wo alle dasselbe Idealbild vor Augen haben, ergibt sich ein Gleichheitsgefühl, aus dem Zuneigung und kollektive Zielstrebigkeit erwachsen.

Oft kommt es sogar zur Vergottung der Führerpersönlichkeit, die für alle mustergültig ist. Man überläßt ihr die Gewissensfunktion und die Realitätsprüfung: Sie wertet und entscheidet für alle. Gewissermaßen stattet man den Führer mit den Attributen des »Urvaters« aus, von dem nach Freud die Gottesvorstellung abzuleiten ist. Da Götter und Gruppenführer als Vaterersatz fungieren, fühlen sich die Menschen in ihrer Gefolgschaft dazu berechtigt, im Kindheitsstatus zu verbleiben oder zu ihm zu regredieren. Vielleicht ist der *Infantilismus* der Menschen die Basis der Massenbildungen.

Die religiösen Gemeinschaften verwenden dieselben Libidodynamismen wie alle Massen, etwa das Heer und die politischen Parteien. Christus wird für die Gläubigen zum verbindlichen Ichideal, das soziale Einheit unter ihnen herstellt. Leider

ist aber die Liebe der Glaubensgenossen untereinander damit verbunden, daß mächtige Portionen
von Haß und Unduldsamkeit auf die Andersgläubigen abgewälzt werden. Die furchtbare Intoleranz, die Freud beim Kulturmenschen allgemein
diagnostiziert, ist in den organisierten Massen nur
scheinbar verschwunden; sie tobt sich an den Au-
ßenstehenden aus, wofür politische und religiöse
Ketzerverfolgungen in allen Zeiten und allen Zonen ein beredtes Zeugnis ablegen.

Die Ersetzung des individuellen durch ein kollektives Ichideal wirkt angstbindend und erleich-
tert dem Individuum das Leben. Schwache Persönlichkeiten geben allzugern ihre Verantwortung an irgendeinen »Führer« ab. Es ist bequemer,
einen stilisierten Übermenschen passiv zu bewundern, als aktiv sich selbst zu verwirklichen. Außer-
dem erhöht die Vielzahl der Gleichgesinnten das
Machtgefühl bei all jenen, die sich dauernd ohnmächtig fühlen. Daher ist Massenzugehörigkeit
ungemein beliebt, wenngleich die Geschichte
lehrt, daß die vergotteten Führer meistens das Interesse ihrer Anhänger aus den Augen verlieren,
da ihr ohnehin nicht sehr ausgeprägtes Verant-
wortungsbewußtsein durch den Machtrausch völlig überflutet wird. Ohne es zu wissen und zu wollen, hat Freud in seiner *Massenpsychologie* die
Phänomene des Faschismus und des Bolschewismus sehr hellsichtig beschrieben, bevor deren katastrophale Wesenszüge schon für jedermann erkennbar waren.

Neuartig an Freuds Theorie ist der Hinweis, daß
die Menschen in den Massengruppierungen gemäß jenen Denk- und Verhaltensmatrizen handeln, die sie als Kinder innerhalb der Familie
aufbauten beziehungsweise die ihnen im Fami-
lienbereich anerzogen wurden. Gott, Führer und

Eltern-Imagines verschmelzen zu einer emotionalen Einheit innerhalb des Seelenlebens.

Aber nicht nur Gott ist mit dem überhöhten Vater identisch; auch der Teufel unterhält tiefgründige Beziehungen zum Vaterkomplex und zu den daraus resultierenden psychischen Regungen. Dies untersucht Freud in seiner Arbeit *Eine Teufelsneurose im siebzehnten Jahrhundert*[21] (1923).

Im österreichischen Wallfahrtsort Mariazell wurde eine dämonologische Krankengeschichte aus dem 17. Jahrhundert entdeckt, die von dem Maler Christoph Haitzmann handelte, der sich angeblich dem Teufel verschrieben hatte und von den Mönchen des Klosters in mehreren Exorzismen von seinem Teufelspakt befreit wurde. Die seltsamen Dokumente wurden Freud von ihrem Entdecker zur analytischen Überprüfung zugesandt. Er interpretierte sie im Lichte der Psychoanalyse, wobei er folgende Voraussetzung zugrunde legte:

> Die dämonologische Theorie jener dunklen Zeiten hat gegen alle somatischen Auffassungen der »exakten« Wissenschaftsperiode recht behalten. Die Besessenheiten entsprechen unseren Neurosen, zu deren Erklärung wir wieder psychische Mächte heranziehen. Die Dämonen sind uns böse, verworfene Wünsche, Abkömmlinge abgewiesener, verdrängter Triebregungen. Wir lehnen bloß die Projektion in die äußere Welt ab, welche das Mittelalter mit diesen seelischen Wesen vornahm; wir lassen sie im Innenleben der Kranken, wo sie hausen, entstanden sein.[22]

Das Material der *Teufelsneurose* besteht aus Berichten des Abtes von Mariazell, aus einem Brief des Pfarrers, der den unglücklichen Maler an den Abt überwiesen hat, und aus Kommentaren eines späteren Bearbeiters dieses Falles von Exorzismus. Freuds psychologischer Scharfsinn, den man in allen seinen Falldarstellungen bewundern kann, bewährt sich auch am »Fall Haitzmann«, von dem ihn immerhin fast drei Jahrhunderte trennen.

Warum verschrieb sich Christoph Haitzmann dem Teufel? Man möchte meinen, dies könne, von heute her gesehen, nicht mehr aufgedeckt werden. Wir wissen lediglich, daß der Maler depressiv war, als er seinen Teufelspakt schloß; der Pfarrer fügt allerdings bei, daß die Depression *nach dem Tode des Vaters von Haitzmann* eingesetzt haben soll.

Erstaunlicherweise erwähnt nun der Teufelspakt, daß sich der Maler dem Teufel »als sein leibeigener Sohn« verschrieben habe. Diese Verschreibung erfolgte auf neun Jahre. Die akute Seelennot brach besonders verheerend aus, als der Termin gekommen war und der arme Mensch dem Teufel mit Leib und Seele verfallen sollte. Aus dem Text des Paktes läßt sich entnehmen, daß der Teufel lediglich die Bedingung einging, die Rolle eines *Vaterersatzes* zu spielen; er sollte seinem Opfer weder Geld noch sinnliche Lust, sondern einzig und allein den väterlichen Schutz bieten. Daraus konstruiert Freud folgende Mutmaßung:

Der von seinem Vater offenbar stark abhängige Maler fühlte sich nach dessen Tod extrem verlassen und hilflos. Er mußte, als neurotische Phantasie, ein Vatersymbol erdichten, wobei sich ihm, im Gegensatz zur üblichen Lösung der Hinwendung zur Gottesfigur, die Teufelsgestalt aufdrängte. Es mögen Gründe in seiner Vaterbeziehung gewesen sein, die den Teufel passender erscheinen ließen als den Herrgott, um dem Hilflos-Verlassenen Trost zu spenden.

Die alten Texte teilen weiter mit, daß das Exorzieren zwar erfolgreich gewesen sei, der Maler sich aber ein zweites Mal dem Teufel verschrieben habe. Er war, wie die meisten Neurotiker, der Verlockung des Rückfälligwerdens erlegen. Wie mag es zu diesem Rückfall gekommen sein?

Nach der durch fromme Hilfsmittel gelungenen Befreiung vom Teufelspakt ging Haitzmann wiederum nach Wien zurück, wo er aufs neue in die »Anfechtungen des Lebens« hineingeriet. Wahrscheinlich konnte er sich in der Wirklichkeit nicht zurechtfinden und erdichtete oder erlebte in halluzinatorischer Weise eine zweite Verschreibung, die eine zweite Therapie bei den Mönchen von Mariazell notwendig machte. Jedenfalls berichten die Aufzeichnungen des Malers selbst, daß er in Wien nach kurzer Zeit wieder ein Opfer seiner Schwermut, seiner Visionen und Krämpfe wurde. Hierbei suchte ihn der Teufel angeblich nochmals auf und versprach ihm diesmal Macht und Geld und noch manches andere. Auch Christus soll dem Geplagten erschienen sein und ihm befohlen haben, er möge ein frommes Leben führen, indem er Mönch werde. Daraufhin kehrte der unglückliche Haitzmann ins Kloster zurück, wo er bis an sein Lebensende geblieben ist.

So ist die Schlußfolgerung nicht allzu gewagt, daß der Kern von Haitzmanns Neurose der »Vaterkomplex« war. Als ichschwacher Mensch, der irgendwie am Vater gescheitert war, hatte er nicht die Kraft und den Mut, sich aktiv mit dem realen Leben auseinanderzusetzen. Er ging ins Kloster, um der Realität zu entfliehen. Dort fand er Ernährung, Schutz, Statuserhöhung und einen Vaterersatz in der Gemeinschaft der Mönche. Man kann seinen Fall resümieren mit den lakonischen Worten, die Freud gegen Ende seiner Abhandlung ausspricht:

> Und so legte er in seiner Krankengeschichte den Weg vom Vater über den Teufel als Vaterersatz zu den frommen Patres zurück.[23]

Aus dieser kulturpsychologischen Studie können wir die wichtige Lehre ziehen, daß nicht nur Gott, sondern auch der Teufel nach dem Modell der Vaterbeziehung erdichtet wird, was für die Untersuchung religionsgeschichtlicher Texte, die zum Beispiel in der mittelalterlichen Tradition geradezu von Teufeln wimmeln, sehr erhellend sein kann. Auch Luthers vielfältige und dramatische Teufelserlebnisse sind kaum ohne den Einfluß des harten und strengen Vaters Hans Luder (wie er sich noch nannte) zu denken. Da die Gefühle des Kindes für seinen Vater *ambivalent* zu sein pflegen, ist die Hypothese einleuchtend, daß die liebevollen Strebungen auf das Gottesbild gerichtet werden, indes der Haß in der Teufelsfigur sein Ventil sucht.

Um 1920 verstärkte sich bei Freud ein lange unterdrückter Hang zur philosophischen Spekulation und zur weit ausholenden Kulturanalyse, der keimhaft seit je in seiner geistigen Disposition angelegt gewesen war. Dies führte zur Ausarbeitung seiner kulturkritischen Alterswerke, in denen Freud sein Menschenbild und seine Lebensphilosophie zu präzisieren versucht, wobei wiederum Religionsprobleme eindrücklich im Vordergrund stehen.

So ist eine seiner populärsten Altersschriften das Buch *Die Zukunft einer Illusion*[24] (1927). Hierin wird das Religionsthema im Rahmen anthropologischer Überlegungen abgehandelt.

Der Mensch ist für Freud ein von Natur aus sehr hilfloses Lebewesen. Trotz Technik und Wissenschaft unterliegt er weitgehend den Naturgewalten, die er immer nur zum Teil steuern und kontrollieren kann. Wie immer auch sein Leben sich gestaltet: Er kann kaum je den »Kränkungen seines natürlichen Narzißmus« entgehen; Leid, Kummer, Krankheit und Tod zeigen ihm andauernd die Begrenzung seiner Potenzen und seiner Möglichkeiten.

Das allgemeine Ohnmachtsgefühl des Menschen muß in irgendeiner Weise ausgeglichen werden. Die Kultur nimmt sich seiner an und deutet ihm seine problematische Stellung im Weltganzen. Vor allem durch die Religion tröstet sie ihn, indem sie dem Weltall einen quasihumanen Hintergrund gibt, das heißt göttliche Instanzen postuliert, die man für sich gewinnen und bei drohender Gefahr beschwichtigen kann. Hierbei werden offenbar infantile Denk- und Verhaltensmuster mobilisiert. Als Kind ist der Mensch hilflos seinen Eltern ausgeliefert. Die Religion überträgt nun genau dieses Verhältnis auf das Schicksal und den Weltenlauf, womit sie die Schrecken des Daseins einigermaßen mildert. Indem der Mensch zum Beispiel sein Vatererlebnis auf die Gottheit transponiert (»Gottvater im Himmel«), hat er einen unsichtbaren Beschützer gewonnen, was ihm erlaubt, den Traum seiner Kindheit weiterzuträumen.

In der Geschichte der Religionen ist eine gewisse Entwicklung nicht zu verkennen. Zunächst interpretiert man die Naturereignisse als unmittelbare Wirkungen göttlicher Launen und Ratschlüsse. Nach der Entdeckung der Naturgesetze jedoch wird die Natur zwangsläufig entgöttert; sie bietet für die Eingriffe Gottes keinen Raum mehr. Nun werden hauptsächlich noch die Kulturvorschriften auf einen göttlichen Ursprung bezogen. Sodann entsteht eine Reihe von Vorstellungen, die dem Menschenleben einen »höheren Sinn« zusprechen und das Schicksal einer »gütigen Vorsehung« unterstellen. Dem Tod wird der Stachel genommen, indem man ihn als einen Übergang zu einem »ewigen Leben« auslegt. Auch wird die »ausgleichende Gerechtigkeit« hinter oder über dieser Welt versprochen, was wohl tröstlich wirken soll.

Alle diese religiösen Auffassungen genießen überall eine hohe Wertschätzung, da sie ganz entschieden der *menschlichen Wunschwelt* entsprechen. Man ist wenig geneigt, sie im Lichte der Wissenschaft oder der Vernunft zu überprüfen; sie sollen unantastbar sein, da sie irgendwelchen Bedürfnissen des Gemüts entgegenkommen.

Wie unterscheiden sich religiöse von wissenschaftlichen Aussagen? In beiden Fällen hat man mit Feststellungen über »Fakten« zu tun, denen man Glauben schenken soll. Bei der Wissenschaft jedoch steht die Möglichkeit einer erfahrungsmäßigen Prüfung prinzipiell immer offen. Bei der Religion ist dies in der Regel nicht der Fall; schon der Vorsatz, sich selbst über »Glaubenswahrheiten« vergewissern zu wollen, wird leichthin in die Nähe der Blasphemie gerückt und wurde in früheren Epochen mit härtesten Strafen belegt.

Dies zeigt, daß die herrschenden Mächte der Gesellschaft wußten, wie prekär es bezüglich der Verifizierung von »Glaubenstatsachen« zu stehen pflegt. Wer ein sicheres Wissen besitzt, muß dieses nicht durch Ketzerverfolgungen, Bannflüche und Todesstrafen gegen Einwände zu schützen versuchen. Die Abneigung der Religionen gegen die wissenschaftliche Erforschung ihrer Glaubensinhalte ist nach Freud sehr bedenklich:

> So kommen wir zu dem sonderbaren Ergebnis, daß gerade diejenigen Mitteilungen unseres Kulturbesitzes, die die größte Bedeutung für uns haben könnten, denen die Aufgabe zugeteilt ist, uns die Rätsel der Welt aufzuklären und uns mit den Leiden des Lebens zu versöhnen, daß gerade sie die allerschwächste Beglaubigung haben. Wir würden uns nicht entschließen können, eine für uns so gleichgültige Tatsache anzunehmen, wie daß die Walfische Junge gebären anstatt Eier abzulegen, wenn sie nicht erweisbar wäre.[25]

Freud nennt diesen Sachverhalt »ein sehr merkwürdiges psychologisches Problem«. Er weiß, daß diese Feststellung nicht neu ist. In der gesamten Geistesgeschichte ist mit dieser Problematik offen oder geheim gerungen worden. Die besten Köpfe der Menschheit haben nach Beweisen und Gegenbeweisen im religiösen Denkbereich verzweifelt gesucht. Nichts empirisch Glaubwürdiges ist hierbei ans Licht gekommen. Und doch wäre die Empirie das einzige Mittel, den Streit über die Glaubensmeinungen zu schlichten.

Hier melden sich unter anderem die Spiritisten zum Wort, die angeblich Geister aus dem Jenseits herbeizitieren können und von ihnen mannigfaltige Botschaften bekommen haben. Wenn man jedoch die Äußerungen und Auskünfte überblickt, die in spiritistischen Sitzungen von aus dem Jenseits hereinschwebenden bedeutenden Toten gemacht werden, sind diese derart

> trostlos und nichtssagend, daß man nichts anderes glaubwürdig finden kann als die Fähigkeit der Geister, sich dem Kreis der Menschen anzupassen, der sie heraufbeschwört[26].

Gewiß wird dem Kirchenvater Tertullian (160 bis 220) die bekannte Parole zugeschrieben: »Credo quia absurdum« (Ich glaube, weil es widersinnig

31

ist). Aber für Freud ist eine derartige Anweisung keineswegs verbindlich, weshalb er erklärt:

> Soll ich verpflichtet werden, jede Absurdität zu glauben? Und wenn nicht, warum gerade diese? Es gibt keine Instanz über der Vernunft.[27]

Es bliebe allenfalls noch die Rettung der Religion durch die Vaihingersche *Philosophie des Als-Ob* (1911). Hans Vaihinger (1852–1933) stellte sich auf den Standpunkt, daß die religiösen Lehren zwar keine faktische Wahrheit für sich beanspruchen können, aber als praktisch nützliche und notwendige »Fiktionen« bestehen bleiben sollen, »da das Herz des edleren Teiles der Menschheit an ihnen hängt«. Auch hier widerspricht Freud energisch, da er nicht akzeptieren kann, daß die Menschen ihre entscheidendsten Überzeugungen auf ein fiktives Denken zu gründen bereit wären.

So wird nun die Frage unabweislich: Woher beziehen die religiösen Vorstellungen ihre unbestreitbare Macht über die Menschen? Ohne von der Vernunft beglaubigt zu sein, herrschen sie über alle Welt. Dies rührt nach Freud in erster Linie daher, daß sie *Illusionen* sind, das heißt »Erfüllungen der ältesten, stärksten, dringendsten Wünsche der Menschheit«[28]. In ihren wunscherfüllenden Aussagen besteht die eigentliche Stärke der Religion. Ferner liegt sie darin, daß hier der Einzelpsyche für die nicht überwundenen Komplexe der Kinderzeit eine kollektive Lösung angeboten wird, die zwar illusionär, aber wirksam ist.

Wie jede Illusion ist auch die religiöse Gedankenwelt tief im emotionalen Bereich verankert. Eine Illusion ist nicht einfach ein Irrtum, den man durch rationale Argumentation oder Beweisführung korrigieren kann. In ihrer Resistenz gegen Logik und vernünftige Diskussion steht sie der

32

Wahnidee nahe, die ebenfalls aus gefühlsmäßigen Bedürfnissen der Gesamtpersönlichkeit zu entspringen pflegt. Die Menschen sträuben sich immer gegen Wahrheiten, die ihre Eitelkeit verletzen und sie eventuell mit Angst konfrontieren. Daher prallt man gegen Granit, wenn man die Religion in Frage stellen will, wie man auch Wahnideen nicht einfach »wegdisputieren« kann.

Um sich ihr illusionäres Denken erhalten zu können, machen sich die Menschen aller möglichen Unaufrichtigkeiten schuldig. Sie jonglieren mit dem Gottesbegriff, bis schließlich alles und jedes »Gott« heißen kann. Solche geistigen Winkelzüge sind eines der Hauptthemen der Geschichte der Theologie und der Philosophie. Oft wurden geistige Purzelbäume aneinandergereiht, damit Theologen und Philosophen nach langwierigen Übungen der Denkakrobatik im überlieferten Glauben sicher landen konnten. Auch schreckt man nicht vor der Krudität zurück, jeden Atheisten, der ein anständiger Mensch ist, noch »gläubig« zu nennen, was Freud als intellektuelle Unredlichkeit qualifiziert.

Immer ermahnt man die Menschen, den Glauben zu schützen, weil sonst die Kultur in Gefahr gerate. Freud ist genau der gegenteiligen Ansicht: Das Kulturleben kann durch allseitige Kritik und Rationalität nur gewinnen. Es ist keineswegs erwiesen, daß zum Beispiel die Moral einer religiösen Verankerung bedarf. Jedenfalls lehrt die Geschichte, daß die Repräsentanten der Religionen nicht gerade als Menschenfreunde und Muster an Humanität hervorragten. Ein *Leben ohne Religion* ist wohl viel weniger gefährlich, als uns die Kirchen aller Konfessionen weismachen wollen. Möglicherweise wäre ein Religionsabbau relativ harmlos, so ungefährlich wie etwa die Tat des heiligen Bonifatius (672–754), der die heidnischen Sachsen bekehrte. In diesem Zusammenhang fällte er eine dem Wodan geweihte Eiche, worauf alle Wodansgläubigen meinten, es müsse ein furchtbares Unheil eintreten; als aber nichts weiter geschah, ließen sich die Sachsen ohne Widerstand taufen und traten zum Christentum über.

Nach Freud ist es sogar ein Unglück, daß die Kulturgebote mit der Religion verquickt werden. Dadurch werden sie meistens der Wandlungsfähigkeit entzogen; sie dürfen nicht an neuartige Bedingungen und Umstände angepaßt werden. Einem Großteil der moralischen und kulturellen Vorschriften steht übrigens »der Heiligenschein oft schlecht zu Gesicht«; man erkennt an ihnen manche Kurzsichtigkeit und Engherzigkeit, der kontinuierliche Kritik ganz gut täte. Die Aura der Gottgegebenheit und Heiligkeit hemmt den menschlichen Fortschritt, da sie Bestehendes versteinert und verewigt.

Die religiöse Untermauerung der Kultur- und Moralgebote ist weitgehend mit Angst und Einschüchterung verbunden. Dem ist wahrscheinlich zuzuschreiben, daß religiös erzogene Menschen später im Leben so wenig bereit sind, auf Vernunftgründe zu hören. Was die Kultur derzeit noch mit ihrer Angst- und Autoritätspädagogik macht, darf nach Freud den willkürlichen Schädelverformungen gleichgesetzt werden, mit denen manche Naturvölker die Köpfchen der Kinder kurz nach der Geburt deformieren, weil dies ihr Schönheitssinn oder ihr Aberglaube verlangt. Bei uns werden zwar die Schädel verschont, aber die Seelen verformt; von daher rührt der oft feststellbare »betrübende Kontrast zwischen der strahlenden Intelligenz eines gesunden Kindes und der Denkschwäche des durchschnittlichen Erwachsenen«[29]. Verzögerung der sexuellen Entwicklung und Verfrühung des religiösen Einflusses sind nach Freud »die beiden Hauptpunkte im Programme der heutigen Pädagogik«[30]. Beides wirkt sich als Intelligenzschwächung und Denkhemmung aus. Man stört damit die »Erziehung zur Realität«[31], auf die es ganz zentral ankommt. Der Realität entfremdet, bedarf der Mensch hernach *narkotischer Tröstungen aller Art,* zu denen Freud auch die Religion rechnet.

Der Mensch wäre aber auch imstande, sich im Diesseits befriedigend einzurichten, wenn er wissenschaftlich denken lernte. Er könnte dann die Schicksalsnotwendigkeiten ertragen, ohne sich in Illusionen flüchten zu müssen. Er würde hierbei sozusagen »die Taube auf dem Dach« verlieren, aber den »Spatz in der Hand« dafür gewinnen. Eine preisgegebene Illusion wird in der Regel wettgemacht durch Realitätseinsichten, die allen Menschen nützen können. Wenn man die Erwartungen vom Jenseits abzieht, werden gewiß die Kräfte für das Diesseits wachsen. Dann wird es wohl möglich sein, das Leben für jedermann erträglich zu machen, das heißt die Umstände so zu arrangieren, daß die Kultur keinen mehr erdrückt.

Freud glaubt zuversichtlich an die Macht der Vernunft, der es eines Tages gelingen werde, die Kindheitsneurose der Menschheit, die wir Religion nennen, zu überwinden:

> [...] die Stimme des Intellekts ist leise, aber sie ruht nicht, bis sie sich Gehör verschafft hat. Am Ende, nach unzählig oft wiederholten Abweisungen, findet sie es doch. Dies ist einer der wenigen Punkte, in denen man für die Zukunft der Menschheit optimistisch sein kann. [...] Der Primat des Intellekts liegt gewiß in weiter, weiter Ferne, aber wahrscheinlich doch nicht im Unendlichen. [...] Unser Gott Logos ist vielleicht nicht sehr allmächtig, kann nur einen klei-

nen Teil von dem erfüllen, was seine Vorgänger versprochen haben. Wenn wir es einsehen müssen, werden wir es in Ergebung hinnehmen. [...] Wir glauben daran, daß es der wissenschaftlichen Arbeit möglich ist, etwas über die Realität der Welt zu erfahren, wodurch wir unsere Macht steigern und wonach wir unser Leben einrichten können.[32]

Freud weist auf die relativ kurze Zeit hin, die die Wissenschaft bis jetzt zur Verfügung hatte, um ihren Wert für die Menschheit zu dokumentieren. Keine Erkenntniskritik kann darüber hinwegtäuschen, daß wir einen Großteil unserer Weltorientierung der wissenschaftlichen Forschung zu verdanken haben. Die Religion umkleidet sich zwar mit einem ehrwürdigen Nimbus, aber ihre praktischen Leistungen sind dürftig, wenn man sie mit den Erfindungen und Entdeckungen vergleicht, die auf dem Boden der Wissenschaft gewachsen sind. Daher steigern sich Freuds Worte am Ende von *Die Zukunft einer Illusion* zu einer beschwörenden Geste, die sich folgendermaßen artikuliert:

Nein, unsere Wissenschaft ist keine Illusion. Eine Illusion aber wäre es zu glauben, daß wir anderswoher bekommen könnten, was sie uns nicht geben kann.[33]

Die Gedanken von *Die Zukunft einer Illusion* werden weitergeführt in *Das Unbehagen in der Kultur*[34] (1930). Freud knüpft hierin an einen Brief des französischen Schriftstellers Romain Rolland an, in dem dieser die Quelle und den Ursprung aller Religionen im »ozeanischen Gefühl« des Menschen gegenüber dem Weltall zu bestimmen sucht. Dieses Gefühl sei keinem Menschen, auch dem Atheisten nicht, fremd. Da Freud in Rolland einen großen Pazifisten verehrte, bemüht er sich, diese These in die psychoanalytische Erfahrungswelt einzuordnen, ohne indessen der Religion Konzessionen zu machen.

Sein Ausgangspunkt ist die Entstehung des Ich-gefühls beim Kind, soweit wir dies analytisch nachvollziehen können. Zunächst gibt es wohl keine fest umrissenen Grenzen zwischen dem Ich und der äußeren Realität. Nur sehr langsam stellt das Kind den Unterschied zwischen den Umwelt-objekten und dem eigenen Körper fest. Nach und nach erfährt es seine Abgegrenztheit gegenüber der Umgebung, wobei sein Ichumfang notwen-digerweise schrumpft. Vielleicht sind dann die »ozeanischen Gefühle« sozusagen Nachklänge dieser ehemaligen infantilen Verschmelzung von Ich und Welt. Die Religion macht Gebrauch von diesem Infantilismus, indem sie Sehnsüchte weckt und befriedigt, die zu diesem unmittelbaren Eins-sein gehören. Je schwächer das Ich im späteren Leben bleibt, um so eher werden in ihm »ozeani-sche Erlebnisse« erhalten bleiben. Ichschwache Menschen fühlen sich oft »wie eine Nußschale auf den unermeßlichen Wogen des Ozeans«, »wie ein Blatt im Wind« und »wie ein Staubkorn, das in alle Richtungen verweht werden kann«. So steht die menschliche Nichtigkeitserfahrung offenbar im Zentrum des religiösen Weltbildes.

In diesem Verlorenheits- und Verlassenheitsge-fühl sucht der Mensch nach einem »Sinn des Le-bens«, den es nach Freud in allgemeiner Formulie-rung nicht gibt und nicht geben kann. Die Beob-achtung lehrt uns lediglich, daß die Menschen nach dem Glück streben und auch glücklich blei-ben wollen. Sie suchen die Lust und vermeiden normalerweise die Unlust. Wir verstehen, daß sie sich vor den Unannehmlichkeiten des Daseins schützen und bewahren wollen. Immer finden wir sie auf der Suche nach Wegen, die sie zur Lust, zur Freude und zum Erfolg führen sollen. Gibt ihnen aber die Realität in dieser Beziehung zuwenig, so verschmähen sie auch nicht die Intoxikation durch Rauschmittel, durch die sie die Härten der Wirklichkeit vorübergehend vergessen können. Des weiteren verhilft ihnen die Phantasie zu einem Freiraum des Wunschdenkens; sie erreicht in der Kunst ihre Höchstleistungen, die allgemein als Wohltat gepriesen werden. Freud rückt die Kunst in die Nähe einer milden Betäubung angesichts der Existenznöte und Triebversagungen des geplagten Kulturmenschen; ihre Wirkung sei »narkotisch«, ist aber gegen das reale Elend durchwegs machtlos.

Illusion und Wahn sind menschliche Möglichkeiten, die unlusterfüllte Realität so umzuformen, bis sie zu unseren emotionalen und triebhaften Bedürfnissen zu passen scheint. Wahnhafte Realitätsumdeutung kann nun sowohl das Werk von einzelnen als auch von Massen sein. Die Religion zum Beispiel ist ein »kollektives Wahngebilde«, das die Menschen zum Zweck eines *Narkoseglücks* und des damit verbundenen Leidensschutzes errichtet haben:

> Als solchen Massenwahn müssen wir auch die Religionen der Menschheit bezeichnen. Den Wahn erkennt natürlich niemals, wer ihn selbst noch teilt.[35]

Besser als Individual- und Kollektivnarkosen wäre nach Freud die Entwicklung unserer *Lebenskunst,* die gemeinhin überall im argen liegt. Ein Lebenskünstler ist derjenige, der seine Triebwünsche, sein Sicherheitsstreben und die unabänderlichen Bedingungen des Daseins in Einklang zu bringen weiß. Gewiß wird jedermann seine ganz persönlichen Glücksziele wählen wollen. Im Sinne der »Libidoökonomie« jedoch rät Freud, daß man seine Libido, wie ein vorsichtiger Kaufmann sein Kapital, auf mehrere Objekte verteilen soll, damit nicht angesichts eines Objektverlustes der totale

Konkurs eintritt. Süchtigkeit, Neurose und Psychose pflegen dann auszubrechen, wenn ein Individuum bei einem relativ schmalen Existenzentwurf eine tragende Objektbeziehung einbüßt, für die es keinen Ersatz finden kann.

Nach Freuds Mutmaßung ist die Religiosität vieler Menschen eine Reaktionsbildung auf derartige »Konkurserfahrungen«, die es häufiger gibt, als man meint. Von daher lassen sich gewisse Wesensmerkmale der Religion begreifen, über die Freud sagt:

> Ihre Technik besteht darin, den Wert des Lebens herabzudrücken und das Bild der realen Welt wahnhaft zu entstellen, was die Einschüchterung der Intelligenz zur Voraussetzung hat. Um diesen Preis, durch gewaltsame Fixierung eines psychischen Infantilismus und durch Einbeziehung in einen Massenwahn gelingt es der Religion, vielen Menschen eine individuelle Neurose zu ersparen.[36]

Neurose und Religion bieten ein Scheinglück für jene, die zu resigniert sind, um sich ein wahres Glück auf der Erde und in der menschlichen Gemeinschaft zu erobern. Anders ausgedrückt: Hat man sich einmal, durch Erziehung und Kultur dazu gedrängt, den Verlockungen illusionärer Beglückung ergeben, so werden auch alle Kräfte abgeschwächt, mit denen man in der Realität glücklich werden kann.

Mit einem bitteren Kommentar glossiert Freud die religiöse Weltanschauung als einen kläglichen Irrtum, den auch die intellektuellen Kapriolen gläubiger Schriftsteller nicht schmackhaft machen können:

> Das Ganze ist so offenkundig infantil, so wirklichkeitsfremd, daß es einer menschenfreundlichen Gesinnung schmerzlich wird zu denken, die große Mehrheit der Sterblichen werde sich niemals über diese Auffassung des Lebens erheben können. Noch

beschämender wirkt es zu erfahren, ein wie großer
Anteil der heute Lebenden, die es einsehen müssen,
daß diese Religion nicht zu halten ist, doch Stück für
Stück von ihr in kläglichen Rückzugsgefechten zu
verteidigen sucht.[37]

Dieselbe Geisteshaltung spricht auch aus dem
Buch *Neue Folge der Vorlesungen zur Einführung
in die Psychoanalyse*[38] aus dem Jahr 1933. Freud
setzt seine ganze Hoffnung auf den Fortgang der
wissenschaftlichen Forschung, von der allein der
Fortschritt der Menschheit erwartet werden könne. Dieser werde erst recht zum Zuge kommen,
wenn die Religion an Macht und Einfluß verliere.
Es müsse endlich erkannt werden, daß die Religionen nicht auf Wahrheiten beruhen. Sie seien lediglich Versuche, »die Sinneswelt, in die wir gestellt
sind, mittels der Wunschwelt zu bewältigen, die
wir infolge biologischer und psychologischer Not-
wendigkeiten in uns entwickelt haben«[39]. Aber
die religiösen Tröstungen seien durchwegs illusionär, da die Welt »keine Kinderstube« sei und kein
Gott über den Wolken die Guten beschütze und
die Bösen bei der Durchführung ihrer Pläne behin-
dere. Das religiöse Weltbild sei ein Atavismus, ein
Anachronismus in der Epoche hochstehender Wis-
senschafts- und Kulturentwicklung; daher sagt
Freud:

> Versucht man, die Religion in den Entwicklungs-
> gang der Menschheit einzureihen, so erscheint sie
> nicht als Dauererwerb, sondern als ein Gegenstück
> zur Neurose, die der einzelne Kulturmensch auf sei-
> nem Wege von der Kindheit zur Reife durchzuma-
> chen hat.[40]

Es hat wohl seinen tiefen Sinn, daß Freud in demselben Kapitel der *Neuen Folge der Vorlesungen*,
worin er der Religion wiederum eine Absage erteilt, auch den Marxismus kritisch beleuchtet, der

für viele Zeitgenossen ein *Religionsersatz* geworden ist. Freud warnt davor, sich irgendeinem Dogma oder Heilssystem restlos zu unterwerfen. Mahnend hebt er hervor, daß auch die marxistische Lehre, deren Verdienste zur Klärung ökonomischer, geschichtlicher und politischer Fragen nicht übersehen werden soll, zu einer Dogmatik erstarrt ist, wobei die Schriften von Marx in den Rang von »heiligen Texten« erhoben wurden und die marxistischen Parteien den Charakter von Kirchen oder Sekten annahmen, die Andersdenkende innerhalb und außerhalb ihrer Reihen als »Ketzer« deklarieren. Solche »weltlichen Religionen« führen ebenfalls zu Fanatismus und Verfolgerleidenschaft, die die Vernunft über Bord werfen, um sich im Besitz alleinseligmachender Wahrheit fühlen zu können.

In den letzten Jahren seines Lebens beschäftigte sich Freud in eigentümlicher Weise mit der Mosesgestalt der Bibel. Das Interesse für den religiösen Führer der Juden war allerdings bei ihm nicht neu. Von Kindheit an scheint sich Freud mit Moses identifiziert zu haben, ähnlich wie mit Hannibal, Napoleon, Shakespeare, Goethe, Darwin und anderen. Gegenüber all diesen »Heldenfiguren« hat Moses einen gewissen Vorrang, wie etwa Marthe Robert in ihrem aufschlußreichen Buch *Sigmund Freud – zwischen Moses und Ödipus*[41] überzeugend darlegt.

Schon die 1914 veröffentlichte Abhandlung *Der Moses des Michelangelo*[42] zeigt Freud auf den Spuren des biblischen Glaubenshelden. In den einleitenden Sätzen erklärt der Verfasser, dieses Bildwerk des Barockkünstlers habe anläßlich von Romaufenthalten eine mächtige Wirkung auf ihn ausgeübt. Unter anderem schreibt er dem Moses einen »verächtlich-zürnenden Blick« zu, der auf ein »imaginäres Gesindel« gerichtet sei, welches

> keine Überzeugung festhalten kann, das nicht warten und nicht vertrauen will und jubelt, wenn es die Illusion des Götzenbildes wieder bekommen hat[43].

Man muß daran erinnern, daß diese Untersuchung zu einem Zeitpunkt geschrieben wurde, als Alfred Adler und C. G. Jung sich von der Psychoanalyse abgewandt hatten. In Freuds Augen waren diese Schismen eine Hinwendung zum Publikumsgeschmack, der die Sexualität verdrängen will und sich mit moralisch tönenden Theorien gern zufriedengibt. Adler und Jung hatten sich gewissermaßen dem »Götzendienst« verschrieben, als sie Teile der psychoanalytischen Doktrin zu verleugnen begannen. Sich selbst empfand Freud als den großen Gesetzgeber, der die Tafeln des reinen Gesetzes in einsamer Forschungsarbeit gemeißelt hatte; damit setzte er sich dem Moses gleich, der auf dem Berg Sinai das Gotteswort in Empfang nahm, indes die Kinder Israels sich von dem Mosesbruder Aaron ein goldenes Kalb anfertigen ließen, das sie anzubeten gewillt waren. Die Statue des Michelangelo zeigt nun nach Freud den Moses in jenem Augenblick, da er das Volk bei seiner Ketzerei wahrnimmt, aber seinen Zorn überwindet, um das Gottesgesetz vor der Zerstörung zu retten.

> Als er sich seiner leidenschaftlichen Empörung überließ, mußte er die Tafeln vernachlässigen, die Hand, die sie trug, von ihnen abziehen. Da begannen sie herabzugleiten, gerieten in Gefahr zu zerbrechen. Das mahnte ihn. Er gedachte seiner Mission und verzichtete auf die Befriedigung seines Affektes.[44]

Freuds Deutung hat vermutlich wenig mit Kunstgeschichte, aber sehr viel mit seiner eigenen Biographie zu tun, wie wir bereits angedeutet haben. Dies wird bestätigt durch sein Festhalten am Mosesproblem bis in die letzten Monate seines Lebens. So kam es auch zur Ausarbeitung seines Spätwerkes *Der Mann Moses und die monotheistische Religion*[45] (1939), das von Freud selbst als »historischer Roman« bezeichnet wird. Die überraschende Grundthese dieses Buches ist, daß Moses, der Führer des Judenvolkes und der Schöpfer der mosaischen Religion, kein Jude, sondern ein Ägypter gewesen sei. Zu dieser Vermutung kommt Freud durch das psychoanalytische Studium des Bibeltextes, den er, da er Mythen als Völkerträume auffaßt, fast wie einen Traum interpretiert.

Freuds Argumente können nicht leicht in Kürze rekapituliert werden. So konstatiert er mit Erstaunen, daß Moses keinen jüdischen, sondern einen ägyptischen Namen trug; denn Moses heißt auf altägyptisch nichts anderes als »das Kind«. Wir kennen viele Pharaonennamen, die diese Silbe enthalten, zum Beispiel Thutmosis (Kind des Thut), Ramosis (Kind des Ra). Es ist immerhin sehr merkwürdig, daß der Leiter des jüdischen Exodus auf einen Namen hörte, der in der israelitischen Bevölkerung nicht gebräuchlich war.

Die Erzählungen von der Geburt des Moses (frühe Gefährdung, Aussetzung im Schilfkorb, Errettung durch die Pharaonenprinzessin) weist Freud dem allgemeinen Erzählungstypus zu, den Otto Rank in seiner Studie *Der Mythos von der Geburt des Helden* (1909) als Grundmuster aller Heldensagen beschrieben hat. Antike Mythen schildern mit monotoner Regelmäßigkeit einen ähnlichen Lebensanfang des Heros; gemäß psychoanalytischer Deutung verwenden sie hierbei *in symbolischer Umformung* die schlichten Fakten der üblichen Geburtssituation, die allerdings märchenhaft ausgeschmückt werden.

Freuds Scharfsinn entgeht nicht der biblische Hinweis, daß Moses »schwerfällig im Sprechen« war und seinen Bruder Aaron mit sich nahm, wenn es irgend etwas rhetorisch zu vertreten galt. Die analytische Interpretationskunst erlaubt nun die Mutmaßung, daß die Sprachhemmung des Moses den Umstand verdeckt, wie sehr ihm eine *andere Sprache* vertraut war als das Hebräische, nämlich das Ägyptische. Man sieht, daß Freud den Bibeltext zu einem »Traum« macht, aus dem der wahre Sinn durch Umdeutungen herausgeholt werden muß!

Wie kam aber ein *vornehmer Ägypter* dazu, das Sklavenvolk der Juden aus Ägypten herauszuführen und zum Stifter von dessen Religion zu werden? Was Freud als Erklärung hierfür anzubieten hat, mutet tatsächlich wie ein »historischer Roman« an.

Im 14. Jahrhundert v. Chr. regierte im Pharaonenreich (in der 18. Dynastie) Amenophis IV., auch Echnaton genannt, der eine eigenartige Persönlichkeit in einer seltsamen Epoche war. Kurz vor dem Machtantritt dieses Pharaos hatte das ägyptische Reich die Gestalt eines Weltimperiums angenommen; es vereinigte viele Völker innerhalb seiner Grenzen, und sein Herrscher regierte wie ein Gott über den damals bekannten Erdkreis. Diesen politischen Verhältnissen entsprach die bunte Vielgötterei des alten Ägypten nicht mehr ganz. Echnaton proklamierte daher den Machtanspruch eines einzigen Gottes, nämlich des Aton. Die tierköpfigen und tiergestaltigen Götter des primitiveren Glaubens wurden in Acht und Bann getan; ihre Priester verloren ihre Machtstellung. Echnaton lehrte, daß Gerechtigkeit und Wahrheit der wirkliche Gott, die Sonnenscheibe aber, die alles Lebendige schaffe und erhalte, sein Symbol sei. In herrlichen Gedichten erläutert dieser Gottsucher-König seine abstrakte Religiosität, die auch einem sensiblen Naturempfinden weiten Raum läßt. Seine Religionsreform jedoch blieb nicht lange lebendig. Nach dem Tod des Pharaos erstarkten die Repräsentanten der Vielgötterei wieder, zerstörten die Tempel des Sonnengottes und vertrieben seine Anhänger; so berichten die Annalen des Pharaonenreiches.

Vielleicht war nun, nach Freud, Moses der Gouverneur einer Grenzprovinz, unter dem jüdische Stämme ihren Frondienst in Ägypten leisten mußten. Als Anhänger Echnatons war er nicht bereit, seinen reinen Gottesglauben gegen den altertümlichen Polytheismus einzutauschen. So erwählte er sich das Sklavenvolk der Israeliten (wie Jahwe nach der Bibel die Juden erwählt haben soll), brachte ihnen die ethisch hochstehende Eingottlehre und führte sie durch die Wüste in Richtung auf die Heimat ihrer Väter, die in der Gegend des heutigen Staates Israel lag.

In Freuds Beschreibung, die auch Belege aus der Bibel zitieren kann, erscheint Moses als eine herrische, hochfahrende, zornmütige und großartige Persönlichkeit, als eine Vater- und Führerfigur, die weitgehend an die Konturen des »Urvaters« erinnert, von dem in *Totem und Tabu* die Rede war. Um die Analogie noch weiter zu führen: Aus relativ obskuren Quellen glaubt Freud erschließen zu können, daß Moses auch das (hypothetische) Schicksal des Urvaters nicht erspart blieb; er wurde in der Wüste von den aufständischen Israeliten, auf denen schwer das Joch des hochmütigen Gottesmannes lastete, ermordet. Ein Autor namens E. Sellin, auf dessen Buch *Mose und seine Bedeu-*

tung für die israelitisch-jüdische Religionsge-schichte (1922) sich Freud bezieht, will dieses Verbrechen aus verschiedenen Andeutungen der Prophetengeschichten des Alten Testaments ermittelt haben.

Wenn diese Mutmaßung richtig ist, dann verläuft offenbar die Geschichte gemäß dem aus der Individualpsychologie bekannten Schema: frühes Trauma – Abwehr und Verdrängung – Latenzzeit – Ausbruch der neurotischen Erkrankung durch »Wiederkehr des Verdrängten«. Die Urvater-Tragödie wiederholt sich im Zeitenlauf, was unter anderem in der Religionsgeschichte wichtige Spuren hinterläßt.

Falls die Juden den Moses umgebracht haben, dann verdrängten sie diese Tat, von der die Bibel kaum noch Andeutungen übriggelassen hat. Aber ein dumpfes Schuldgefühl lastete immer auf dem Volk; jedenfalls verkünden die Propheten Israels ständig, daß das Volk für irgendwelche Sünde büße und weiterhin büßen werde. Als Christus den Opfertod am Kreuz starb, begründete er einen neuen Glauben, durch den die »Erbsünde« gutgemacht werden sollte; Freud hat schon in *Totem und Tabu* vermerkt, daß der *Tod des Sohnes* wahrscheinlich den *Tod des Urvaters* (»Adams Schuld«) ausgleichen müsse.

Seit der Entstehung des Christentums, das im Grunde ein Werk des Paulus ist, der konsequent die Vaterreligion durch die Sohnesreligion ersetzte, besteht ein scharfer Antagonismus zwischen Christen und Juden. Freud bringt dies unter anderem damit in Zusammenhang, daß die Juden die Entsühnung durch Christus nicht akzeptierten und darum weiterhin mit dem Stigma des Gottesmordes (Urvatermordes) behaftet blieben. Zur Vertiefung ihrer Schuld schob man ihnen zusätzlich noch die Verantwortung für den Mord an Christus zu, weshalb sie sozusagen als »professionelle Gottesmörder« erschienen. Die christliche Umwelt hat ihnen aus dieser Apostrophierung den Charakter einer ursprünglichen Verderbtheit zugeschrieben, was man ihnen in zweitausendjähriger Verfolgung und Drangsalierung schauerlich heimgezahlt hat.

Zum Abschluß seiner Mosesstudie wirft Freud die Frage nach der Entstehung des »jüdischen Volkscharakters« auf, den er weniger aus den Verfolgungs- und Unterdrückungsbedingungen innerhalb des Christentums ableitet als vielmehr aus dem Persönlichkeitsbild des biblischen Moses, »der den Juden als Typus geschaffen hat«. Dies entspricht Freuds allgemeiner Hypothese, daß »große Männer Geschichte machen«. So müsse man sich denken, daß bedeutende Führerpersönlichkeiten den von ihnen geführten Völkern gleichsam ihren eigenen Charakter aufprägen, indem sie sie zu Triebverzicht und Sublimierung erziehen beziehungsweise ihnen neue Wertungen und Wertsysteme einpflanzen. Offenbar dient es der Weiterführung von Freuds lebenslänglicher Selbstanalyse (die mit *Die Traumdeutung* begonnen hat), wenn er die Ursprünge jüdischer »Wesensmerkmale« erforscht und dabei feststellt:

Der Vorrang, der durch etwa 2000 Jahre im Leben des jüdischen Volkes geistigen Bestrebungen eingeräumt wurde, hat natürlich seine Wirkung getan; er half, die Roheit und Neigung zur Gewalttat einzudämmen, die sich einzustellen pflegen, wo die Entwicklung der Muskelkraft Volksideal ist. Die Harmonie in der Ausbildung geistiger und körperlicher Tätigkeit, wie das griechische Volk sie erreichte, blieb den Juden versagt. Im Zwiespalt trafen sie wenigstens die Entscheidung für das Höherwertige.[46]

Und dies hat gewissermaßen Moses vollbracht, der die Lehre Echnatons vor der restlosen Zerstörung schützte, indem er sie aus Ägypten heraustrug und den Juden aufzwang, die damit in der Geschichte der Religionen einen führenden Rang erlangten.

Der irrationale Mystizismus dieser Konstruktionen ist unverkennbar. Man darf aber nicht vergessen, daß Freuds Mosesroman in den späten dreißiger Jahren geschrieben wurde, als die faschistische Barbarei bereits an der Macht war und sich unter anderem anschickte, die von der mittelalterlichen Kirche praktizierten Judenverfolgungen mittels technischer Perfektion bis zum Genozid weiterzuentwickeln. In dieser Situation suchte Freud seine eigene Identität zu bestimmen, und er tat dies in einer für ihn charakteristischen Weise, indem er einen *persönlichen Mythos* schuf, in welchem *Moses und Sigmund Freud* zu einer Einheit verschmelzen. Daß er hierbei den Juden »ihren größten Mann wegnahm«, hat er angeblich — wenn man den Worten Stefan Zweigs in *Die Welt von Gestern*[47] Glauben schenken will — in seinen letzten Lebensmonaten bedauert[48]; es ist aber wohl die Antwort auf die Tatsache, daß Freud selbst weder mit der Abstammung von seinem Vater Jakob Freud noch mit der Herkunft aus dem jüdischen Volk zufrieden sein konnte. Sein »Familienroman« griff nach den Sternen und begnügte sich nicht damit, die Familienkonstellation ein wenig zu korrigieren; die Deszendenzlinie mußte schon bis zu Echnaton und Moses hinaufführen, um den heroischen Ansprüchen dieser hochgespannten Seele einigermaßen Genüge zu tun.

Alfred Adler:
Religion und
Minderwertigkeitsgefühl

Alfred Adler hat, darin von Freud und Jung sehr abweichend, sich nur ein einziges Mal systematisch zu den Problemen der Religion geäußert, und zwar in dem gemeinsam mit dem Theologen Ernst Jahn verfaßten Band *Religion und Individualpsychologie. Eine prinzipielle Auseinandersetzung über Menschenführung*[49] (1933). Es gibt aber in seinen Schriften viele Kommentare zur Religionspsychologie, die darauf hinweisen, daß ihm die Relevanz religiöser Einstellungen innerhalb der Gesamtpersönlichkeit genau bewußt war. Auch führte ihn intensive Auseinandersetzung mit der Weltanschauungslehre und der Philosophie immer wieder an diese Fragen heran, denen sich ein Psychologe und Psychotherapeut nicht zu entziehen vermag.

Adlers philosophische Interessen kreisen unter anderem um die Lebensphilosophie, Nietzsche, den Marxismus und den libertären Sozialismus, den Pragmatismus, Kant und den Neukantianismus. Im Zuge solcher weitläufiger Studien und Standpunktsklärungen verlor er offenbar früh seinen religiösen Glauben; ähnlich wie Freud war er ein leidenschaftlicher Atheist. In seinen späteren Jahren jedoch bemühte er sich um eine konziliantere Haltung gegenüber der Religion, da er auch religiösen Menschen den Zugang zu seiner »Individualpsychologie« offenhalten wollte. Daher sagt Manès Sperber in seiner Adler-Biographie[50]:

Denn Adler war entschieden ungläubig, total glaubenslos. In den Jahren, da ich ihn kannte, sagte ich mir, daß er unanfechtbar, unangefochten der radikalste Atheist wäre, dem ich je begegnet war. Doch sei schon hier vermerkt, daß in Adlers späten Schriften eine andere Stellung zum Vorschein kommt, ein Wille zum Verständnis, vielleicht gar eine Hinneigung zum Glauben.[51]

Man kann unseres Erachtens Adlers Stellungnahme zur Religion nur dann verstehen, wenn man die hauptsächlichen Gesichtspunkte seiner Theorie im Auge behält. Diese müssen daher in der Folge kurz rekapituliert werden.

a) Adlers »Individualpsychologie« postuliert, daß das *Minderwertigkeitsgefühl* eine Grundtatsache im menschlichen Seelenleben ist. Dieses Gefühl ist in der Natur des Menschen verankert und kann etwa der *Lebensangst* gleichgesetzt werden, die den Menschen kaum je verläßt. Weil er sich aufgrund zahlreicher Motive minderwertig fühlt, strebt der Mensch allemal nach Sicherheit, Überlegenheit, Geltung und Macht. Darum kann man im *Geltungsstreben* den kompensatorischen Ausgleich der Unzulänglichkeitsgefühle sehen. Das menschliche Gemüt ist voll von Regungen, die *von unten nach oben* zielen; der Mensch will nicht Opfer und Spielball der Verhältnisse sein, weshalb er auf biologische, soziale, psychische und andere Beeinträchtigungen mit Überwindungsversuchen reagiert. Jedes individuelle Leben wie auch die Geschichte der Menschheit demonstriert uns die mehr oder minder fruchtbare Bewältigung von Minderwertigkeitssituationen, wobei das *Ziel der Überwindung* je nach Lebensschicksal, Epoche, Stand der Geistes- und Kulturgeschichte und so weiter sehr verschieden konkretisiert sein kann.

b) Noch gewichtiger als Minderwertigkeitsgefühl und Geltungsstreben ist das *Gemeinschafts-*

gefühl, das für Adler den Mittelpunkt der menschlichen Psyche darstellt. Man irrt daher, wenn man seine Lehre eine »Psychologie des Machttriebes« nennt (was man allenfalls von Nietzsches Theorie sagen könnte). Nach Adler ist der Mensch durch und durch ein Gemeinschaftswesen. Er ist von Natur aus sozial, und alle seine Kräfte und Fähigkeiten drängen ihn zur friedlichen Kooperation mit seinen Mitmenschen. Wenn Angst und Herrschsucht (Aggression) in der Psyche hervortreten, haben wir es bereits mit pathologischen Entwicklungen zu tun. Nur der seelisch kranke Mensch, der von Minderwertigkeitskomplexen geplagt ist, sucht Beruhigung seiner Lebens- und Beziehungsängste in der *Machtausübung über andere,* die sich in direkter oder indirekter Form zeigen kann. In Neurosen und anderen Formen des Fehlverhaltens bemerken wir eine erziehungs- und gesellschaftsbedingte *Verkümmerung des Sozialinteresses,* das heißt der emotionalen Verbundenheit mit den Mitmenschen. Daraus resultieren dann die Finten und Ausweichtaktiken nervöser Menschen, die weder Liebe noch Zusammenarbeit ausreichend gelernt haben und darum in ihrer Lebensführung partiell oder total versagen. Solche Versager müssen allerdings immer auf dem Hintergrund der Menschheit als Ganzes gesehen werden, die bis zum heutigen Tag die Fragen der Solidarität nicht befriedigend zu lösen vermochte, weshalb es nicht zu verwundern ist, daß unzählige Individuen unter dem Druck verschiedenartigster Notlagen in ihrer Werdensgeschichte die *Mitmenschlichkeit* aus den Augen verlieren und sich in den Strom der sozialen Evolution nicht einfügen können.

c) Die menschliche Psyche, eingespannt in das Koordinatensystem von Minderwertigkeitsgefühl und Geltungsstreben auf der einen sowie Gemein- schaftsgefühl und produktiver Entwicklung auf der anderen Seite, ist nach Adler *Einheit und Ganzheit.* Sie ist keine chaotische Vielfalt dispara- ter Triebe, die alle nur ihre jeweilige Befriedigung anstreben. Die Triebhaftigkeit ist nicht (wie die Psychoanalyse meint) das Zentrum der mensch- lichen Personalität; diese ist eine »Vieleinheit« von Trieben, Gefühlen, Gedanken, Strebungen, Wertungen, Wahrnehmungen, Willensregungen und so weiter. Jedes seelische Detail ist *strukturell* mit dem Ganzen verbunden; Persönlichkeit ist stil- volles Zusammenwirken aller Teile zur Totalität innerhalb eines spezifischen Lebensentwurfes. Will man einen Menschen verstehen, dann muß man die Teile aus dem Ganzen, das Ganze aus sei- nen Teilen begreifen. Man wird bei gründlichem Studium immer finden, daß alle Lebensäußerun- gen eines Individuums von einem einheitlichen Stilgesetz durchflossen sind, so daß es sinnlos ist, irgendeine psychische Funktion über die anderen zu stellen und sie zum Motor des Seelenlebens zu machen. Es ist nur die Voreiligkeit mancher For- scher, wenn sie etwa in der Sexualität (Freud), in den bedingten und unbedingten Reflexen (Paw- low, Watson, Skinner) und so weiter den psycholo- gischen Hauptbefund mutmaßen und daraus ein einseitiges und verengtes Bild des Seelenlebens ableiten.

d) Der Schlüssel zum Verstehen eines Menschen ist seine *Charakterstruktur,* da diese seinen Um- gang mit sich selbst und mit den Mitmenschen be- dingt. Alle Charakterzüge eines Menschen sind zweckmäßig bezogen auf sein großenteils unbe- wußtes *Persönlichkeitsideal,* auf das er von Kind- heit an mit allen seinen psychischen Tendenzen hinstrebt. Charakterzüge sind zu vergleichen mit

Leitlinien, die aus der jeweils erlebten »Minder-wertigkeit« zu einem Ziel der Größe und Macht hinführen sollen. Es ist aber ungemein verwunder-lich, was alles für die Menschen, je nach individu-eller Position und Kulturlage im allgemeinen, als »groß« und »mächtig« erscheinen kann. So kann etwa ein psychisch kranker Mensch sich als groß-artig empfinden, wenn er die »schlimmste De-pression«, die »schwersten Kopfschmerzen«, die »schauerlichste Angst«, die »schlechtesten Schul-noten«, das »abstoßendste Benehmen«, die »kon-fusesten Verhaltensweisen« und so weiter hat. An-dere wieder meinen, ebenfalls durch die Kultur und schlechtes Beispiel verführt, imposant zu sein, wenn sie gefühllos, gewalttätig, geldgierig, unter-würfig, antisexuell, frömmlerisch und asketisch sind, was stets durch die Ausbildung spezieller Charakterzüge gesichert werden muß.

Der Charakter ist für die »Individualpsycholo-gie« der konstante Persönlichkeitskern, der die Kontinuität des Verhaltens angesichts der unend-lich wechselhaften Situationen des Lebens garan-tiert. Darum bedeutet für Adler die Heilung see-lischer Erkrankungen primär die Charakterum-wandlung des Patienten, das heißt das Annehmen neuer Werte und Ziele und daraus folgend neuer Willensrichtungen und Verhaltensweisen.

e) Mehr als die anderen Pioniere der Tiefenpsy-chologie befaßte sich Adler mit den Problemen der Erziehung und der Erziehungswissenschaft, da er die sozial störenden Eigenschaften der Menschen in erster Linie auf unsachgemäße erzieherische Einflüsse zurückführte. Er wandte sich energisch gegen den »Vererbungswahn«, wonach Konstitu-tion und Erbvorgänge die Wesensmerkmale der Menschen auch in psychischer Hinsicht bestim-men sollen. Der Nachdruck, den Adler auf die

Macht der Erziehung legt, ist jedoch nicht mit der »Milieutheorie« zu verwechseln. Seiner Meinung nach entstehen die charakterlichen Dispositionen nicht kausal aus Umweltfaktoren, sondern in der lebendigen Auseinandersetzung des Kindes mit dem eigenen Körper (zum Beispiel »Organminderwertigkeiten«), der Familie und der weiteren Umgebung.

Die Erziehung kann den Menschen sowohl charakterlich und geistig deformieren als auch ihn entwickeln und entfalten. Die Psychotherapie ist als ein Prozeß der Um- und Nacherziehung zu begreifen, worin irrtümliche Lebensauffassungen und entwicklungshemmende Einstellungen abgebaut werden können. Dabei kommt es zum *Anwachsen des Realitätssinnes,* der in neurotischen und anderen pathologischen Zustandsbildern arg geschädigt ist. Aufgrund ihrer chaotischen Erziehung ähneln die meisten Menschen Wanderern, die in einer fremden Stadt mit einem falschen Stadtplan herumlaufen; sie erschöpfen bald ihre Energien und enden in Resignation und Verzweiflung. Adler spricht von *realitätsfremden Lebensplänen,* um anzudeuten, daß Individuen, Völker und Kulturen von der *absoluten Wahrheit der Gemeinschaft* (Solidarität, Vernunft, Kooperation) weit abweichen können und damit sich selbst und andere ins Unglück stürzen.

f) Adler fragt bei psychischen Fakten nicht so sehr nach dem »Warum« und dem »Woher« als vielmehr nach dem »Wozu«. Man nennt das die finale oder teleologische Betrachtungsweise; sie setzt voraus, daß alles Seelische *zweckorientiert* ist, wobei Ziel und Zweck wichtiger sind als Ursache und Ursprung. Anders ausgedrückt: Seelisches ist erst dann verstanden, wenn man dessen *Sinn* begriffen hat. Die Psyche ist durchgängig ein

Sinngebilde, und ihre als vorherrschendes Leitmotiv auftretende Sinnhaftigkeit ist das Bestreben des Menschen, die Selbsteinschätzung oder das Ichgefühl nach Möglichkeit zu erhöhen. Echter Selbstwert wird allerdings nach Adler nur bei sozialer und kultureller Beitragsleistung verwirklicht. Wer nicht den Mut und das Training hierzu hat, wird sich allerdings oft mit »Scheinerhöhungen« der Selbstachtung begnügen.

g) Der Mensch ist nach Adler vor drei Lebensaufgaben gestellt, die aus kosmischen, biologischen und sozialen Bedingungen erwachsen: Arbeit, Liebe und Gemeinschaft. Nur der sozial eingestellte Mensch wagt sich an authentische und weiterführende Formen der Mitmenschlichkeit, die ihm in der Regel Mühe und Verantwortung eintragen. Ängstliche und unkooperative Menschen jedoch neigen zur Betätigung auf der *Unnützlichkeitsseite des Lebens,* wobei sie die drei Lebensaufgaben – oder doch eine oder zwei von ihnen – ungelöst lassen. Sie suchen sich dann zumeist für ihre Ausweichtaktiken irgendein Alibi oder beschönigen ihre krummen Wege durch Rationalisierungen. Man muß sehr darauf achten, wie viele Menschen auf Um- und Abwegen zur Überlegenheit zu gelangen hoffen. Als Lebensflüchtlinge halten sie sich dann an die »Politik der sauren Trauben«, das heißt sie entwerten wie der Fuchs in der Fabel die Trauben, die ihnen zu hoch hängen. So mancher Fromme zum Beispiel, der dem Leben den Rücken kehrte und über die irdischen Genüsse die Nase rümpfte, mag für seine tiefe Religiosität weniger wertvolle Motive gehabt haben, als er selbst meinte; Adler gibt hierzu den Kommentar:

> Viele flüchten in die Religion, geben ihr gegenwärtiges Leben preis, peitschen ihre moralischen und asketischen Gefühle auf, um des Glücks, des Triumphes »dort drüben« teilhaftig zu werden, hienieden aber bereits bei *Gott* zu sein.[52]

h) Wie bereits erwähnt, findet man bei Neurotikern einen ausgeprägten »Willen zum Schein«, da sie ihre Rückzugsgefechte bemänteln und die verweigerte soziale Beitragsleistung irgendwie rechtfertigen müssen. Da sie jedoch im tiefsten Innern um ihr Versagen wissen, entwickeln sie übersteigerten Ehrgeiz und zugespitzte Eitelkeit, womit sie die an ihnen nagende Selbstverachtung zum Verstummen bringen wollen. Nun kann man jeden Menschen in gewissen Grenzen ehrgeizig und eitel nennen; beim seelisch Gesunden wird lediglich die Rechnung mit der sozialen Realität gemacht, so daß er seine Ehrgeizziele auf den Nutzen der Gesamtheit abstimmt und seiner Selbstbeweihräucherung auch Skepsis und Humor entgegensetzen kann.

Anders der Neurotiker: Seine prekäre Selbsteinschätzung erzwingt die dauernde »Siegespose«, die Adler auch den *männlichen Protest* genannt hat; je schwächer sich jemand fühlt, um so hartnäckiger und unbeugsamer möchte er immer und überall »ein ganzer Mann« sein. In der patriarchalischen Kultur gilt diese Formel nicht nur für die Männer, sondern auch für die Frauen, wobei *überlegen sein* und *männlich sein* identifiziert werden. Letztlich mündet die Selbstglorifikation sogar in die Selbstvergottung ein, wozu die religiöse Formensprache reichliche Nahrung bietet:

> Auf den Spuren des Gottähnlichkeitsstrebens begegnet man auch der Erscheinung, daß jemand die *Befriedigung religiöser Bedürfnisse* in mißbräuchlicher Weise dadurch sucht, daß er darin nur Erfüllung seiner Eitelkeit sucht. Man bedenke, wie bedeutsam

z. B. es besonders für zusammengebrochene Menschen sein kann, wenn sie sich über alle anderen hinweg mit ihrem Gott verbinden und mit ihm Zwiesprache halten, wie sie sich in der Lage fühlen, durch fromme Handlungen und Gebete den Willen desselben in Bahnen zu lenken, die sie selbst benötigen, wie sie mit ihm auf Du und Du verkehren können und sich auf diese Weise ganz in Gottes Nähe gerückt fühlen. Manchmal liegen solche Erscheinungen weit ab von dem, was man echte Religiosität nennen könnte, so daß sie schon einen krankhaften Eindruck machen.[53]

Die Spären der Religion und der Politik sind besonders geeignet, ein Jagdgrund für machtlüsterne Seelen zu werden, wofür es in Geschichte und Geistesgeschichte zahlreiche Beispiele gibt.

Adler ist nicht sehr daran interessiert, mit religiösen Menschen darüber zu streiten, ob es einen Gott, ein Weiterleben nach dem Tod, einen Himmel und eine Hölle und so weiter gibt; er möchte eher zur *Charakterologie der religiösen Menschen* beitragen, das heißt begreiflich machen, welchen Stellenwert religiöse Überzeugungen im Seelenhaushalt von seelisch gesunden und von neurotischen Menschen einnehmen. So müssen auch die Theologen zugeben, daß die Religion nicht nur im Dienst »edler Zwecke« steht und daß sehr viele Gläubige in menschlicher Hinsicht nicht auf der Höhe ihrer manchmal eindrücklichen »Lippenbekenntnisse« stehen.

Adler hat solcherlei im Sinn, wenn er etwa von Menschen spricht, die »fortwährend den lieben Gott mit ihren Schmerzen belästigen« und ihn »mit nichts anderem zu beschäftigen wissen als mit ihrer eigenen Person«. So mancher, der zu beten meint, stellt im Grunde sehr zudringliche Forderungen an seinen Gott, von dem er eine Verwöhnung erwartet, wie er sie einst im Familienkreis empfangen hat. Andere wieder benutzen die Religion zu trickhafter Selbsterhöhung, die bei genauerem Zusehen recht aufschneiderisch und fadenscheinig anmutet:

> So, wenn einer z. B. erzählt, daß er nicht einschlafen könne, wenn er vorher nicht irgendwelche Gebete gesprochen habe; denn wenn er das nicht täte, könnte es geschehen, daß irgendeinem Menschen in der Ferne ein Unglück widerfahre. [...] Das sind Wege, auf denen einer leicht zur Empfindung seiner Zaubergröße gelangen kann.[54]

Der Menschenkenner muß hinter die Proklamationen und Deklamationen der Menschen sehen können, um sich nicht von den weitverbreiteten »Lebenslügen« düpieren zu lassen. Frömmigkeit, Buße, Demut, Dogmengläubigkeit, Glaubensfanatismus, Selbsterniedrigung und so weiter können einen immensen Ehrgeiz verbergen, der sich *masochistischer Mittel* bedient (an denen immer auch der Sadismus beteiligt ist!), um sich über alle anderen Menschen erheben zu können.

Das Christentum und viele andere Religionen legen es ihren Anhängern nahe, Selbstverwirklichung auf dem Weg des Masochismus anzustreben. Man lese diesbezüglich die Geschichte der Mönchsorden, der Heiligen der katholischen Kirche, des Pietismus, des Quietismus und zahlreicher Sekten nach; immer findet man die masochistische Komponente, die stellenweise zu absurden Verhaltensweisen Anlaß gab, in denen Schwachsinn und Psychose Triumphe feierten. Allerdings zeigt sich der »Zug nach oben« bei Antireligiösen nicht minder als bei Religiösen, weshalb Adler in seiner unbestechlichen Redlichkeit feststellt:

Die Möglichkeit also, sich durch büßerische Veranstaltungen wie Fasten und Beten, in Sack und Asche zu gehen usw., ein Gefühl der Überlegenheit zu sichern, wird leicht einen Anreiz für schwächere Seelen abgeben, sobald sie geneigt sind, fromm und gut, religiös und erhaben zu identifizieren. Und die Askese wird zur Erhebung führen, wenn sie als Triumph empfunden wird. Daß es hierbei nur auf die willkürliche Wertung ankommt, bei der häufig der Gegensatz zu sonst überlegenen Personen als Ausgangspunkt genommen wird, zeigt sich auch beim Widerpart des Gottesfürchtigen, beim Atheisten, streitbaren Freigeist und Bilderstürmer, die in gleicher Weise ihre Überlegenheit zu dokumentieren versuchen.[55]

Adlers »entlarvende Psychologie« will durch die oft glänzenden Fassaden hindurchschauen und hinter ihnen prunkende Großtuerei und klägliche Selbstvergottung enthüllen. Diese »Kunst der Diagnostik« wäre für die Theologen ebenso nützlich wie für die Psychologen; denn erstere müssen dem Menschen in vielen Lebenssituationen beistehen, wobei sie dringend der Erkenntnis bedürfen, wo ihr Schutzbefohlener steht und mit welchen Problemen er wirklich zu ringen hat. Viele geistliche Seelsorger reden an ihrem Gegenüber vorbei, weil sie keine ausreichende Menschenkenntnis besitzen, mit der sie Schein und Sein, Eitelkeit und Echtheit, Redlichkeit und Gerede voneinander unterscheiden können.

Adler wandte sich auch mit aller Schärfe gegen den Okkultismus, den er ebenfalls für eine Machination geltungshungriger Seelen hielt, die sich über den derzeitigen Stand der Kultur und des Wissens mit »unlauteren Mitteln« zu erheben versuchen. Die Berichte über außersinnliche Erfahrungen, über Umgang mit Geistern und Gespenstern, die Theosophie und die Anthroposophie haben einer wissenschaftlichen Überprüfung nicht standhalten können; daher sind wir berech-

tigt, den *Neuroseverdacht* auszusprechen, wenn
Menschen starrsinnig solche Erkenntnismöglich-
keiten behaupten, die dem Common sense, dem
gesunden Menschenverstand erheblich widerste-
hen. Adler wendet gegen den Rummel um die
»Parapsychologie« mit einiger Skepsis ein:

> Alle Bestrebungen und Interessen, die sich um *Spiri-*
> *tismus* und *Telepathie* gruppieren, deuten auf Men-
> schen, die nicht warten können, über die ihnen ge-
> gebenen Grenzen hinauszukommen, die sich Kräfte
> beimessen, welche Menschen nicht besitzen, die
> manchmal geradezu die Zeit aufheben wollen, in-
> dem sie über Zeit und Raum hinweg z. B. mit Gei-
> stern von Verstorbenen sich in Verbindung setzen.
> Wenn wir tiefer schürfen, finden wir, daß ein Großteil
> der Menschen die Neigung hat, sich wenigstens in
> Gottes Nähe ein Plätzchen zu sichern.[56]

Man fühlt sich bei Adlers Darlegungen an den Satz
von Jean-Paul Sartre in *Das Sein und das Nichts*[57]
erinnert: »Der Mensch ist ein verunglücktes Un-
ternehmen, Gott zu werden.« So scheint tatsächlich die *Gottähnlichkeit* eine ungeheure Rolle im
Leben der Menschen zu spielen; jeder will auf
seine Weise vor sich selbst und vor anderen als
»göttlich« erscheinen, und es ist die Tragik des
Menschseins, daß man es nur zu *Karikaturen die-*
ser Deifikation bringt. Dies sollten sich auch religiöse Menschen klarmachen, damit sie in ihrem
Gottesglauben die Proportionen wahren und nicht
plötzlich der Meinung sind, mit der Gottheit identisch zu sein und deren »Geschäfte in die Hand
nehmen zu müssen«. Es würde den Frommen und
den Atheisten weiterhelfen, wenn sie lebenslänglich nach den wahren Motivationen ihres Glaubens und Unglaubens forschten, damit sich nicht
allzu grobe Selbsttäuschungen in ihre globalen
Weltanschauungen einschleichen.

Wie bereits erwähnt publizierte Adler im Jahr 1933 zusammen mit Ernst Jahn das Buch *Religion und Individualpsychologie.* Jahn war protestantischer Pfarrer in Berlin-Steglitz und Anhänger der individualpsychologischen Schule, offenbar auch beeinflußt von Fritz Künkel, der damals in Berlin sehr eng mit evangelischen Pastoren zusammenarbeitete. Für Adler erschien es wohl verlockend, durch eine solche Publikation in Gemeinschaft mit einem Vertreter der Kirche in religiösen Kreisen Sympathisanten zu finden. Faktisch gab es in der seinerzeitigen »individualpsychologischen Bewegung« nicht wenige Theologen, die in ihrer Weise eine Synthese von Tiefenpsychologie und Religion zu realisieren versuchten.

Leider ist der Text von *Religion und Individualpsychologie* unseres Erachtens sehr ungleichgewichtig geraten. Jahn eröffnet die Schrift mit rund 50 Seiten »theologischer Krittelei« an der Individualpsychologie, die er zwar über die Freudsche Psychoanalyse stellt, wenngleich auch sie nicht den »wahren Einblick« in die Tiefen des religiösen Gemüts besitze. Adlers Beitrag umfaßt nur ungefähr 30 Seiten, wovon ein Teil dafür verwendet werden muß, die offenkundigen Fehlinterpretationen von Pastor Jahn zurückzuweisen. Daran anschließend skizziert Adler mit kühnen Pinselstrichen seine Religionspsychologie; der wiederum kritisch-nörglerische »Epilog« von Jahn vermag die Schönheit und die Eleganz von Adlers Ausführungen nicht abzuschwächen.

Adler bekennt sich in allen seinen Spätschriften zu einer »Philosophie der Evolution« (Holismus), die Darwins Denkansatz auf den Aufstieg der menschlichen Kultur überträgt. Der Mensch ist demnach ein Lebewesen, das sich entwickeln kann und muß. Alles in ihm drängt zur Überwin-

dung der Daseinsschwierigkeiten, zur Vervoll-
kommnung der physischen und geistigen Existenz. Ein solcher evolutionärer Drang kann nicht
ohne Zielsetzungen auskommen. Daher haben die
Menschen aller Zeiten Ideen, Ideale und Ziele formuliert, in denen ihr Überwindungsstreben Gestalt annahm. Eine dieser bildhaften Gestaltungen
des menschlichen Perfektionsbedürfnisses liegt in
der Gottesidee vor; Gott und die Götter sind sozusagen Konkretisierungen der Entwicklungsimpul-
se im Menschen. Auf diese Weise kann Adler die
Religion, wiewohl er selbst nicht mehr an ihren
Glaubensinhalten festhält, rechtfertigen als einen
der Wege, auf dem die Menschheit den Fortschritt
suchte. Daher sagt er in *Der Sinn des Lebens*[58] aus
dem Jahr 1933:

> Die beste Vorstellung, die man bisher von dieser
> idealen Erhebung der Menschheit gewonnen hat, ist
> der Gottesbegriff. Es ist gar keine Frage, daß der
> Gottesbegriff eigentlich jene Bewegung nach Voll-
> kommenheit in sich schließt als ein Ziel, und daß er
> dem dunklen Sehnen des Menschen, Vollkommen-
> heit zu erreichen, als konkretes Ziel der Vollkom-
> menheit am besten entspricht. Freilich scheint es
> mir, daß jeder sich seinen Gott anders vorstellt.[59]

Das neuzeitliche Denken hat nun allerdings auch
andere Denkmöglichkeiten geschaffen, die als
evolutionäre Zielsetzung mit der Religion konkur-
rieren können. Es wäre daher eine Anmaßung zu
glauben, nur das Bekenntnis zu einer Gottesidee
könne die allgemeine Wohlfahrt und das Gedeihen der Humanität garantieren. Hierin spricht bekanntlich die Menschheitsgeschichte eine andere
Sprache, lehrt sie doch mit erschreckendem An-
schauungsmaterial, daß die Gottgläubigen aller
Zeiten und Zonen durchaus zu Fanatismus, Men-
schenhaß und Menschenvernichtung bereit waren.

Daher stellt Adler neben die Religion modernere Fassungen des Evolutionsziels, denen seine Sympathie in sichtlich höherem Maß gehört. So sind der Sozialismus und die Individualpsychologie ebenfalls Umschreibungen der »absoluten Wahrheit«, daß der Mensch im Einklang mit allen Mitmenschen dieser Erde Entwicklung und Solidarität anstreben muß. Was die religiöse Ahnung einst in Gebote und Verbote kleidete, kann heute als wissenschaftliche Einsicht und ethisches Ideal vor uns hingestellt werden; ein Kampf zwischen Religion und Wissenschaft soll wenn irgend möglich vermieden werden, da es doch allein darum geht, daß die Gemeinschaftsidee und das Sozialinteresse unter den Menschen florieren.

> Oder sollte und konnte die Menschheit warten, bis sie durch wissenschaftliche Erleuchtung der Gehirne sich zur tätigen Anerkennung der unumgänglichen Notwendigkeit der Nächstenliebe, des Wohles der Gesamtheit, damit auch zur tätigen Anerkennung der richtigen Beziehung von Mutter und Kind, der sozialen Gesetzmäßigkeit in der Kooperation der Geschlechter, des Interesses für die anderen in der Arbeitsleistung aufraffte? Diese geistige und seelische Durchleuchtung, die zur tiefstmöglichen Erkenntnis des Zusammenhangs führt, zu einer Erkenntnis, die alle Tore des Irrtums schließt, die die Tugend als lehrbar erweist, ist heute noch nicht in vielen lebendig geworden. Der religiöse Glaube lebt und wird weiterleben, bis er durch diese tiefstmögliche Erkenntnis und dem aus ihm stammenden religiösen Gefühl ersetzt ist. Es wird keineswegs genügen, von der Erkenntnis bloß zu naschen, die Menschheit wird sie ganz verschlingen und verdauen müssen.[60]

Solange der Menschheit nichts Besseres zur Verfügung stand, war es wertvoll für sie, Fetische und Tabuvorschriften zu verehren, um die sozialen Bande zu festigen und zumindest die Kooperation von Stammesmitgliedern und Clanangehörigen zu sichern. Später, nach einem Jahrtausende währenden Zwischenspiel der Vielgötterei, kam der Monotheismus auf, der neben seinem abergläubischen Weltbild gleichfalls um die Formulierung von Sitte und Moral wie auch um die menschliche Selbstvervollkommnung rang. Ermutigend wirkte auf den verängstigten Menschen der Frühzeit, daß er an einen Gott im Himmel glaubte, der über ihn wachte und seine Bestrebungen begünstigte; die Kehrseite dieses Glaubens war allerdings die Furcht, daß die Gottheit dem Menschen nicht gnädig gesinnt sei und dementsprechend seine Bemühungen vereiteln werde.

Noch schlimmer war der Umstand, daß religiöse und weltliche Machthaber das Gefühl der Abhängigkeit des frommen Menschen von seinem Gott zur Verstärkung ihrer Machtpositionen verwendeten. So wurde die Religion in der Geschichte zu einem wesentlichen Faktor der Stabilisierung von Herrschaft, Unterdrückung und ökonomischer Ausbeutung. Nur mühsam konnte sich die Menschheit von diesem materiellen, seelischen und geistigen Terror befreien, der heute noch auf uns lastet; Adler hofft auf den evolutionären Drang im Menschen, der schließlich alle Fesseln sprengen wird.

> Soweit wir erkennen können, ist dieser dynamische Drang, seine Selbstbehauptung unter allen Umständen zu sichern, Kindern wie Erwachsenen gemeinsam. Er läßt sich auf keine Weise auslöschen. Die menschliche Natur erträgt keine permanente Unterwerfung; die Menschheit hat sogar ihre Götter gestürzt. Gefühle der Erniedrigung und Herabsetzung, Stimmungen von Unsicherheit und Minderwertigkeit wecken immer wieder den Wunsch, eine höhere Ebene zu erklimmen.[61]

Hindernd für eine Zusammenarbeit von Tiefen-psychologie und Religionen ist auch das *pessimistische Menschenbild* der letzteren, in denen der Mensch meistens als »böse von Natur« und als »notorischer Sünder« erscheint. Individualpsychologisch gesehen ist der Mensch weder gut noch böse, aber prinzipiell sozial. Für seine asozialen Fehlhaltungen kann er nicht belangt werden; er erwirbt sie in den ungünstigen Kulturbedingungen, die sich »seit Olims Zeiten« so ergeben haben. Daher plädiert Adler dafür, den *Sündenbegriff* fallenzulassen, damit man die Menschen nicht in unfruchtbare Zerknirschung treibt, aus der fast immer Ungutes erwächst. Die Menschen brauchen weder Buße noch Sündengefühl, weder Schuldbewußtsein noch Gnade. Was ihnen wahrhaft not tut, sind Aufklärung über die Gesetzmäßigkeiten des sozialen Zusammenlebens und Förderung ihrer mitmenschlichen Verbundenheit; das übersieht so mancher Bußprediger, weil er im moralischen Verurteilen anderer seine eigene Größe und Herrlichkeit genießt.

Pastor Jahn in seinem »Epilog« zu *Religion und Individualpsychologie* beeilt sich, Adlers allzu humanistische Gedankengänge zu entschärfen und sie mit einem theologischen Zuckerguß zu beträufeln. Er insistiert unter anderem darauf, daß Gott nicht einfach eine »Idee«, sondern »überwältigende Wirklichkeit« sei[62]. Adler denke »anthropozentrisch«; man müsse aber »theozentrisch« denken, denn: »Die Menschheit steht unter dem Gericht Gottes.«[63] Der Mensch sei Gott »Rechenschaft« schuldig, da ihn dessen Zorn und Gerichtsbarkeit bedrohten. Für einen Theologen sei die Lehre der *Gemeinschaft aller Menschen* zu blaß. Jahn bekennt sich darum – man schrieb das Jahr 1933! – zur *Volksgemeinschaft*, zum *nationalen Volkstum* und schließt mit den Worten: »Die Erde ist Gottes Schöpfung, der Mensch ist Gottes Geschöpf.«[64]

Die Verständigung mit Theologen ist offenbar nicht leicht, und selbst ein Dialogkünstler wie Adler mußte erfahren, daß sie bei verschiedenartigen Weltanschauungen und Wertvorstellungen eine schier unlösbare Aufgabe bedeutet.

Carl Gustav Jung:
Religion als Ganzheitssymbol

Sehr im Unterschied zu Freud und Adler war Jung ein tiefreligiöser Mensch, in dessen Lebenswerk die Religion einen enorm breiten Raum einnimmt. Dies hat begreiflicherweise lebensgeschichtliche Gründe und Hintergründe: Jung ist als Pfarrerssohn aufgewachsen und verleugnete bis zu seinem Lebensende nicht seine Herkunft aus einem abergläubisch-frommen Elternhaus. Diesen Engen seines Sozialisationsmilieus blieb er verhaftet, wiewohl er als imponierender Wissenschaftler seine Laufbahn anfing, die dann aber mehr und mehr in einem merkwürdigen Mystizismus versandete. Es ist anzunehmen, daß all dies mit unbewältigten Persönlichkeitsproblemen in Zusammenhang steht. Dem kritischen Betrachter jedenfalls will es scheinen, als habe sich Jungs Forscherexistenz am Rand einer Psychose abgespielt, was Jung allerdings nicht davon abhielt, mit gewaltigem Kraftaufwand sein vielbändiges Lebenswerk zu gestalten. Die Tragik, die über Jungs Lebenslauf und Produktivitätsschicksal liegt, wird erst einigermaßen verständlich, wenn man sich seiner Autobiographie zuwendet, die unter dem Titel *Erinnerungen, Träume, Gedanken von C. G. Jung*[65] erschienen ist. Des weiteren ist zur Ergänzung sehr aufschlußreich die Biographie, die der US-amerikanische Psychoanalytiker Paul J. Stern verfaßte[66], sowie die Untersuchung *Therapie der Menschheit*[67] von Hedda J. Herwig, in der die Autorin sehr feinsinnig auf die Wechselbezie-

hungen von Jungs Persönlichkeit, Wissenschafts-
konzept und Weltanschauung eingeht.

Jung wurde im Jahr 1875 in Kesswil im schweizerischen Kanton Thurgau geboren. Bald nach seiner Geburt übersiedelte die Familie in die Pfarrei
des Schlosses Laufen oberhalb Neuhausen am
Rheinfall. Die Ehe der Eltern wird von Jung selbst
als sehr problematisch geschildert. Unterschwelli-
ge Spannungen beherrschten das konventionell-
christliche Familienleben, in dem der aufgeweck-
te Knabe keine emotionale Geborgenheit fand.
Daher kreisen viele seiner Kindheitserinnerun-
gen – aufgezeichnet in Jungs 82. bis 84. Lebensjahr – um Unfälle, Lebensgefährdungen, Todesfälle in der Nachbarschaft, Begräbnisse und unheimliche Ereignisfolgen. Auch in seine Kinderträume
drang das Unheimliche in vielfältiger Gestalt ein.
Es muß eine Kindheit voller Angst und Zwänge gewesen sein, gegen die er sich zur Wehr setzte, indem er sich in sich selbst zurückzog und seltsame
Gedankengänge ausbrütete.

Seit 1879 lebte die Familie in der Nähe von Basel; der Vater war Pfarrer in Kleinhüningen geworden. Die prüde, zwanghafte und sexualitätsver-
drängende Erziehung der ersten Lebensjahre
nahm ihren Fortgang. Jung erzählt in seinen *Erinnerungen,* daß er seine seelische Not abreagierte,
indem er sich an einsamen und sadistischen Kin-
derspielen ergötzte: Er baute Häuser und Dörfer,
die er lustvoll zerstörte, oder erquickte sich an
Schlachten, Belagerungen und Beschießungen, in
denen er seine kleine Spielzeugwelt zugrunde gehen ließ. Nachts litt er oft an Alpträumen; tagsüber
pflegte er vor dem Pfarrhaus auf einem Stein zu
sitzen und stundenlang die Frage im Kopf zu wälzen: »Bin ich der, der auf dem Stein sitzt, oder bin
ich der Stein, auf dem *er* sitzt?«[68]

Unter den vielen Skurrilitäten, die Jung aus seiner Kindheit des Überliefens für würdig erachtet, ragen einige als besonders charakteristisch heraus. So versuchte er sein lädiertes Selbstbewußtsein etwa dadurch zu festigen, daß er Holzschnitzereien und Steine an einem Ort verbarg, den er allein kannte; als ein »Hüter von Geheimnissen« solcher Art fühlte er sich dann über seine Umgebung erhaben. Er trachtete offenbar danach, »anders zu sein als die anderen«, das heißt eine Exquisitheit für sich zu beanspruchen, eine Linie, die er dann zeitlebens einhielt, wobei dann die »Geheimniskrämerei« einen wissenschaftlichen Anstrich erhielt.

Im Gefolge eines kleinen Unfalls erlitt oder produzierte der zwölfjährige Knabe über Monate hinweg psychogene Ohnmachtsanfälle, die ihn von der leidigen Schule dispensierten, in der sich Mißerfolge beim Lernen eingestellt hatten. Er konnte nun, im Bett liegend, seinen sadomasochistischen Träumereien nachhängen, die weiten Raum einnahmen. Als er sich wieder zum Schulbesuch entschloß, rankte er sich an der Vorstellung empor, er sei eine sehr wichtige Persönlichkeit, die von der Umwelt völlig verkannt werde. Er teilte sich so gleichsam in zwei Menschen auf: in den armen Schuljungen, der zu Hause in seelischer Not und auch materieller Bedrängnis lebte, und in eine geheimnisvolle Figur aus dem 18. Jahrhundert, die Geld, Macht und Ansehen besaß. So lebte er nun ein Doppelleben, wobei die Phantasie häufig die Realität überwucherte, wie dies bei unglücklichen oder überaus ehrgeizigen Jugendlichen oft der Fall ist.

Sehr beängstigend wurde für den Zwölfjährigen eine Zwangsvorstellung, die ihn mit grausiger Penetranz auf dem Basler Münsterplatz bei der

Heimkehr aus der Schule überfiel; er hatte nämlich folgende »Vision«:

Vor meinen Augen stand das schöne Münster, darüber der blaue Himmel, Gott sitzt auf goldenem
Thron, hoch über der Welt, und unter dem Thron fällt
ein ungeheures Exkrement auf das neue bunte Kir-
chendach, zerschmettert es und bricht die Kirchen-
wände auseinander.[69]

Auch der Anfänger in der Psychoanalyse würde
hier von einer »analsadistischen Zwangsidee«
sprechen, in welcher Aggression und Entwertungstendenz eine bedeutsame Rolle spielen.
Jung jedoch, der diese »Gotteserfahrung« bis ins
höchste Alter im Gedächtnis bewahrte, ordnet sie
lieber als visionäre Heimsuchung ein, durch die
ihm der dämonische Aspekt der Gottheit kundge-
tan wurde. Ähnlich unkritisch wertet er fast alle
seine Erinnerungen aus, die ihm unversehens zum
Initiationserlebnis, zur Einweihung in mystische
Gotteserkenntnisse werden.

Da ihm sein Vater nicht sehr imponierte, begann
er bald an dessen Religionsauffassungen intensiv
zu zweifeln. Er stürzte sich in religiöse Grübeleien,
die er durch die Lektüre vieler theologischer Bücher vertiefte. In der Kirche fühlte er sich nicht
wohl, da ihm der Predigtstil mißfiel, an dem nichts
Geheimnisvolles und Übersinnliches zu verspüren
war. So meditierte er selbständig über Gott, Teufel, Sünde und Erlösung, ohne Klarheit finden zu
können. Auch wurde sein Glaube angekränkelt,
als er merkte, daß seine scheinbar fromme Mutter
irgendwo im Hintergrund blasphemische Gedanken wälzte, die sie bei Gelegenheit dann und
wann vor sich hin zu flüstern wagte.

Es war einmal bei Tisch die Rede davon, wie lang-
weilig die Melodien gewisser Kirchenlieder seien.
Man sprach von der Möglichkeit der Revision des

Gesangbuches. Da murmelte meine Mutter: »O du Liebe meiner Liebe, du verwünschte Seligkeit.« Wie früher tat ich wieder, als ob ich nichts gehört hätte, und hütete mich, daraus ein Halloh zu machen, trotz meines Triumphgefühls.[70]

Von seiner Mutter (die wegen Depressionen psychiatrisch behandelt wurde) glaubt Jung die Gabe erhalten zu haben, mit einem »sechsten Sinn« auf Menschen und Situationen reagieren zu können. Bereits als Jugendlicher praktizierte er das »Gedankenlesen«, wobei er sich quasiübermenschliche Einfühlungsfähigkeit zuschrieb. Die ganze Familie lebte offenbar in einer Atmosphäre des Aberglaubens, der sich ihm tief ins Gemüt einprägte.

Um die Zeit seiner Konfirmation begann er Goethe und Nietzsche zu lesen und machte seine ersten Schritte in der philosophischen Lektüre. Sein Lesehunger war groß und entfaltete sich in viele Interessenrichtungen. In der Schule blieb er ein Außenseiter, hatte aber mit den Jahren überlegene Leistungen vorzuweisen. Schopenhauer wurde sein Lieblingsphilosoph; dessen düsteres, pessimistisches Weltbild entsprach besonders gut seiner eigenen seelischen Einsiedelei, die er sich mit dem Auserwähltheitsgefühl des unverstandenen Einzelgängers schmackhaft machte. Wie der große Philosoph fühlte er sich als ein »verkanntes Genie«, das von einer geistlosen Umgebung nicht gewürdigt wurde.

Nach Beendigung der Gymnasialzeit entschied sich Jung dafür, Medizin zu studieren, wiewohl ihn auch die Archäologie und die Geisteswissenschaften mächtig anzogen. Er folgte hierbei wohl auch dem Vorbild seines Großvaters Carl Gustav Jung, der als Anatom Professor und Rektor der Universität Basel gewesen war. Über diesen Ahnen verbreitete Jung gern die Mär, er sei ein unehelicher Sohn Goethes gewesen, was nachweislich nicht stimmen konnte – aber Jung wollte sich als »Goethes Urenkel« fühlen, was seiner Eitelkeit sehr schmeichelte. Im Jahr 1895 bezog der Zwanzigjährige, der es immer noch liebte, mit Bauklötzchen Festungen und Städte zu bauen, sich aber auch für Botanik, Biologie und Altertumswissenschaften interessierte, als Medizinstudent die Universität Basel.

Bald nach dem Studienbeginn starb sein Vater, wodurch die schmale ökonomische Basis der Familie weiter geschmälert wurde. Jung berichtet, daß ihm der tote Vater mehrmals im Traum erschien, was er als Beleg für das »Leben nach dem Tode« nahm. Er las auch viele Bücher über Geistererscheinungen, die ihm großen Eindruck machten. Darunter waren auch die Schriften des nordischen Geistersehers Swedenborg aus dem 18. Jahrhundert, den Kant schon als Spintisierer und metaphysischen Träumer verspottet hatte; Swedenborg schilderte nämlich seine Wanderungen im Paradies, wo er sich mit Gottvater und den Engeln über alles mögliche unterhalten konnte. Besonders fasziniert war Jung vom Spiritismus, der um die Jahrhundertwende Mode war, so daß selbst bekannte Naturforscher Experimente mit »Medien« machten.

Die Hinwendung zum Über- und Außersinnlichen ergab auch bald »bestätigende Erfahrungen«. So bezeugt Jung, daß während seiner Studienzeit einmal ein runder Eßtisch aus Holz jählings entzweisprang, ohne daß man dafür hätte Gründe ausfindig machen können. Sodann zerfiel ein Brotmesser aus Stahl mit gewaltigem Knall in vier Teile, ohne daß jemand es angefaßt hatte; das mystische Messer hatte noch der greise Jung in seinem Schreibtisch liegen, da er und seine Mutter überzeugt gewesen waren, daß der verstorbene Vater die Klinge zerbrach. Auch fielen Bilder von der Wand, was darauf hinwies, daß der Geist des Verstorbenen noch nicht seine Ruhe gefunden hatte.

Als im Kreis von Jungs Verwandtschaft ein spiritistischer Zirkel gebildet wurde, schloß sich der junge Mediziner dieser Runde an. Eine seiner Cousinen, Helly Preiswerk, wirkte als Medium und erzeugte Klopflaute in Tischen und Wänden, die als Mitteilungen von Geistern gedeutet wurden. Zwei Jahre lang engagierte sich Jung in diesen fragwürdigen Experimenten; er brach sie erst ab, als er die Cousine bei Manipulationen ertappte. Auch soll die Mutter des Mädchens gegen die »okkultistischen Versuche« eingeschritten sein, da das Medium zusehends physisch und psychisch herabkam; mit 26 Jahren starb Helly Preiswerk an Tuberkulose. Jung veröffentlichte die Resultate seiner Beobachtungen in seiner psychiatrischen Doktorarbeit unter dem Titel *Zur Psychologie und Pathologie sogenannter okkulter Phänomene*[71] (1902).

Der Studienabschluß nötigte ihn zur Wahl eines Spezialfachs; er wählte die Psychiatrie, unter anderem wohl auch deshalb, weil ihn die Reaktionen des eigenen Gemüts in Unruhe versetzten. Da er Mitarbeiter Eugen Bleulers an der Psychiatrischen Universitätsklinik in Zürich (Burghölzli) wurde, widmete er sich wie sein Chef und Lehrer der Schizophrenieforschung, über die er 1907 die eindrückliche Schrift *Über die Psychologie der Dementia praecox. Ein Versuch*[72] publizierte. Zuvor hatte er das »diagnostische Assoziationsexperiment« der Wundt-Schule ausgebaut, mittels dessen man aufgrund der Reaktionen auf bestimmte

Reizworte die Komplexhaftigkeit im Gemüt von Versuchspersonen feststellen konnte. Mit diesen Assoziationsstudien näherte sich Jung bereits der Psychoanalyse an; sein Schizophreniebuch nahm regelrecht auf Freuds Forschungen Bezug, so daß sich die Kontaktnahme mit dem Schöpfer der Psychoanalyse aufdrängte. Ab 1906 kam es zum Briefwechsel mit Freud, und im Jahr 1907 erfolgte Jungs erster Besuch im Haus Berggasse 19 in Wien, was die feste Zusammenarbeit beider Forscher einleitete.

Das Eintreten Freuds in sein Leben war für Jung ein Wendepunkt in seiner Existenz als Mensch und Wissenschaftler. Über das erste Zusammentreffen 1907 sagte er unter anderem:

> Freud war der erste wirklich bedeutende Mann, dem ich begegnete. Kein anderer Mensch in meiner damaligen Erfahrung konnte sich mit ihm messen. Ich fand ihn außerordentlich intelligent, scharfsinnig und in jeder Hinsicht bemerkenswert. In seiner Einstellung gab es nichts Triviales. Und doch blieben meine ersten Eindrücke von ihm unklar, zum Teil auch unverstanden.[73]

Freud war zunächst restlos entzückt über den energischen und kenntnisreichen Psychiater, der die Brücken zur offiziellen Psychiatrie schlug und die Isolierung der jungen Psychoanalyse innerhalb der Fachwelt zu durchbrechen schien. Jung war nicht nur hoch gebildet, sondern hatte auch ein hervorragendes Gespür für die Probleme des Unbewußten. Seine Lektüre reichte über viele Wissenschaften hinweg, so daß er Fragen der psychoanalytischen Doktrin »multidisziplinär« erörtern konnte. Dies zog den ebenfalls universell orientierten Freud besonders an, so daß er Jung eine Vorzugsstellung unter seinen Schülern und Anhängern einräumte. Bald zeigten sich aber auch gedankliche Gegensätze. Jung hatte Mühe, die dogmatische Sexualtheorie zu akzeptieren. Sodann bekannte er sein Faible für den Okkultismus, was Freud, den Aufklärer und Materialisten, sehr zu beunruhigen schien. Bei einem Gespräch über die Parapsychologie war Jung erbittert über die ablehnende oder verständnislose Haltung Freuds und versuchte, seine aufsteigende Wut zu unterdrücken. Hierüber erzählt er folgendes:

> Während Freud seine Argumente vorbrachte, hatte ich eine merkwürdige Empfindung. Es schien mir, als ob mein Zwerchfell aus Eisen bestünde und glühend würde – ein glühendes Zwerchfellgewölbe. Und in diesem Augenblick ertönte ein solcher Krach im Bücherschrank, der unmittelbar neben uns stand, daß wir beide furchtbar erschraken. Wir dachten, der Schrank fiele über uns zusammen. Genauso hatte es getönt. Ich sagte zu Freud: »Das ist jetzt ein sogenanntes katalytisches Exteriorisationsphänomen.«
>
> »Ach«, sagte er, »das ist ja ein leibhaftiger Unsinn!«
>
> »Aber nein«, erwiderte ich, »Sie irren, Herr Professor. Und zum Beweis, daß ich recht habe, sage ich nun voraus, daß es gleich nochmals so einen Krach geben wird!« – Und tatsächlich: kaum hatte ich die Worte ausgesprochen, begann der gleiche Krach im Schrank![74]

Derartige »okkulte Erfahrungen« waren bei Jung nicht vereinzelt; sie kamen immer wieder vor und fanden seine ungeteilte Aufmerksamkeit. So erzählt er das folgende Erlebnis: Als einer seiner Patienten Selbstmord verübte, erwachte Jung, der viele Kilometer entfernt in einem Hotel übernachtete, angeblich genau im Moment des Suizids mit einem Schmerz an jener Stelle des Kopfes, an der sich sein Patient mit einer Revolverkugel getötet hatte[75]. Die Welt Jungs war offenbar voll von »Dingen zwischen Himmel und Erde, von denen unsere Schulweisheit sich kaum träumen läßt«.

1909 wurden Freud, Jung und der Freud-Schüler Sándor Ferenczi an die Clark University in Worcester im US-Staat Massachusetts eingeladen, um dort Vorträge über die Psychoanalyse zu halten. Sie verbrachten einige Wochen gemeinsam auf Reisen. Vor der Einschiffung in Bremen kam es zu einem Vorfall, der das Interesse des Psychologen verdient. Jung hatte nämlich gehört, daß man in Norddeutschland beim Torfstechen »Moorleichen« gefunden hatte, das heißt aus der Prähistorie stammende Leichen von Menschen, die durch das Moorwasser derart imprägniert wurden, daß es zu einem Mumifizierungsprozeß kam. Die entdeckten Leichen waren vollständig plattgedrückt, Haut und Haare waren gut erhalten, so daß sich ein makabres Bild bot. Von diesen Mumien sprach Jung andauernd in Gegenwart des sensiblen Freud, bis dieser enerviert ausrief: »Was haben Sie denn mit diesen Leichen?« und in Ohnmacht fiel.[76] Freud vermutete hernach, daß Jung Todeswünsche gegen ihn habe, weil er ihn mit solchem Phantasiematerial überschwemmte. Vorsichtiger wäre wohl die Deutung eines charakterlichen »Analsadismus« bei Jung, auf den wir schon hingewiesen haben. In dieselbe Richtung weist auch noch dreißig Jahre später ein Ausspruch Jungs, den Paul J. Stern in seiner Jung-Biographie referiert: Jung traf sich während des Zweiten Weltkriegs in Zürich mit dem schweizerischen Diplomaten und Historiker Carl Jakob Burckhardt zu einer Plauderei, wobei er seinen Gesprächspartner ganz unvermutet mit dem Geständnis überraschte: »Manchmal träume ich, ich zertrample ein schweizerisches Dorf.«[77] Man kann aus dieser Äußerung Kraftmeierei, Aggression, Destruktion und ein nicht sehr feinfühliges Gemüt heraushören.

Als echte Psychoanalytiker erzählten sich

Freud, Jung und Ferenczi auf der genannten Reise Tag für Tag ihre Träume, die sie gegenseitig zu interpretieren versuchten. Jung will damals schon bemerkt haben, daß Freud den bildhaften Reichtum seiner (Jungs) Träume nicht zu verstehen vermochte. Die Reduktion seiner Trauminhalte auf Sexualsymbolik verstimmte ihn sehr; er hätte lieber in seinen Träumen geistige Ambitionen und Wertvorstellungen entdecken lassen. Als man an die Deutung von Freuds Träumen gehen wollte, verweigerte dieser »aus Autoritätsgründen« Assoziationen zum Traummaterial, was in dem rebellischen Jung erste Zweifel an Freuds wirklicher Autorität weckte.

Gleichwohl setzte sich sein Aufstieg in der Psychoanalyse zunächst fort. Freud sah in ihm den »Kronprinzen« der psychoanalytischen Bewegung und überhäufte ihn mit Ehren und Ämtern, trotz des Widerspruchs der alten und treuen Wiener Anhänger. Jung vertrat mit enormer Tüchtigkeit und Produktivität das Anliegen der Psychoanalyse, behielt sich jedoch vor, theoretische Grundannahmen gemäß seinen eigenen Auffassungen abzuändern. Was er hierbei zutage förderte, waren zum Teil Korrekturen, die durchaus in der Linie des gesunden Menschenverstandes lagen. Überhaupt war Jung in seiner analytischen Frühzeit stellenweise sehr bedeutend, und der Mystizismus seiner späteren Jahre soll nicht vergessen machen, daß er sich anfänglich gewaltige Verdienste um die Förderung der Tiefenpsychologie erwarb.

Um 1913 war die Trennung von Freud fällig, die für beide Seiten sehr schmerzhaft war. Jung, der durch grobe Briefe an seinen Gesprächspartner in Wien den Abbruch der Beziehungen beschleunigte, verfiel hernach in eine seelisch-geistige Krise, die Monate, wenn nicht Jahre dauerte. Düstere und geheimnisvolle Träume suchten ihn heim. Seine Phantasie glitt ins Unheimlich-Gespenstische ab. Er war psychisch so desorientiert, daß er eines Tages die Spiele seiner Kindheit wiederaufnahm, also mit Bausteinen Häuser und Schlösser baute, ganze Dörfer mit Kirchen, für die er sorgsam Altäre aus Kieselsteinen zusammensuchte. Auch malte er kleine Bildchen, die oft einen religiösen Inhalt hatten. Er regredierte gewissermaßen in seine Kindheit, da ihm der Mentor seines Geisteslebens verlorengegangen war.

Diese Krise rührte in seinem Gemüt ein Panoptikum religiöser, mythologischer und morbider Vorstellungen auf. Er träumte von Mord und Totschlag, von Blut und Leichen, von Heiligen und Huren, von Helden und Ungetümen, von geflügelten Menschen und Engeln, von drohenden Weltuntergängen und so weiter. Da er damals bereits indische Religionslehren in sich aufgenommen hatte, wählte er eine seiner Traumfiguren zum »Guru«, zum Seelenführer, der ihn aus seinem Labyrinth herausführen sollte. Es war dies die Traumgestalt des von Paulus zum Christentum bekehrten Philemon, die ihm als so leibhaftig erschien, daß er oft mit ihr in seinem Garten herumspazierte und sich dabei über alles mögliche mit ihr unterhielt. Er verfaßte sogar handschriftlich ein Buch über seine Visionen, das er in mittelalterlicher Manier mit Miniaturen versah und in einer gotisch-verschnörkelten Schrift ausmalte. Dieses sogenannte *Rote Buch* mit den »Ansprachen an die Toten«˙ fängt charakteristischerweise mit folgenden Worten an:

Die toten kamen zurück aus Jerusalem, wo sie nicht fanden, was sie suchten. Sie begehrten bei mir einlaß und verlangten bei mir lehre und so lehrte ich sie:

Höret: ich beginne beim nichts. Das Nichts ist dasselbe wie die Fülle.[78]

Es ist wohl nicht übertrieben, wenn man Jungs damaligen Zustand mit einer milden Schizophrenie – war sie wirklich nur mild? – vergleicht. Als Parallelsymptome stellten sich bald Gespenstererscheinungen bei Jung ein. In seinem Haus in Küsnacht am Zürichsee begann es zu spuken; seine Tochter sah nachts eine weiße Gestalt durchs Zimmer gehen. Sodann klingelte es an der Haustür, wobei mit Gewißheit, wie Jung selbst beobachtet haben will, niemand vor der Haustür stehen konnte. Das Haus war angeblich dicht voll von Geistern und Gespenstern, die so aneinandergedrängt standen, daß man kaum atmen konnte. Erst nach der Niederschrift des *Roten Buches* beruhigten sich die Seelen der Verstorbenen; das war im Jahr 1916.

Trotz Spuk und Gespenstern entwickelte Jung seine eigene Lehre, die den Namen »Analytische oder Komplexe Psychologie« erhielt. In den ersten Jahren nach dem Bruch mit Freud publizierte er wenig; später aber kam seine stupende Produktivität zum Durchbruch, die bis an sein Lebensende in Schwung blieb. Seine Gedankengänge nahmen jedoch mehr und mehr eine Wendung zum Religiösen, so daß man Jungs Lebenswerk durchaus als eine moderne Form von Gnosis oder Gotteserkenntnis bezeichnen kann.

Mit Leidenschaft stürzte sich Jung in das Studium der Gnostiker, jener Schriftsteller der ersten nachchristlichen Jahrhunderte, die durch »Gottesschau« Einblick in die Welt des Übersinnlichen zu gewinnen versuchten. Bald ging er auch zur Alchimie über; er kaufte sich uralte Scharteken über die Goldmacherkunst und arbeitete sich in die alchimistischen Traktate ein, die vom »Stein der Weisen«, von der »Wandlung der Elemente«, vom

»Jungbrunnen«, von der »chymischen Hochzeit« oder der »coniunctio oppositorum«, vom »großen Werk« oder »opus magnum« und von ähnlichen geheimnisträchtigen Vorstellungen handelten. Zunächst stieß ihn der krause Unsinn dieser spätmittelalterlichen Chemie ab; aber er gewöhnte sich daran und entdeckte nach und nach, daß sich hinter der Alchimie eine *Symbolik des Unbewußten* verbarg, von der die Sudelköche früherer Zeiten wenig oder gar nichts ahnten. Gnosis und Alchimie wurden somit zu einer geistigen Parallele von Jungs analytischer Psychologie.

> Sehr bald hatte ich gesehen, daß die Analytische Psychologie mit der Alchemie merkwürdig übereinstimmt. Die Erfahrungen der Alchemisten waren meine eigenen Erfahrungen, und ihre Welt war in gewissem Sinn meine Welt. Das war für mich natürlich eine ideale Entdeckung, denn damit hatte ich das historische Gegenstück zu meiner Psychologie des Unbewußten gefunden. Sie erhielt nun einen geschichtlichen Boden. Die Möglichkeit des Vergleichs mit der Alchemie, sowie die geistige Kontinuität bis zurück zum Gnostizismus gaben ihr die Substanz.[79]

So reifte Jungs eigenes System in der Berührung mit Religion und Aberglauben, in der Auseinandersetzung mit Christus und den Gottsuchern der letzten zwei Jahrtausende, in der Anlehnung an die Naturphilosophie des Paracelsus (1493–1541) und in der Assimilation vieler alter und neuerer Romantiker und Mystiker, in deren schummriger Geisteswelt sich Jung zu Hause fühlte. Im Alter wuchs noch sein Interesse an der Astrologie (Horoskope) und an der gesamten Parapsychologie, so daß er mit der Zeit den ganzen Plunder des Aberglaubens gesammelt hatte, den er, mit Psychologie und Psychotherapie verquickt, als »höhere Lebensweisheit« auszugeben versuchte.

1922 kaufte sich Jung ein Grundstück am oberen Zürichsee, wo er einen steinernen Wohnturm erbaute. An diesem primitiven Aufenthaltsort, wo es weder Wasserleitungen noch elektrisches Licht gab, hielt er sich oft wochenlang in absoluter Einsamkeit auf, um seinen Meditationen nachzuhängen. Später wurden Haus und Turm in Bollingen am See komfortabler eingerichtet. Es wurden aber auch Steine mit seltsamen Inschriften, die Jung selbst einmeißelte, aufgestellt, die der Nachwelt die Botschaft des Mystikers aus dem 20. Jahrhundert überliefern sollten.

Auch Bollingen wurde nicht von Gespenstern verschont. Nachts feierten Geister aus vergangenen Jahrhunderten ihre Feste, die Jung nicht schlafen ließen. In seiner zügellosen Phantasie vermutete er, es handle sich um die Seelen schweizerischer Soldaten aus dem 17. Jahrhundert, die nach damaligem Brauch in die Fremde zogen, um sich als Söldner bei ausländischen Mächten zu verdingen. Lange beschäftigte sich Jung mit diesen Phantomen, die auch in seinen Träumen auftauchten.

Jung war indes nicht nur ein Spintisierer, sondern auch ein energischer, zielbewußter und vielseitig interessierter Mensch. Er unternahm größere Reisen nach Nordafrika, zu den Puebloindianern von Nordamerika, nach Kenia und Uganda, nach Indien und so weiter. Diese Expeditionen schildert er mit außergewöhnlicher Lebendigkeit, wobei er mitunter hohe schriftstellerische Begabung bekundet. Allerdings konzentrieren sich seine Interessen beim Aufenthalt in den exotischen Ländern hauptsächlich auf die herrliche Landschaft und die religiösen Phänomene bei den Völkern, mit denen er in Kontakt kam. Er war unzweifelhaft ein scharfer Beobachter, der sich in fremde Mentalitäten gut einzufühlen vermochte. Zeitle-

bens zitierte er gern seine Gespräche mit den Angehörigen der Naturvölker, die er zum Beispiel in
Tanganjika besucht hatte. Auch betonte er mit Genugtuung, daß ihn die Puebloindianer zum »Eh-
renhäuptling« ernannt hatten, eine Ehrung, die
ihm mindestens so wichtig war wie seine sieben Ehrendoktorate amerikanischer und indischer
Universitäten.

Auf Einladung der Regierung Britisch-Indiens
reiste Jung im Jahr 1938 nach Indien, um an der
Feier zum 25jährigen Bestehen der Universität
Kalkutta teilzunehmen. Er hatte sich schon vorher,
wie bereits erwähnt, angelegentlich in die indischen Glaubenslehren vertieft; die Weisheit des
Ostens fügte sich fugenlos in sein durch Christentum, Gnosis, Alchimie und Parapsychologie ge-
prägtes abendländisches Weltbild ein.

Seit 1920 war Jung international berühmt; eine
Klientel aus allen Kulturländern konsultierte ihn.
Sein Haus am Zürichsee galt als eine Art Wallfahrtsort für neurotische und religiöse Menschen,
wobei die englische und die US-amerikanische
»high society« besonders zahlreich zu ihm kam.
Seine Schriften fanden viel Anklang im angloame-
rikanischen Raum, strahlten aber auch in die öst-
liche Kulturwelt aus, da sie indische, chinesische
und japanische Weisheiten ins abendländische
Denken zu integrieren bemüht waren.

Auch die Schweiz verwöhnte ihn schließlich mit
vielseitiger Anerkennung. Er wurde Titularprofes-
sor an der Eidgenössischen Technischen Hoch-
schule in Zürich, und seine Heimatstadt Basel
schuf eigens für ihn ein Ordinariat für Medizini-
sche Psychologie, das der damals bereits Neun-
undsechzigjährige jedoch aus Krankheitsgründen
nicht mehr wahrnehmen konnte.

Auch aus seiner Altersphase erzählt Jung in seiner Autobiographie »Visionen« und »innere Erlebnisse« in mannigfaltigster Gestalt. So will er bei einer schweren Erkrankung, die ihn 1944 an den Rand des Grabes brachte, die Erde aus rund 1500 Kilometer Höhe im Traum gesehen haben, was er so interpretiert, daß er eben bereits seinen Körper verlassen hatte und in den Himmel zu schweben begann.[80] Von seinem Arzt, der ihn hingebungsvoll pflegte, träumte er während der Krankheit, daß dieser bald sterben müsse; tatsächlich verschied der Medikus kurz nach Jungs Genesung.

Überhaupt schreibt sich Jung allemal prophetische Gaben zu, die merkwürdig oft Unglücks- und Todesfälle näherer oder fernerer Bekannter betreffen. Hier ein Beispiel für viele:

Damals träumte ich, daß das Bett meiner Frau eine tiefe Grube mit gemauerten Wänden sei. Es war ein Grab und mutete irgendwie antik an. Da hörte ich einen tiefen Seufzer, wie wenn jemand den Geist aufgibt. Eine Gestalt, die meiner Frau glich, richtete sich in der Grube auf und schwebte empor. Sie trug ein weißes Gewand, auf welchem merkwürdige schwarze Zeichen eingewoben waren. – Ich erwachte, weckte meine Frau und kontrollierte die Zeit. Es war drei Uhr morgens. Der Traum war so merkwürdig, daß ich sofort dachte, er könnte einen Todesfall anzeigen. Um sieben Uhr kam die Nachricht, daß eine Cousine meiner Frau um drei Uhr gestorben sei![81]

Selbstverständlich glaubte Jung auch an ein »Weiterleben nach dem Tod«, worüber er sich in der Autobiographie ausführlich verbreitet. Er war sogar der Meinung, daß die Menschen sich nach dem Tod weiterentwickeln können. Als seine Frau einige Jahre vor ihm starb, erschien sie ihm im Traum in einer Landschaft, der ihre wissenschaftlichen Interessen zugewandt gewesen waren – ein Zeichen für Jung, daß sie als Verstorbene ihre Forschungsarbeiten weiterführen könne.

Der religiöse Mystizismus Jungs wurde sinngemäß ergänzt durch einen politischen Konservatismus, der *extrem reaktionär* genannt werden muß.
1933 war Jung fasziniert vom Nationalsozialismus,
der in vieler Hinsicht mit seiner Theorie vom rassi-
schen oder kollektiven Unbewußten übereinzu-
stimmen schien. Da Jung eine tiefe Abneigung gegen jegliche Form von Sozialismus und Kommunismus empfand, galten ihm Hitler und Mussolini
als »Retter in der Not«; jedenfalls fanden die faschistischen Schlagworte bei dem berühmten
Psychotherapeuten und Gottsucher ein geneigtes
Ohr. Er ließ sich zum Präsidenten der gleichge-
schalteten Deutschen Gesellschaft für Psychotherapie wählen – ein Posten, von dem Ernst Kretsch-
mer zurückgetreten war – und verbreitete natio-
nalsozialistische und antisemitische Proklamationen. Hitler bezeichnete er unter anderem als ein
»Gefäß des Geistes«, und er erklärte, in völkischen
Notlagen könne man mit den Umständlichkeiten
des parlamentarischen Systems nicht durchkom-
men; die befreienden Taten der Weltgeschichte
seien von »führenden Persönlichkeiten« ausgegangen, welche die träge Masse des Volkes in Bewegung zu setzen verstanden. Zu jenem Zeitpunkt, als Jung mit solchen Weisheiten hervortrat,
konnte dies nur als Bekenntnis zum Nationalsozialismus verstanden werden, wobei als besonders
belastend ins Gewicht fällt, daß Jung als Schweizer keinem materiellen oder seelischen Druck aus-
gesetzt war, womit er seine Anpasserei hätte
rechtfertigen können.
   Erst in den späten dreißiger Jahren scheint
Jung, darin Martin Heidegger und vielen anderen
ähnlich, seinen Irrtum erkannt zu haben; nach
1945 war er noch gründlicher belehrt und gehörte
zur großen Anzahl jener, die »in Wirklichkeit nicht

dabeigewesen waren« und »schon immer vor dem Unheil gewarnt hatten«. Jedenfalls hatte er nicht den moralischen Mut, in seiner Autobiographie seine Fehler einzugestehen; die mehr als 400 Seiten seiner Selbstdarstellung schweigen sich über den Faschismus aus, wie sie überhaupt zu den politischen und geschichtlichen Ereignissen der Epoche gar nicht Stellung nehmen, da Jung sein kostbares Innenleben für wichtiger hält als die Tragödien unseres Jahrhunderts, deren Augenzeuge er war und die immerhin mehr als 50 Millionen Menschen das Leben kosteten.

So beendete er sein Leben – er starb mit 86 Jahren 1961 – als ein Idol der bürgerlichen Welt, die ihm trotz seiner merkwürdigen geistigen Winkelzüge viel Ehre und Anerkennung zuteil werden ließ: Obskurantismus wird mühelos hingenommen, wenn er mit politisch-ökonomischem Konservatismus gekoppelt ist. Jungs geistige Position läßt sich etwa kennzeichnen durch die Stichworte Antimaterialismus, Antipositivismus, Antisozialismus, Antikommunismus, Irrationalismus, moderne Mystik. Im Kampf gegen die neuzeitliche Geisteswelt, die er als unvereinbar mit seiner Seelenverfassung empfand, griff er zurück zur Religiosität und zur Romantik, zum Aberglauben und zur Unvernunft, zum Außer- und Übersinnlichen. Da er aber zugleich ein leidenschaftlich engagierter Psychotherapeut und Psychiater war, vermochte er den altertümlichen Denkformen, die er aus allen Jahrhunderten sammelte, neues Leben einzuflößen; sein Gesamtwerk ist streckenweise ein erstaunliches Amalgam von Wissenschaft, Kunst, Gottesglauben und weitausholender Spekulation, so daß man sehr wohl die Attraktion verstehen kann, die es auf glaubensdurstige und geheimnisselige Köpfe auszuüben imstande war. Man kann Jung als den Beginn der *Gegen-aufklärung* in der Tiefenpsychologie betrachten; er versuchte viele Entwicklungen rückgängig zu machen, die die Aufklärer Freud und Adler ange-bahnt hatten.

◇

Jungs Abwendung von Freud hatte viele Gründe und kann nicht auf einen einheitlichen Nenner ge-bracht werden. Von den orthodoxen Psychoanaly-tikern, die vieles an ihm zu kritisieren haben, wird im Zuge der Polemik mitunter vergessen, daß der spätere Phantast und Gottsucher in seinen Anfän-gen ein hervorragender Kliniker und, zumindest teilweise, ein realistisch denkender Wissenschaft-ler war. Man darf daher das Jungsche Schisma nicht nur auf den »persönlichen Ehrgeiz«, den »unbewältigten Vaterkomplex« Jungs und ande-res mehr zurückführen, denn Jung korrigierte mit Umsicht und Besonnenheit das System Freuds ge-nau dort, wo es Korrekturen offensichtlich nötig hatte.

Um 1912 hob er etwa hervor, daß der Libidobe-griff eine unzulässige Verallgemeinerung enthal-te, da er Seelisches und Sexuelles gleichzusetzen scheine. Gewiß könne man von einer »seelischen Energie« in Analogie zu den Energievorstellun-gen der Physik sprechen, was naturgemäß nur ei-ne bildhafte Ausdrucksweise darstelle. Es sei aber nicht einzusehen, warum die Sexualität unter den anderen seelischen Funktionen oder Trieben ei-nen Vorrang bekommen solle. Jungs Konzeption behauptet eine neutrale psychische Energieform, die sich in allen möglichen seelischen Lebensäu-ßerungen konkretisiert, wobei kein Trieb gegen-über anderen Trieben bevorzugt wird; auch soll man das Geistige nicht als Sublimierungsprodukt des Triebhaften ansehen, da der Mensch *gleichursprünglich* vitale, psychische und geistige Motivationen besitzt, was der Freudsche Materialismus nicht wahrhaben will.

Auch bezweifelte Jung die Theorie des Ödipuskomplexes, die großenteils mit der These von der allmächtigen Sexuallibido und der daraus entspringenden kindlichen Sexualität steht und fällt. Jung gab wohl zu, daß zwischen Kind und Eltern die von Freud beschriebenen Gefühlsrelationen vorkommen können; seine Beobachtung zeigte ihm jedoch, daß bei solchen extremen Bindungen der Kinder an die Eltern die Initiative hierzu eher von den letzteren als von den ersteren ausgeht. Frustrierte Eltern, die zum Beispiel in unbefriedigenden Ehen leben, suchen beim Kind einen Zärtlichkeitsersatz, wobei der Anschein einer Ödipuskonstellation entstehen kann. Das Kind ist hierin jedoch mehr Opfer als Aggressor, und es war kurzsichtig von Freud, jedem Menschenkind primäre inzestuöse Wünsche und auch Todeswünsche gegen den andersgeschlechtlichen Elternteil zuzuschreiben. Sodann haben die »inzestuösen Situationen« viel öfter einen emotionalen als einen triebhaften Sinn; sie zeigen an, daß das Kind infolge elterlicher Fehlhaltungen in seiner Familie steckenzubleiben droht und nicht den Weg ins soziale und kulturelle Leben findet. Eine ähnliche Kritik übte auch Adler an der Ödipustheorie, als er aus der Wiener Psychoanalytischen Vereinigung austrat (1911).

Des weiteren verschmähte es Jung, mit seinen Patienten uferlos nach Kindheitstraumen zu fahnden; er konzentrierte sich, ebenfalls wie Adler, mehr auf deren Gegenwartsprobleme und Zukunftsaufgaben. Die Neurose erschien ihm als ein

Ausweichen vor konkreten Anforderungen, denen sich der Patient nicht gewachsen glaubt. Anstatt die Verantwortung für sein Leben zu übernehmen, entwickelt der Neurotiker seine Symptome, die ihm als Alibi für seine Fluchttendenzen gelten. Daher ist die Neurose auch ein moralisch-ethisches Versagen und die Psychotherapie eine Umorientierung der Persönlichkeit, die den Bereich der Ethik bewußt einbeziehen muß.

Da Jung das kausal-mechanistische Denken der Psychoanalyse hinter sich ließ, erschien es ihm als unzureichend, die Träume der Menschen als »halluzinatorische Befriedigung infantil-sexueller Wünsche« zu definieren. Er insistierte darauf, daß der Traum einen prospektiven Sinn habe; der Träumer setze sich mit seiner aktuellen Situation und seinen Zukunftsentwürfen auseinander, wobei ihm sein Unbewußtes Lösungen und Auswege zeige, die seinen bewußten Horizont transzendieren. Sorgfältige Berücksichtigung der Träume zeigt uns nicht nur, woher der Träumer kommt (Kindheit), sondern auch, in welche Richtung er gehen wird.

Für Freud war die wichtigste Traumquelle das *Verdrängte*, das heißt die Summe abwegiger Triebe und Seelenregungen, die mit dem sozial-kulturellen Teil der Persönlichkeit unverträglich sind. Er beschrieb hiermit ein *persönliches Unbewußtes*, dessen Wirksamkeit in Neurosen, Träumen, Fehlleistungen, Symptomen, Charakteranomalien, Witzen und so weiter er hellsichtig analysierte. Jung war nun der Meinung, daß »unterhalb« der Schicht des persönlichen Unbewußten ein *kollektives Unbewußtes* zu entdecken sei, das gewissermaßen die »Instinktgrundlage der menschlichen Psyche« enthalte. Dieses Kollektivseelische sei der Niederschlag uralter Menschheitserfahrungen, die *Engramme in der Menschenseele* hinterlassen hätten. Es bestehe aber nicht aus konkreten Inhalten, sondern aus »arttypischen« Grundmustern der Phantasie und des Verhaltens, die in den Erlebnisweisen der Menschen zum Vorschein kämen. Dichtung, Mythologie, Religion, aber auch die Symptomatik von Neurosen und Psychosen, gelegentliche Träume und »Visionen« geben uns einen Einblick ins Kollektiv-Unbewußte, das jene Bilder, Symbole und Erfahrungen konstelliert, die über alle Zeiten hinweg die Menschheit ergriffen und erschüttert haben; Jung spricht in diesem Zusammenhang von den *seelischen Archetypen,* die er als den geheimnisvollen Bodensatz der menschlichen Psyche beschreibt.

Das Bewußtsein ist für Jung eine »kleine Insel auf dem Meere des Unbewußten«; das Unbewußte enthält den Schlüssel zu den Manifestationen des bewußten Seelenlebens, da es mächtiger und umfänglicher als das Bewußtsein ist. Es ist aber irreführend, das Unbewußte lediglich als einen »Hexenkessel brodelnder Triebe« zu sehen, wie Freud dies tat. Jung führte die geistesgeschichtliche Betrachtungsweise in die Psychotherapie und die Tiefenpsychologie ein, indem er die individuelle Psyche in das Kraftfeld kulturhistorischer Überlieferung einfügte. So wird jedermann von kulturellen Kräften und Mächten bestimmt, von denen er nur vage oder gar nichts weiß; Analyse der Persönlichkeit heißt nicht nur triebhafte Impulse bewußtmachen, sondern auch ebendiese geschichtlichen und geistigen Abhängigkeiten ins Bewußtsein heben, damit echte Geschichtlichkeit und echte Geistigkeit entstehen können. Die Neurosentherapie erhält damit ein anspruchsvolles Programm. Der Patient soll nämlich mit dem Analytiker nicht nur seine individuelle Werdensgeschichte, sondern auch – teilweise – das Werden der Menschheit aufarbeiten, sofern dies mit seiner *persönlichen Problematik* korreliert, die immer auch weltanschauliche Aspekte besitzt.

Wie sich Jung die Anwendung dieser Denkweise auf die Praxis vorstellt, konnte man erstmals aus seinem Buch *Wandlungen und Symbole der Libido*[82] (1912) entnehmen, das derzeit den Titel *Symbole der Wandlung* trägt. Anhand dieses Textes läßt sich die Eigenart der Jungschen Konzeption eindrücklich studieren. Das Werk umfaßt rund 800 Seiten und knüpft an ein Tagebuch einer später schizophren gewordenen Patientin an, die Jung selbst nie gesehen hat. Die relativ knappen Notizen dieses Diariums, die durch einige dichterische Versuche der jungen Amerikanerin (»Miss Miller«) ergänzt werden, dienen nun Jung als Ausgangspunkt zu weitschweifigen Konstruktionen, die die ganze Mythologie und die gesamte Kulturgeschichte der Menschheit zur Interpretation der Millerschen Ideen und Phantasien heranziehen. Jung nennt dies die *amplifikatorische Methode,* das heißt die Bereicherung und Erweiterung der Denkinhalte des Patienten durch die Assoziationen *des Therapeuten.*

Da Jung ein überaus gebildeter Mann war, fiel es ihm leicht, auch zu relativ harmlosen Seelenäußerungen von Durchschnittsmenschen ein gewaltiges Material aus der Religions- und Kulturgeschichte beizufügen, so daß man einigermaßen erstaunt vor der Umwandlung des Tagebuches von Miss Miller in ein Kompendium der gesamten Mythologie der Menschheit steht. Das wirkt zunächst imposant, mutet aber schließlich wie Ideenflucht und kritiklose Phantasie an; man wird den Verdacht nicht los, daß hier ein sehr belesener Autor die Gelegenheit wahrnimmt, das ganze Füllhorn seiner nicht besonders geordneten Lesefrüchte in die gerade vorliegende Kasuistik hineinzuschütten. Wahrscheinlich machte es so manche Patienten glücklich oder selbstbewußt, wenn sie gemäß der angegebenen Methode erfuhren, daß sich auch in ihrem Unbewußten alle Götter und Dämonen der Vorzeit ein Stelldichein gaben. Anders dachte allerdings der Freud-Schüler Pfarrer Oskar Pfister, der Jung persönlich gut kannte, aber es vorzog, der Psychoanalyse treu zu bleiben, als die »Ortsgruppe Zürich« von Freud abfiel. Pfister schrieb seinerzeit an Freud:

> Mit der Jungschen Manier bin ich gründlich fertig. Diese Deutereien, die allen Dreck für höhere Seelenmarmelade, alle Perversitäten für heilige Orakel und Mysterien ausgeben und in jede verkorkste Seele einen kleinen Apollo und Christus einschmuggeln, taugen nichts. Es ist Hegelismus ins Psychologische übersetzt: Alles Seiende muß vernünftig sein. Wenn es wenigstens diese Theorie wäre![83]

Gleichwohl möchte man das Buch *Symbole der Wandlung* keineswegs in Bausch und Bogen ablehnen. Es ist in seiner Art ein »genialischer Text«, berücksichtigt es doch, leider in exzessiver und mystifizierender Weise, die oft übersehene Tatsache, daß der individuelle Mensch ein »Blatt am Baum der Menschheitskultur« ist. Die Wechselwirkung von personalem und objektivem Geist, die Hegel entdeckt hat und die noch in Nicolai Hartmanns Philosophie[84] prachtvoll analysiert wird, ist auch von Jung deutlich gesehen worden. Er war auf einer guten Spur, als er das Hineinwirken des kollektiven Geisteslebens in die Psyche des Individuums zu untersuchen begann. Allerdings verlagerte er dabei die Akzente allzusehr auf das Religiös-Mythologische, was ihm das schöne Konzept verdarb; dennoch gelangen ihm eini-

ge Funde, die der tiefenpsychologischen Forschung wichtige Anstöße gegeben haben.

1921 publizierte Jung sein Buch *Psychologische
Typen*[85] und 1928 *Die Beziehungen zwischen dem
Ich und dem Unbewußten*[86]. In diesen beiden Bänden erhält sein eigenes Gedankengebäude die
entscheidenden Konturen. Wichtig in unserem
Zusammenhang ist das Persönlichkeitsmodell, das
sich hier für ihn herauskristallisierte. Jung nimmt
eine Reihe von *seelischen Instanzen* an, die wahr-
genommen werden, wenn man »schichtweise«
von der Peripherie zum Kern der Persönlichkeit
vorstößt. Alle diese Strukturen des Seelenlebens
will Jung rein empirisch gefunden haben; es ist
aber unverkennbar, daß er den psychischen Phänomenen ein Schema aufzwingt, das seinem kon-
struierenden Verstand oder seiner künstlerischen
Phantasie entstammt.

Die äußerste Schicht der Persönlichkeit ist die
Persona, was im ursprünglichen Wortsinn die Mas-
ke des Schauspielers in der griechischen Tragödie
bedeutet. Für Jung heißt aber auch »Persona« die
Rolle, die sich jedermann im Leben zulegt, insofern er durch Beruf, Rang und Status irgend etwas
für andere Menschen »vorstellt«. Auch äußerliche
und konventionelle Gewohnheiten, die den oberflächlichen sozialen Verkehr regeln, gehören in
diesen Bereich. Ohne solche Fassade ist ein Existieren in der Gesellschaft schwer denkbar; aber
die Fassade soll nicht zum Panzer werden, der das
innere Leben erstickt.

Unterhalb der Persona findet die analytische
Psychologie den *Schatten des Menschen,* das heißt
die dunkle Seite unseres Wesens, unsere Mängel
und Schwächen, die wir zumeist nicht wahrhaben
wollen. Dies erinnert an das »Verdrängte« der Psychoanalyse, das ebenfalls jene Wesenseigentüm-

lichkeiten bei uns darstellt, die wir mit unserem anerzogenen und kulturbedingten »Ichideal« nicht vereinbaren können. Die Integration dieses Schattens bedeutet eine Ausweitung der Persönlichkeit, denn Höherentwicklung ist für den Menschen nur möglich, wenn er das Unvollkommene in sich selbst anerkennt. Wer es vorzieht, die eigenen Untugenden durch Projektion am anderen zu bekämpfen, mag sich zwar groß und erhaben vorkommen, wird aber stets in seiner Selbstverwirklichung irgendwo steckenbleiben. Projektionen liegen dem Vorurteil und dem Fanatismus zugrunde, die an die Stelle von Selbsterkenntnis die Verfolgung anderer setzen.

Hat man Persona und Schatten aufgearbeitet, so muß man sich nach Jung mit *Animus* und *Anima* auseinandersetzen, das heißt mit den gegengeschlechtlichen Seelenbildern, die Mann und Frau in ihrem Innern tragen. Für den Mann ist dieses Gegenbild die Anima, was etwa das »Weibliche an sich« bedeutet; für die Frau ist der Animus das »Männliche an sich«. Das Heil- und Ganzwerden der Seele verlangt, daß der Mensch zu einem quasiandrogynen Wesen wird, indem der Mann das Weibliche, die Frau aber das Männliche in ihr Gemüt aufnehmen muß. Selbstverständlich gehört dazu auch die konkrete Erfahrung mit dem anderen Geschlecht, ohne die jegliche Selbstentfaltung kaum denkbar ist. Dazu soll die Phantasie Voraussetzungen schaffen, indem sie das andersgeschlechtliche Seelenbild ausmalt, in welchem das Individuum seine wahre Ergänzung finden soll.

Was Jung hier schildert, ist der *Individuationsprozeß,* die Selbstwerdung der Persönlichkeit, der sein therapeutisches Interesse in erster Linie galt. Individuation gelingt nur in der Absonderung von der Massenexistenz, in welcher der Mensch die leisen Stimmen seines Innenlebens vernehmen lernt. Dabei kommt es letztlich auch auf die Konfrontation mit den bereits erwähnten *Archetypen des kollektiven Unbewußten* an, die Jung im tiefsten Seelengrund ansiedelt. Die Bilderwelten der Träume, der Märchen, der Mythen und der Religionen ermöglichen seiner Ansicht nach erst die Selbstfindung, welche die Krönung aller seelenärztlichen Unternehmungen darstellt.

Solche Archetypen, die bildhaft während des Individuationsvorgangs in Erscheinung treten, sind zum Beispiel die Gestalten des »ewigen Jünglings«, des »alten Weisen«, des »Helden«, der »großen Mutter«, sodann aber auch die »Nachtmeerfahrt«, die »schwer zu erringende Kostbarkeit«, die »Drei- und Vierzahl«, der Kreis, der in fernöstlichen Texten als »Mandala« beschrieben wird, und das »Gottesbild«. Das kollektive Unbewußte scheint geradezu von religiösen Inhalten zu wimmeln, so daß der Verdacht aufkommt, Jung habe es zum Zweck einer *heimlichen Theologie* ausgedacht.

Spricht er nämlich vom »Selbst« als dem erwünschten Ziel jeglicher Seelenentwicklung, hat er immer auch die »Erweckung der religiösen Funktion« im Auge. In seinen späten Schriften behauptet Jung, daß der Mensch jenseits der Lebensmitte in allen Fällen eine religiöse Problematik aufweise; er müsse den Sinn seines Lebens finden, was meistens eine »positive Beziehung zur Religion« erfordere. Die Seele des Menschen sei »naturaliter religiosa« (von Natur religiös), und man könne sogar mit dem Kirchenvater sagen, daß sie »naturaliter christiana« (von Natur christlich) sei. So mündet Jungs Lehre in eine Glorifikation des Glaubens ein, dem er seine Wissenschaftlichkeit willig zum Opfer bringt.

An sich hat meines Erachtens jede wissenschaftliche Theorie, ganz gleich, wie subtil sie sein mag, vom Standpunkt psychologischer Wahrheit weniger Wert als das religiöse Dogma, und zwar aus dem einfachen Grunde, weil eine Theorie notwendigerweise abstrakt und ausschließlich rational ist, während das Dogma eine irrationale Ganzheit durch ein Bild ausdrückt.[87]

Um aber gleichwohl als tatsachentreuer Naturforscher auftreten zu können, behauptete Jung zeitlebens, er wolle keine »transzendenten Themen« erörtern, das heißt keine Aussagen über die Existenz der Gottheit selbst machen. Er beschränke sich auf den Standpunkt des »Phänomenologen«: Er schildere lediglich, was er empirisch beobachtet habe, nämlich das Gottesbild im Menschen, aus dem dann die Theologen ihre Konsequenzen ziehen mögen.

Denn es wäre ein bedauerlicher Irrtum, wenn jemand meine Beobachtungen als eine Art Beweis für die Existenz Gottes auffassen wollte. Sie beweisen nur das Vorhandensein eines archetypischen Bildes der Gottheit, und das ist alles, was wir, meines Erachtens, psychologisch über Gott aussagen können. Aber da es ein Archetypus von großer Bedeutung und starkem Einfluß ist, scheint sein relativ häufiges Vorkommen eine beachtenswerte Tatsache für jede Theologia naturalis zu sein. Da das Erlebnis dieses Archetypus die Eigenschaft der Numinosität hat, oft sogar in einem hohen Maße, kommt ihm der Rang einer religiösen Erfahrung zu.[88]

Diese vornehme Zurückhaltung hielt sich nicht lange, und Jung segelte mit geschwellten Segeln auf den weiten Ozean der mystischen Spekulation hinaus. Daher sind die letzten Jahrzehnte seines Lebens und Forschens in wachsendem Maß der Gnosis, der Alchimie, der Astrologie, der Parapsychologie in jeder Form gewidmet. Seine Autobiographie bekundet, daß er zuletzt immer mehr in jenem frommen Gottesglauben lebte, den er als Kind in seinem Elternhaus in sich aufgenommen hatte.

In welche Richtung sich Jung seit den zwanziger Jahren bewegte, erkennt man unter anderem an seinen beiden Arbeiten *Psychoanalyse und Seelsorge*[89] (1928) und *Über die Beziehung der Psychotherapie zur Seelsorge*[90] (1932). In beiden Publikationen rühmt er die Religion als ein uraltes System der Psychohygiene, das durch die neuzeitliche Wissenschaft weder ersetzt werden könne noch solle. Der Niedergang des religiösen Lebens habe die Zahl der Neurosen vermehrt. Das Problem der Heilung in der Psychotherapie sei ein religiöses; viele seiner Patienten seien nach Abschluß der psychologischen Behandlung in den Schoß der protestantischen oder der katholischen Kirche zurückgekehrt, wovon sie sich in ihrem vorangehenden Lebenslauf durch einen oberflächlichen Rationalismus entfernt hätten. Der Mensch bedürfe eben der geistigen Hilfe, die ihm die Religionen seit je gewährt haben – eine Botschaft, die die zahlreichen frommen Anhänger und Adepten der Analytischen Psychologie mit Genugtuung vernahmen.

1937 hielt Jung an der Yale University im US-Bundesstaat Connecticut die sogenannten »Terry Lectures«, eine Vortragsfolge, der er den Titel *Psychologie und Religion* gab[91]. Dabei breitete er vor seinen Zuhörern die Fülle seines religionswissenschaftlichen und religionsgeschichtlichen Wissens aus, das unzweifelhaft beträchtlich war.

Jung geht unter anderem von 400 ihm vorliegenden Träumen eines Patienten aus, dessen Behandlung er erst nach dem 350. Traum begann;

aus dieser umfänglichen Serie, die durchwegs religiöse Themen zum Inhalt hat, wählt er zwei Traumbeispiele aus, die er weitläufig analysiert. Merkwürdigerweise gibt Jung aber fast keine Anhaltspunkte für die innere und äußere Situation des Träumers; wie so oft in seinen Falldarstellungen begnügt er sich mit fragmentarischen Hinweisen, die es nicht erlauben, seine Deutungen zu überprüfen. In diesem Fall zum Beispiel heißt es lediglich:

> Der Träumer ist, das muß ich dazu sagen, von Erziehung her Katholik, aber er praktiziert nicht mehr und interessiert sich auch nicht für religiöse Probleme. Er gehört zu jenen Intellektuellen und Wissenschaftlern, die einfach erstaunt sein würden, wollte man sie bei religiösen Ansichten irgendwelcher Art behaften.[92]

Ähnlich wie schon in *Wandlungen und Symbole der Libido* knüpft nun Jung an die Träume des Patienten an, die er durch *seine eigenen* Phantasien und Überlegungen »amplifiziert«. So kommt er zu mythologischen Ideenverkettungen, die vom Hundertsten ins Tausendste reichen. Die Hauptsache ist für ihn offenbar, daß er aus dem Unbewußten des Patienten ein verdrängtes *religiöses Bedürfnis* ermitteln kann, was ihm bei seiner etwas gewaltsamen Deutungskunst ohne weiteres gelingt. Zum Beleg dieser Interpretation wird ein mächtiger Apparat von literarischen Hinweisen aus der alchimistischen, gnostischen und religionshistorischen Tradition in Bewegung gesetzt; Jung kann schließlich »nachweisen«, daß sein ansonsten völlig blaß bleibender Patient durch sein Unbewußtes zum Sammelbecken der mystischen Erfahrung zweier Jahrtausende wird und sogar von jenen kreisrunden »Mandalas« der chinesischen Mythologie träumt, die nach analytisch-psychologischer Deutung nichts Geringeres als die Gottheit symbolisieren. Damit war anscheinend das Ziel der Therapie erreicht, wiewohl wir nicht erfahren, ob der Patient hernach sozial effizienter, liebesfähiger und wissender in bezug auf sich selbst und andere geworden ist. Er hat jedenfalls die »Gottheit in sich selbst« erfahren, und alles Weitere wird sich wohl finden. Jung sagt:

Im Lichte solcher historischer Parallelen symbolisiert das Mandala entweder das göttliche Wesen, das bis dahin schlafend im Körper verborgen war und nun extrahiert und wiederbelebt ist, oder es symbolisiert das Gefäß oder den Raum, in welchem die Verwandlung des Menschen in ein »göttliches« Wesen stattfindet. Ich weiß, daß solche Formulierungen in fataler Weise an wilde metaphysische Spekulationen erinnern. Ich bedaure diese Nachbarschaft des Närrischen, aber es ist gerade das, was der menschliche Geist hervorbringt und immer hervorgebracht hat. [...] Und es ist eine Tatsache, daß mein Patient sich ganz wesentlich besser fühlte nach der Vision des Mandalas.[93]

Somit wird die Seelen-Heilkunde zur Seelenheil-Kunde, wobei für Jung das traditionelle Christentum nicht ausreicht, um seinen Hunger nach dem Geheimnisvollen zu stillen. Daher widmete er viele Jahre seines Lebens dem Studium gnostischer und alchimistischer Schriften; in den uralten Wälzern und Schmökern suchte er nach »Vorwegnahmen« seiner eigenen Menschen- und Gotteserkenntnis. Er erfaßte das Anliegen der Gnostiker und der Alchimisten als ein psychologisches; ohne es zu wissen und zu wollen, hätten viele dieser Schriftsteller des Altertums und des Mittelalters den »Individuationsprozeß« symbolisch beschrieben, den auch die Analytische Psychologie postuliert.

Die Erfahrungen der Alchemisten waren meine eigenen Erfahrungen, und ihre Welt war in gewissem Sinn meine Welt. [...] Durch die Beschäftigung mit den alten Texten fand alles seinen Ort: die Bilderwelt der Imaginationen, das Erfahrungsmaterial, das ich in meiner Praxis gesammelt hatte, und die Schlüsse, die ich daraus gezogen hatte.[94]

So taucht Jung tief in einen religiösen Nebel ein, der seinen Horizont verengt und seinen Blick trübt. Er gestattet sich sogar so banale Aussagen wie jene, daß der »Atheismus eine Großstädterneurose« sei[95]; in der Blut-und-Boden-Atmosphäre des bäuerlichen Landes ist wohl für ihn die seelisch-geistige Gesundheit zu Hause, da dort nichts durch den kritischen Intellekt angekränkelt ist.

Durch solche und ähnliche Darlegungen wurde Jung bald zum vielbefragten Interpreten uralter Glaubensweisheiten, zum Experten für Religionsprobleme aller Art. Er schlug Brücken zu allen Konfessionen und Bekenntnissen. So untersuchte er unter anderem 1941 das Wandlungssymbol in der Messe[96], wobei er der katholischen Kirche, wie so oft, großes Lob dafür spendete, daß sie durch ehrwürdige Bräuche das Seelenleben der Gläubigen zu stabilisieren wisse. Die Messe mit ihren Transsubstantiationsvorstellungen (Wein und Brot haben die Bedeutung von Blut und Fleisch Christi beziehungsweise verwandeln sich in diese) habe den Sinn eines Wandlungserlebnisses des Menschen; diese These wird durch weitausholende Vergleiche mit aztekischen Ritualen sowie Visionen des Naturphilosophen und Alchimisten Zosimos von Panopolis (4. Jahrhundert n. Chr.) ins Universell-Mythologische hinübergespielt, so daß sich Jung den Mantel tiefsinniger Gottesforschung umhängen kann, ohne sich auf ein spezielles religiöses Bekenntnis oder System festlegen zu müssen.

In späteren Büchern *(Psychologie und Alchemie,* 1944; *Die Psychologie der Übertragung,* 1946; *Mysterium Coniunctionis,* 1955) ging Jung weiter in diese Richtung, wobei er viele Zeitgenossen fand, die über seine Entwicklung hin zum Übersinnlichen mehr als glücklich waren. So sandte ihm schon 1928 der berühmte Sinologe Richard Wilhelm die Übersetzung eines altchinesischen alchimistischen Textes, der den Titel *Das Geheimnis der goldenen Blüte* trägt. Jung verfaßte hierzu einen psychologischen Kommentar, der nach Aussage von Kennern tief in Religion und Geistesleben der Chinesen eindringt. Im Zuge seiner Identifikation mit dem chinesischen Aberglauben ging Jung sogar so weit, daß er in der Folge für sich selbst und seine Patienten des öfteren das »Schafstengel-Orakel« erprobte. Hierbei werden nach Anweisung der betreffenden chinesischen Lehrbücher 49 Pflanzenstengel mit einem Griff willkürlich in zwei Haufen geteilt; die Anzahl der Stengel in dem einen und dem anderen Bündel kann dann gemäß dem uralten Weisheitsbuch *I Ging* (Buch der Wandlungen) als Horoskop ausgelegt werden.

Weitere Kommentare lieferte Jung zu tibetischen und altägyptischen »Totenbüchern«, die den Weg des Toten in die Unter- oder Überwelt beschreiben; man konsultierte ihn bei der Herausgabe derartiger Manuskripte aus dem Altertum, da man annahm, daß er hinsichtlich aller Jenseitserfahrungen eine kompetente Autorität sei. Auch Zen-Buddhismus, Yoga und andere fernöstliche Lehren wurden von ihm nachdrücklich propagiert, allerdings nicht ohne eine gewisse Skepsis, da er sich doch bewußt war, wie weit östliches und westliches Denken voneinander abweichen.

> Ich sage, wem ich kann: Studieren Sie den Yoga. Sie werden unendlich viel daraus lernen, aber wenden Sie ihn nicht an; denn wir Europäer sind nicht so beschaffen, daß wir diese Methoden ohne weiteres richtig anwenden könnten. Ein indischer Guru kann Ihnen alles erklären und Sie können alles nachmachen. Aber wissen Sie, wer den Yoga anwendet? Mit anderen Worten, wissen Sie, wer Sie sind und wie Sie beschaffen sind? [...] Die geistige Entwicklung ist im Westen ganz andere Wege gegangen als im Osten.[97]

Freundschaften mit dem Indologen Heinrich Zimmer, mit dem Altphilologen und Mythenforscher Karl Kerényi, mit dem Gründer der »Schule der Weisheit« in Darmstadt Graf Hermann Keyserling und manchen anderen ähnlich denkenden Menschen bekräftigten Jungs Nimbus als *Vermittler zwischen östlicher und westlicher Weisheit,* ein Ehrentitel, den er sich gern gefallen ließ. Drei seiner Ehrendoktorate stammten denn auch von indischen Universitäten, die es zu schätzen wußten, daß ein weltbekannter europäischer Gelehrter aus den religiösen Quellen Indiens schöpfte und die Upanishaden, die Weden, das Yoga, die Reden und Gleichnisse Gautama Buddhas und so weiter als Gipfel menschlicher Weisheit pries.

Eines der letzten religionspsychologischen Bücher Jungs ist *Antwort auf Hiob*[98] (1952), das wiederum einen Vorstoß in die hohen Gefilde der Gotteserkenntnis macht. Jung will aus der Bibel erschließen, wie sich Gott im Lauf der Zeit gewandelt hat beziehungsweise wandeln mußte. Das Schicksal des Hiob im Alten Testament dient hierbei als Ausgangspunkt. Hiob wurde bekanntlich von Gott, der den Einflüsterungen des Teufels sein Ohr schenkte, ohne jegliches Verschulden

101

schrecklich heimgesucht; Jehova, der alle Plagen auf das Haupt seines Verehrers unter den Menschen häufte, rühmte sich seiner Macht und der Ohnmacht des Menschen.

Daraus leitet Jung ab, daß sich Gott seinem Geschöpf gegenüber als *moralisch unterlegen* erwiesen habe. Er machte dies später dadurch gut, daß er seinen eigenen Sohn, Christus, opferte, damit dieser die Menschheit von ihren Sünden erlöse. Gott, der im Alten Testament noch hart, gewalttätig und diktatorisch anmutet, wandelt sich – nicht ohne Beeinflussung durch den Menschen! – zum Inbegriff der Liebe und Güte, zum barmherzigen Vater im Himmel. Aber mit dieser Wandlung ist noch nicht genug getan. Die vom Christentum verkündete Dreieinigkeit von Vater, Sohn und Heiligem Geist entbehrt des *weiblichen Elements,* um der von Jung zum Archetypus stilisierten »Vierzahl« zu genügen; auch muß zum männlichen Prinzip das weibliche hinzukommen, damit die Gottheit sozusagen rund und komplett wird. Wo ist nun religionsgeschichtlich ein Anzeichen dieser »Vervollständigung« zu finden?

Jung entdeckt es in der 1950 von Papst Pius XII. in Rom verkündeten *leibhaftigen Himmelfahrt der Jungfrau Maria.* Er rühmt dieses neue Dogma als einen Schlußpunkt in der Gottesentwicklung; nun sind Gott-Vater, Gott-Sohn und der Heilige Geist mit Maria im Himmel vereint. Der Archetypus der abendländischen Gottheit hat eine endgültige Gestalt angenommen; die Gegensätze in Gott lösen sich in Harmonie auf.

Man kann über solche »Gnosis« den Kopf schütteln, wie man auch Jungs Deutungen des Ufo-Mythos[99] und sein abergläubisches Buch *Synchronizität als ein Prinzip akausaler Zusammenhänge*[100] (1952) nur mit einem Achselzucken beseite legen kann. Der Eindruck, den diese in achtzehn volumi-nösen Bänden ausgebreitete Mixtur von Wissen-schaft und Theologie, von Rationalität und hand-greiflicher Unvernunft, von Wahrheit und Mysti-zismus auf den kritischen Leser macht, ist sehr zwiespältig. Jung hat offenbar in seinem Privat-tempel das religiöse Wissen von Jahrtausenden aufgehäuft, das er einer staunenden Schüler- und Anhängerschar als »höchste Weisheit« darzubie-ten wußte. Viele Gedanken, die er hierbei mitteilt, wirken oft mehr durch ihre suggestiv-künstleri-sche Formulierung als durch ihren schlichten Wahrheitsgehalt, den man in diesen Schriften mei-stens vergeblich sucht. Als *Homo religiosus* küm-merte sich Jung im Grunde nur wenig um die Ob-jektivität seiner Erkenntnis; was er suchte und fand, mußte dem Schönheits- und Glaubensbe-dürfnis seiner zerrissenen Seele Befriedigung ver-schaffen und seine vernunftfeindliche und fromme Weltanschauung konsolidieren. Jung ist ein Gno-stiker des 20. Jahrhunderts, der die Tiefenpsycho-logie dazu benutzte, um seine Religion zu verkün-den.

Psychoanalyse
und Religionspsychologie

Die erste Psychoanalytiker-Generation befaßte sich, angeregt durch Freud, sehr lebhaft mit religionspsychologischen Erörterungen. In der sogenannten Mittwochs-Gesellschaft, die von 1902 an wöchentlich in Freuds Wohnung zusammenkam, streifte man immer wieder Fragen der Religion, wovon die Protokollbände dieser Diskussionsrunde Zeugnis ablegen[101]. So wurde am 20. März 1907 ein Vortrag von Adolf Häutler mit dem Titel »Mystik und Naturerkennen« angehört und diskutiert. Am 1. April 1908 wurde Nietzsches Text »Vom asketischen Ideal« (aus der *Genealogie der Moral*, 1887) verlesen. Am 28. Oktober 1908 referierte Adolf Häutler über das Thema »Nietzsches ›Ecce homo‹«. Am 27. Januar 1909 hielt Hugo Heller einen Vortrag, betitelt »Zur Geschichte des Teufels«. Dies sind nur einige Beispiele. Freud beteiligte sich fast immer aktiv an den Aussprachen, die für alle Mitglieder sehr anregend waren, da die Beiträge im allgemeinen ein beachtliches Niveau besaßen.

Umfänglichere Arbeiten zur Religionspsychologie lieferten in den ersten Jahrzehnten der Psychoanalyse unter anderem Otto Rank, Karl Abraham, Herbert Silberer, Ernest Jones, Oskar Pfister, Hermann Rorschach, Theodor Reik, Géza Roheim, Harald und Kristian Schjelderup. Ein Teil dieser Arbeiten erschien im *Jahrbuch für psychoanalytische und psychopathologische Forschungen*, andere in *Imago*, der 1912 von Freud gegründeten

Zeitschrift für die außermedizinischen Anwendungsbereiche der Psychoanalyse.

Otto Ranks Buch *Der Mythos von der Geburt des Helden* (1909) untersuchte die auffälligen Übereinstimmungen in vielen Sagen und religiösen Texten, die über die Kindheit und die Jugend heroischer oder heiliger Gestalten berichten. In diesen Schilderungen gibt es typische Grundzüge: Der Held ist schon bei der Geburt oder unmittelbar danach gefährdet, es gibt seltsame Umstände bei seiner Zeugung und beim Geborenwerden, es werden ihm frühe Bewährungsproben auferlegt und so weiter. In all dem soll die »Auserwähltheit« des »Gottmenschen« angekündigt werden. Die psychoanalytische Symbolerkenntnis kann nun zeigen, daß in vielen dieser Erzählungen die Tatsachen der natürlichen Geburt »symbolisch entstellt« in Erscheinung treten und daß auch die Ödipusproblematik durch alle Heldenlegenden hindurchschimmert. Rank demonstrierte dies an zahlreichen Mythen des Altertums, die durch die Psychoanalyse eine neuartige Beleuchtung erfuhren.

Auch Karl Abraham trat mit zwei Arbeiten zur Religionspsychologie hervor: *Traum und Mythus. Eine Studie zur Völkerpsychologie*[102] (1909) und *Amenhotep IV. Echnaton*[103] (1912). *Traum und Mythus* hält sich eng an Freuds Auffassung, daß die Mythen nach ähnlichen Gesetzmäßigkeiten entstehen wie die Träume. Auch sie bringen Triebwünsche symbolisch zum Ausdruck; man kann sie regelrecht »Völkerträume« nennen, da in ihnen alle Techniken der »Traumarbeit«: Verdrängung, Rationalisierung, Verschiebung, Verdichtung, Umkehrung ins Gegenteil, Symbolisierung, aufgedeckt werden können. So interpretiert Abraham zum Beispiel die Prometheussage, die es nicht nur bei den Griechen der Antike, sondern, in Abwandlungen, auch bei anderen Völkern gibt. Der Held ist der »Feuerbringer«, der die menschliche Kultur ermöglicht. Was bedeutet nun aber die kostbare Gabe des Feuers? Überraschenderweise wird das Feuermachen bei vielen Natur- und Kulturvölkern im Zusammenhang mit Sexualvorgängen gesehen; so etwa gewinnen Primitive Feuer durch Reibung zweier Hölzer aneinander, wobei der Hartholzstab, der in der Mulde eines weichen Holzes gequirlt wird, oft dieselbe Bezeichnung wie der Penis, die Höhlung aber den Namen der Vagina trägt. Feuermachen und Koitus werden als identisch angenommen. Daher hat es für den Psychoanalytiker eine symbolische Bedeutung, daß Prometheus das gegen den Willen der Götter vom Himmel herabgeholte Feuer im »hohlen Stengel« einer Narthexstaude verbirgt, was wiederum an das männliche Geschlechtsorgan denken läßt. So gelangt Abraham zu der Schlußfolgerung: »Die älteste Form der Prometheussage ist eine Apotheose der menschlichen Zeugungskraft.«[104]

Diese These Abrahams machte sich Freud rund zwanzig Jahre später zunutze, als er seinen Aufsatz »Zur Gewinnung des Feuers« (1932) schrieb. Er kommt darin auf die Prometheussage zurück und erklärt sie als Darstellung eines Sublimierungsvorgangs. Der Urmensch habe überall, wo er zufällig Feuer fand, dieses lustvoll durch Urinieren ausgelöscht, bis sich dann das Bewußtsein durchsetzte, man könne durch Triebverzicht das Feuer für Kulturzwecke nutzbar machen. Wer dies die frühe Menschheit lehrte, verdiene durchaus den Rang eines Halbgottes, den man auch Prometheus zuspricht.

Die zweite Studie Abrahams, *Amenhotep IV. Echnaton*, befaßt sich mit der Entstehung des Monotheismus. Sie lenkt das Augenmerk auf jenen merkwürdigen Pharao der 18. Dynastie des alten Ägypten, der zuerst Amenhotep, später aber Echnaton hieß. Dieser bekämpfte die Vielgötterei seines Volkes, die er durch die Einführung des alleinigen Gottes Aton ersetzen wollte. Aton war für ihn das rein geistige Prinzip der Wahrheit und der Gerechtigkeit, symbolisiert durch die Sonne, die alles Leben auf der Erde erhält. In großartigen Hymnen, die er selbst gedichtet hatte, verherrlichte der Gottsucher auf dem Pharaonenthron die von ihm erkannte abstrakte Gottesidee, die seiner Zeit um Jahrhunderte vorauseilte.

Da uns die Ägyptologie viele Berichte über das Leben und Wirken dieses Pharaos zur Verfügung stellt, haben wir ausreichend Material, um uns in seine Persönlichkeit und seine Epoche einzufühlen. Was mag Amenhotep veranlaßt haben, die Tiergötter seines Volkes zu ächten und neue Formen der Gottesverehrung einzuführen? Aus der Biographie dieses Religionsstifters ist bekannt, daß er, dessen Vater früh starb, unter dem Einfluß seiner Mutter Teje aufwuchs, die eine starke Persönlichkeit war und eine Zeitlang die Regentschaft ausübte. Seine Gattin, mit der er gegen alle Gewohnheit der Pharaonen in strenger Monogamie zusammenlebte, war die schöne Nofretete, deren Kopfbildnis in den Berliner Staatlichen Museen bewundert werden kann. Der Pharao stammte zwar von kriegerischen Königen ab, aber wegen seiner Mutterbindung – die Abraham postuliert – brach er entschieden mit deren Tradition. Unter seiner Regierungszeit, in der die religiösen Auffassungen so sehr verfeinert wurden, zerfiel das große Reich beinahe wegen der Achtlosigkeit, mit der Amenhotep die Angriffe seiner Feinde an den Grenzen seines Imperiums bagatellisierte. Wichtiger als alle Eroberungen waren dem friedliebenden Pharao sein freudvolles Familienleben und die Gespräche über Gotteserkenntnis, mittels deren er, wie hieroglyphische Texte kundtun, seine Würdenträger zu belehren pflegte. Auch war er ein großer Förderer der Künste, die tatsächlich während seiner Regierungszeit eine einzigartige Blüte erlebten.

Aus Amenhoteps Verhalten entnimmt Abraham, daß der Pharao aus seinem Ödipuskomplex zum bedeutenden Religionsschöpfer werden konnte. Jedenfalls tilgte er den Namen seines Vaters in fast allen Tempeln, da dieser auch an den Gott Amon erinnerte, der eben durch Aton ersetzt werden sollte. Sodann scheint er seine Mutter Teje über alle Maßen geliebt zu haben, und er übertrug diese Liebe auf die Erde und ihre Geschöpfe, die er in seinem Sonnenkult innig besingt. So dichtet er über die »Erschaffung der Tiere«:

Das Küchlein piept schon in der Schale,
Du gibst ihm Atem darin, um zu leben.
Wenn du es vollkommen gemacht hast,
So daß es die Schale durchbrechen kann,
So kommt es heraus aus dem Ei,
Um zu piepen, soviel es kann;
Es läuft herum auf seinen Füßen,
Wenn es aus dem Ei herauskommt.

Auch mit dieser Studie leistete Abraham eine Vorarbeit für ein späteres Werk von Freud, nämlich *Der Mann Moses und die monotheistische Religion.* Es ist aber schwer zu sagen, wer wen angeregt hat, da Freud freigebig Anregungen ausstreute, die von seinen engsten Schülern dankbar aufgenommen und ausgearbeitet wurden.

Bedeutsam sind auch die Beiträge von Herbert Silberer (1882–1923), der die Rolle des »psychoanalytischen Geheimwissenschaftlers« übernahm und so obskure Gebiete wie Alchimie, Mystik, Freimaurerei und so weiter zu beackern versuchte. Freud schätzte Silberer zunächst sehr, da dieser einige Neuerungen zur Traumtheorie beisteuerte. So schlug er unter anderem vor, die Träume nicht nur »analytisch«, sondern auch »anagogisch« zu deuten: Im ersteren Fall dürfe man die Traumbilder auf Triebprobleme und Vergangenheitsmotivationen reduzieren; im letzteren Fall jedoch erkenne man im Traum geistige Sinnrichtungen und zukunftweisende Tendenzen, wodurch das analytische Verfahren sinngemäß ergänzt werde. Ähnlich argumentierten auch Adler und Jung, die die *prospektive Funktion* des Träumens hervorhoben.

Was Silberer mit seiner »Anagogik« meinte, wird auch an seinem Hauptwerk *Probleme der Mystik und ihrer Symbolik*[105] (1914) deutlich. Er geht aus von einem alchimistischen Text des 18. Jahrhunderts, worin die Operationen der Goldmacherkunst in Form einer gleichnisartigen Erzählung beschrieben werden. Daran anschließend zitiert er mystische Kommentare der sogenannten Rosenkreuzer, einer Anfang des 17. Jahrhunderts in Erscheinung getretenen theosophischen Geheimorganisation, und der Freimaurer. Silberer vermutet in diesen Texten eine verborgene Psychologie; die Formeln und Versuche, mit denen Alchimisten und Mystiker ins Innere der Natur oder der Gottheit gelangen wollten, seien Vorläufer der psychoanalytischen Erkenntnis, die die Selbstwerdung und die Selbstverwirklichung des Menschen anstrebe. Man müsse die uralten Traktate nur zu interpretieren wissen, damit sie sich in die Psychoanalyse umwandeln ließen.

Alchimie, Mystik und Freimaurerei kreisen nach Silberer um die Probleme der Introversion (Verinnerlichung) und der Wiedergeburt und formulierten sie dem Geist ihrer Zeit entsprechend in religiöser oder pseudonaturwissenschaftlicher Sprache. Das wahre, oft unverstandene Ziel derer, die auf der Suche nach dem Stein der Weisen waren, lag im eigenen Selbst. Die Sucher entwickelten Methoden der Innenschau, die sie von der »Welt der Dinge« abziehen sollten. In ihrem eigenen Innern, in das sie bewußt und absichtlich regredierten, fanden sie einen gewaltigen Reichtum an seelischen Symbolen, die sie wiederum nur im Rahmen ihres religiösen oder abergläubischen Weltbildes definieren konnten. Es wäre nun aber verkehrt, wenn die Psychoanalyse die Manifestationen des mystischen und alchimistischen Denkens lediglich »sexualsymbolisch« deutete; auch hier ist neben der Analyse die Anagogik am Platze, die den Akzent nicht auf Ursprung und Ursache, sondern auf Ziel und Zweck legt. Warnend hebt Silberer hervor:

> Seitdem die Psychoanalyse in Aufnahme gekommen ist, glauben viele ihrer Anhänger, mit ihrer Zerlegungsarbeit allein die psychologischen, ästhetischen und mythologischen Probleme, die sie sich vornehmen, lösen zu können. Man versteht jedoch das psychische Getriebe, wie auch alle Geistesentwicklung, nur halb, wenn man bloß hinabblickt auf die Wurzeln. Wir haben nicht bloß zu betrachten, woher wir kommen, sondern auch, wohin wir gehen. Dann erst kann der psychische Lauf (individual- und völkerpsychologisch) erfaßt werden, gleichsam in einer Bewegungsformel.[106]

Auf diese Weise kommt Silberer zu Gesichtspunkten, die den psychoanalytischen Reduktionismus, der immer und überall Sexualität und Ödipuskomplex entdeckt, weit hinter sich lassen. Wo kurzsichtige Analytiker in so manchen psychischen und kulturhistorischen Phänomenen nur Regression und Pathologie sehen, postuliert Silberer den

Ansatz von *Wandlung* und *Wiedergeburt,* um die das menschliche Seelenleben auch in seinen sonderbarsten Manifestationen kreise.

Alle Religionen haben »Introversionstechniken« ausgebildet, die sich unter Umständen der sexuellen oder der autistischen Sprache bedienen, im Grunde aber die Erweiterung der Persönlichkeit meinen, auf die auch die Psychoanalyse hinzielt. Daher plädiert Silberer dafür, die religiösen Erfahrungswelten erneut zu durchforschen, um ihre Inhalte mit den analytischen Befunden zu vergleichen. Es ist erstaunlich, wieviel er hierbei vorwegnimmt von den späteren Lehren Jungs, der ihn nur ganz beiläufig erwähnt, wiewohl er von seinen Arbeiten viel profitiert haben muß.

Ernest Jones, dem wir die große dreibändige Freud-Biographie[107] verdanken, publizierte 1928 seinen Sammelband *Zur Psychoanalyse der christlichen Religion*[108]; dieser enthält unter anderem die Abhandlungen *Religionspsychologie* (1926), *Der Gottmensch-Komplex* (1913), *Die Empfängnis der Jungfrau Maria durch das Ohr* (1914) und *Eine psychoanalytische Studie über den Heiligen Geist* (1922). Als treuer Freud-Schüler steht Jones auf dem Standpunkt, den Freud in allen seinen religionspsychologischen Arbeiten vorgezeichnet hat, indem er sagt:

> Das religiöse Leben stellt eine ins Kosmische projizierte Dramatisierung der Gefühle, der Angst und der Sehnsucht dar, die aus der Beziehung des Kindes zu seinen Eltern erwachsen.[109]

Die Untersuchung *Der Gottmensch-Komplex* fällt in das Gebiet der psychoanalytischen Charakterologie, die zu jenen Zeiten durch Freud und Abraham ihre ersten Fundierungen erhielt. So wurden der »orale« und der »anale« Charakter beschrie-

111

ben; Jones formuliert nun einen Charaktertyp, in dessen Mittelpunkt der Glaube steht, »göttlich oder Gott zu sein«, woraus sich bestimmte Verhaltensweisen und Einstellungen ableiten. Größenwahn ist nur ein anderes Wort für diese Charakterposition, die man auch als Narzißmus oder Eitelkeit definieren kann. Da der Typus häufig ist, verdient er eine sorgfältige Erforschung.

Der »Gottmensch« sondert sich nach Jones gern von seinen Mitmenschen ab und umgibt sich mit einem »Schleier des Geheimnisses«. Er fühlt sich als Auserwählter inmitten des gewöhnlichen Volkes. In seinen geistigen Interessen bevorzugt er das Außergewöhnliche und Übersinnliche, da er allwissend sein möchte; so hat er oft Neigungen zu Astrologie, Parapsychologie, Okkultismus, Mystik und Formen des Aberglaubens. Geld bedeutet ihm meistens viel, da in unserer Kultur Geldbesitz ein Gefühl von Allmacht mit sich bringt. Da Zeit und Wetter die menschlichen Allmachtsambitionen durchkreuzen, hat der »Gottmensch« ein prekäres Verhältnis zu ihnen; die Zeit will er durch Zwanghaftigkeit kontrollieren, das Wetter abergläubisch voraussagen oder magisch beeinflussen. Mit der Religion befassen sich die »Gottmenschen« eingehend; man findet sie auf der Seite der Gläubigen wie auch auf jener der Atheisten. Unter den letzteren kann es gelegentlich Religionsgegner geben, die sich dadurch gekränkt fühlen, daß außer ihnen »noch ein anderer Gott« existieren soll. Nietzsche jedenfalls sagt zum Beispiel im *Zarathustra:* »Wenn es Götter gäbe, wie hielte ich's aus, kein Gott zu sein! *Also* gibt es keine Götter.«

Jones schildert noch weitere Merkmale des »Gottmenschen«, die charakterologisch interessant sind. Unter den *Homines religiosi* gibt es viele Spielarten dieses Typs, die man oft verkennt, weil sie oberflächlich die christlichen Tugenden der Demut, der Selbstverleugnung, der Bescheidenheit und so weiter an den Tag legen. Oft zeigt uns erst die unbewußte Gedanken- und Gefühlswelt solcher Menschen, welch riesiger Ehrgeiz sie erfüllt, der sich erst in der erträumten Gottähnlichkeit halbwegs beruhigt.

Weniger verständlich und akzeptabel sind die anderen Aufsätze von Jones, die sich in psychoanalytischen Kruditäten ergehen, denen mitunter ein blasphemischer Zug eigen ist; es stellt eine unnötige Verletzung der Gefühle gläubiger Menschen dar, wenn man den Heiligen Geist, dessen Symbol die Taube ist, zu einem »offensichtlich phallischen Phänomen« degradiert. Ähnliche Rösselsprünge des Denkens haben den Gegnern der Psychoanalyse willkommene Handhabe geboten, Zeter und Mordio zu schreien, als sei dieser Lehre überhaupt nichts mehr wert und heilig.

Eine eigenartige Stellung unter den Freud-Schülern nahm der Zürcher Pastor Oskar Pfister ein, der durch Jung mit Freud in Kontakt kam; er begeisterte sich bald für die Psychoanalyse, die er als ein ideales Hilfsmittel für modern denkende Seelsorger pries. Es entstand frühzeitig eine Freundschaft zwischen Freud und dem »Gottesmann« (wie Freud den Theologen zu nennen liebte), die dreißig Jahre Bestand hatte; ihre Intensität und ihre Wechselseitigkeit kann man sehr schön nachempfinden in den zahlreichen Briefen, die sie austauschten[110].

Pfister konzentrierte sich unter anderem auf den therapeutischen Umgang mit Jugendlichen (*Einführung in die Pädanalyse, Was bietet die Psychoanalyse dem Erzieher?, Die psychanalytische Methode* und so weiter). Es war ihm ohne weiteres möglich, Freuds Atheismus mit seinem relativ freien Christentum zu vereinigen, wobei Freud selbst im Lauf der Zeit bereit war anzuerkennen, daß die sehr tolerante Religiosität eines Analytikers für die Therapie nicht unbedingt hinderlich sein müsse. So schreibt er am 9. Februar 1909 an Pfister:

> An sich ist die Psychoanalyse weder religiös noch das Gegenteil, sondern ein unparteiisches Instrument, dessen sich der Geistliche wie der Laie bedienen kann, wenn es nur im Dienste der Befreiung Leidender geschieht. Ich bin sehr frappiert, daß ich selbst nicht daran gedacht habe, welche außerordentliche Hilfe die psychoanalytische Methodik der Seelsorge leisten kann, aber es geschah wohl, weil mir als bösem Ketzer der ganze Vorstellungskreis so ferne liegt.[111]

Pfister seinerseits beeilte sich festzustellen, daß es seiner Meinung nach »einen besseren Christen als Freud nie gegeben habe«[112]. Damit war die beiderseitige Konzilianz gesichert, so daß auf ihrer Basis die fruchtbare Zusammenarbeit dreier Jahrzehnte gedeihen konnte.

Pfister unternahm mehrere Anläufe zur Religionspsychologie, so mit den Bänden *Die Frömmigkeit des Grafen Ludwig von Zinzendorf* (1910), *Die psychologische Enträtselung der religiösen Glossolalie* (1912), *Hysterie und Mystik bei Margaretha Ebner* (1911), *Die Legende Sundar Singhs* (1926) und *Das Christentum und die Angst* (1944). Als Freud 1927 *Die Zukunft einer Illusion* veröffentlichte, wurde Pfisters Beziehung zu ihm nicht erschüttert; aber in seiner Gegenschrift *Die Illusion einer Zukunft* (1928) zeigte der Theologe seinem Lehrmeister in Wien auf, daß viele große Menschen an Gott geglaubt hatten und daß die Religion zur Stützung einer sittlichen Weltordnung unentbehrlich sei. Freud entgegnete auf diese Äußerungen lakonisch: »Einige ihrer Argumente erscheinen mir als Lyrismen, andere [...] als zu wohlfeil.«[113] Immerhin wurde Pfisters Arbeit in der Zeitschrift *Imago* publiziert, womit die Diskussion über Freuds Religionskritik eröffnet wurde.

Graf Zinzendorf, dem Pfister eine feinsinnige analytische Studie widmete, lebte von 1700 bis 1760; er war der Begründer der sogenannten Brüdergemeine, die im sächsischen Herrnhut ihren Mittelpunkt hatte. Die Herrnhuter vertraten eine pietistische Religiosität schwärmerischen Charakters; Zinzendorf als ihr Bischof versah sie mit religiösen Traktaten und Liedern, die vor allem bei einfachen Leuten großen Anklang fanden. Ein vortreffliches Bild vom Leben und Denken dieses deutschen Pietismus zeichnet Karl Philipp Moritz in seinem autobiographischen Roman *Anton Reiser*, der auch die pathologischen Auswüchse der hier gepflegten Frömmelei konterfeit; diese »Stillen im Lande«, die sich auch an den Schriften der französischen Schwärmerin Jeanne-Marie Guyon erbauten, kultivierten eine extreme Selbstkasteiung, die sie als Hauptinhalt der christlichen Religion verstanden.

Beim Studium der Gedichte von Zinzendorf hatte Pfister keine Mühe, psychoanalytische Sexualsymbole in religiöser Einkleidung aufzudecken. So heißt es zum Beispiel in einem Lied des frommen Grafen, das die Seitenwunde des Heilands, welche die Lanze des römischen Soldaten dem toten Jesus zufügte, zu verherrlichen weiß:

Bei uns Creutz-leutelein
Gilt oft der Seitenschrein[114]
fürs ganze Lämmelein:
Ihr armen Sünderlein,
Nur tieff, nur tieff hinein,
Und wer will selig sein,
Der wünsch sich dahinein
Ins Sammelplätzelein

Aller der Schätzelein.
Charmantes Lämmelein,
Ich armes Dingelein
küsse die Ringelein
An deinen Fingerlein.
Du Wunde von dem Speer!
Halt auch dein Mündlein her,
Es muß geküsset sein,
Lamm! rede mir nichts drein!
Dieses Minutelein
Bist du mein und allein.

Für Pfister ist das »Wündelein«, in das die Herrnhuter so tief und lustvoll eintauchen wollen, ein
Symbol für das weibliche Geschlechtsorgan; tatsächlich schwelgen die Hymnen dieser Sekte in
erotischen Anspielungen, die oftmals das Maß des
Erträglichen erheblich überschreiten. Die *Beziehung zwischen Religion und kranker Sexualität*
kann an solchen Ergüssen eindrücklich studiert
werden, wozu man auch andere Bekenntnisschrif-
ten von Heiligen, Mystikern und Glaubensapolo-
geten zum weiteren Beleg heranziehen kann.

In *Das Christentum und die Angst* holt Pfister
viel weiter aus und überprüft die Bedeutung der
Lebens- und Todesangst in der Geschichte der
christlichen Religion, in ihrem Siegeszug durch
zwei Jahrtausende, ihrer Leib- und Frauenfeind-
lichkeit, ihrem Fanatismus gegen Andersdenkende und Andersgläubige und so weiter. Mit küh-
nem Freimut entlarvt er die Doppelzüngigkeit der
Moral des Christentums, das zwar Nächstenliebe
predigte, aber Herrschsucht und Hochmut meinte.
In der Psychoanalyse sieht er die Wendung zur
Wahrhaftigkeit des modernen Menschen, ohne die
Liebesfähigkeit nicht gedeihen kann.

Wie Pfister gehörte auch Hermann Rorschach
(1884–1922) dem Schweizer Psychoanalytiker-
kreis an; er ist trotz seines frühen Todes durch sein

Hauptwerk *Psychodiagnostik* (1921) einer der berühmtesten Psychiater der Gegenwart geworden. Dies geschah vor allem durch seinen »Rorschachtest«, bestehend aus zehn Klecksographietafeln, Tafeln mit zufällig gebildeten schwarzweißen und bunten Klecksen, die von den Versuchspersonen gedeutet werden. Aus den Deutungen werden dann Schlüsse auf Persönlichkeitsstruktur, Intelligenz, Wesensart und Begabung gezogen, da die Theorie des »projektiven Tests« postuliert, in der Willkürdeutung von Zufallsformen äußere sich die jeweilige Eigenart der Exploranden.

Rorschach hat auch eine Reihe von Abhandlungen hinterlassen, die von K. W. Bash unter dem Titel *Ausgewählte Aufsätze von Hermann Rorschach*[115] herausgegeben worden sind. Diese bekunden die Vielseitigkeit seiner Interessen, zu denen wir auch die Religionspsychologie rechnen müssen. So befaßte sich Rorschach mit der Psychologie religiöser Sekten, denen er einige Untersuchungen widmete, zum Beispiel *Einiges über schweizerische Sekten und Sektengründer* (1919) und *Zwei schweizerische Sektenstifter* (1919).

Die Sektenpsychologie ist wohl deshalb aufschlußreich für die Psychologie der Religion, weil sie mitunter wie durch ein Vergrößerungsglas die Pathologie religiösen Lebens und Erlebens erkennen läßt. Rorschach schildert die Lebensläufe zweier Sektenstifter aus den Kantonen Bern und Luzern, was zu interessanten psychoanalytischen Hinweisen führt.

Johannes Binggeli, geboren 1834, war ein zwergenhafter Mann, der nach einer mühseligen, kränkelnd durchgestandenen Kindheit den Schneiderberuf erlernte, bald aber die Berufung zu Höherem in sich verspürte. Er hatte Halluzinationen und Traumerlebnisse, in denen er durch Himmel und

Hölle wanderte und sich mit Engeln und Teufeln unterhielt. Da er gewohnheitsmäßig »Verzückungen« erlitt, lud er Leute zu diesem Schauspiel ein, so daß er um 1896 fast hundert Menschen um sich geschart hatte, die seine Bußpredigten mit Verehrung anhörten. Binggeli ließ sich als neue »Fleischwerdung Gottes« anbeten, verteilte Proben seines Urins als Medikament und schrieb sich die Fähigkeit zu, verhexte und verzauberte Frauen durch Koitus zu heilen. Da er auch seine eigene Tochter auf diese Weise behandelte, wurde er wegen Inzests angeklagt und eingesperrt. Er beharrte aber trotz Gefängnisstrafe auf seiner Meinung, daß der Geschlechtsverkehr mit seiner Tochter den wahren Geboten der christlichen Religion entsprochen habe – Menschen, die wirklich glaubten, seien von den Gesetzen des Staates befreit und dürften als »Brüder und Schwestern in Christo« alles tun, was für andere verboten sei.

Diese Lehre Binggelis geht auf den 1759 geborenen Innerschweizer Anton Unternährer zurück, der im 18. Jahrhundert ähnliche Glaubensmeinungen vertreten hatte. Unternährer lebte zuerst als Hirt in seiner Heimat. Mit 29 Jahren unternahm er eine Reise nach Frankreich, von der er ein Jahr später heimkehrte. Nun betätigte er sich hintereinander als Schreiner, Barometerfabrikant, Lehrer und Kräutersammler; zuletzt begab er sich zu einem Arzt in die Lehre, um das »Doktorhandwerk« zu erlernen. Um 1800 fing er an, religiöse Versammlungen in seinem Haus abzuhalten, wobei er den Gläubigen die Heilige Schrift auslegte. Er verfaßte auch mehrere Büchlein, die einigen Absatz fanden. Da unter seinen Anhängern der Glaube verbreitet war, das Jüngste Gericht stehe unmittelbar bevor, verschenkten einige ihr Hab und Gut, um vor dem wiedererscheinenden Christus möglichst gut dazustehen. Es ist bezeugt, daß Hunderte von Menschen sich um diesen skurrilen Propheten scharten, der unter anderem die Weisheit verkündete,

> er sei Anton = das A und O, der Anfang und das Ende, Unternährer = Unternärrer, der unterste der Narren, ein Schüpfheimer (Geburtsort!) = ein Verschüpfter und Verstoßener, ein Entlebucher (Gegend bei Luzern), denn das Entlebuch sei das Buch des Lebens, und er sei Gott selbst, da Gott nur ein Luzerner sein könne, denn Luzern sei die Stadt des Lichts usw. Als Beweise seiner göttlichen Natur wies er vor seine drei Hoden, ferner seinen schwachen Arm, eine lahme Hüfte, eine eingeschlagene Rippe, und schließlich sei ihm der Name Jesu Christi auf die Zunge eingeschrieben.[116]

Auch in Unternährers Sekte gab es Veranstaltungen, wo die Gläubigen in paradiesischer Nacktheit ihre Gottesdienste abhielten und wahlloser Geschlechtsverkehr als »Abendmahl« ausgegeben wurde. Es scheint eine Tendenz in manchen Sekten zu sein, *im Zuge ihrer Verneinung von Kultur und Gesellschaft* zugleich auch zu »desublimieren«, das heißt in primitivere Formen der Sexualbefriedigung zurückzufallen. Die Parole solcher Vereinigungen von Eigenbrötlern, Sonderlingen und Spintisierern ist fast immer die möglichst weitgehende *Regression,* da sie die Ansprüche des komplizierten Gesellschaftslebens für inakzeptabel halten. Ihr naives Geltungsstreben bedient sich dann der Formen der Religiosität, um Minderwertigkeitsgefühle zu vertuschen und den kompensatorischen Größenwahn, den Gottähnlichkeitsanspruch in den Vordergrund zu rücken.

Zu unserer Darstellung des religionspsychologischen Ertrags der frühen psychoanalytischen Forschung gehört auch der Hinweis, daß in der bereits erwähnten Zeitschrift *Imago* eine ganze Reihe von Aufsätzen über Probleme der Religion veröffentlicht wurden. In der Folge sei kurz aufgezählt, was in 23 Bänden von *Imago* – die Zeitschrift erschien von 1912 bis 1938 – publiziert wurde.

In Band 1 ist Oskar Pfister vertreten mit der Abhandlung »Die Anwendung der Psychoanalyse in der Pädagogik und Seelsorge« (1912). In Band 2 (1913) findet man von Lou Andreas-Salomé, Freundin Nietzsches und Rilkes und spätere Mitarbeiterin Freuds, den Aufsatz »Vom frühen Gottesdienst«. In Band 3 (1914) schreibt Theodor Schroeder über das Thema »Der sexuelle Anteil an der Theologie der Mormonen« und Theodor Reik über »Die kindliche Gottesvorstellung«. In Band 5 (1917/1919) begegnet man zwei weiteren Abhandlungen Reiks: »Das Kainszeichen« und »Psychoanalytische Studien zur Bibelexegese«. Band 6 (1920) enthält erneut einen Aufsatz von Pfister: »Die Entwicklung des Apostel Paulus. Eine religionsgeschichtliche und psychologische Skizze«. In Band 9 (1923) schreibt Ernest Jones »Über den heiligen Geist«. In Band 10 (1924) beleuchtet Adolf Arndt das Thema »Über Tabu und Mystik«. Band 13 (1927) ist besonders reichhaltig an Abhandlungen zur Religionspsychologie: »Die Gottesphantasie bei Kindern« von Mary Chadwick, »Die Bedeutung der Libidoschicksale für die Bildung religiöser Ideen« von F. Lowtzky, »Dogma und Zwangsidee« von Theodor Reik, »Mondmythologie und Mondreligion« von Géza Roheim. Band 14 (1928) bringt von Freud den Beitrag »Ein religiöses Erlebnis«; im selben Band kommentieren Pfister und Reik Freuds Buch *Die Zukunft einer Illusion.* Der erstere äußert sich auch in Band 20 (1934) über »Neutestamentliche Seelsorge und psychoanalytische Therapie«. In Band 22 (1936) untersucht Alfred von Winterstein »Swedenborgs religiöse Krise und sein Traumtagebuch«. Band 23 (1937) schließlich enthält Freuds Moses-Studien, einen Teil des späteren Moses-Buches.

◇

Die frühen religionspsychologischen Texte der Freud-Schule schließen sich ziemlich eng an Freuds eigene Hypothesen an und versuchen sie an verschiedenen Detailproblemen zu verifizieren. Feste Ausgangspunkte sind hierbei folgende drei Annahmen:

1. Die Religion ist strukturiert wie eine kollektive Zwangsneurose und hat im Seelenleben der Völker eine ähnliche Funktion wie die zwangsneurotische Symptomatik im Leben des einzelnen.

2. Der Ursprung der Religion liegt im Ödipuskomplex, das heißt in den Vater-Sohn-Konflikten, in denen auch der Kampf um den »Besitz der Mutter« eine zentrale Rolle spielt.

3. Hinter den sublimen Gebilden des Gottesglaubens stehen Triebbedürfnisse und Triebschicksale, welche die Psychoanalyse aufdecken kann; die gesamte religiöse Symbolik hat eine »libidinöse Basis«.

Um solche und ähnliche Thesen kreisen auch die Beiträge zur Religionspsychologie, die Theodor Reik (1888–1969) in seinen jungen Jahren schon lieferte; wir denken hierbei an seine dreibändige Untersuchung *Probleme der Religionspsychologie*, die unter den Titeln *Das Ritual* (1919), *Der eigene und der fremde Gott* (1923) und *Dogma und Zwangsidee* (1927) erschienen ist.

Um einen Einblick in Reiks Denkweise zu geben, beziehen wir uns auf den ersten Band seiner

Religionspsychologie, *Das Ritual*. Dabei werden wir zeigen, daß Freuds Jünger vor keiner kühnen Kombinatorik zurückschreckten, wenn sie die Lehren ihres Meisters bestätigen wollten; in diesen wilden Spekulationen ist aber oft ein »wahrer Kern« enthalten.

Der religionswissenschaftliche Ausgangspunkt Reiks ist die »Couvade«, das sogenannte Männerkindbett. Diesen Brauch gibt es bei vielen Naturvölkern; er besteht darin, daß nach einer Geburt der *Vater* des neugeborenen Kindes sich ins Bett legt und kürzere oder längere Zeit von seinen Angehörigen so gepflegt wird, als habe er die Entbindungsarbeit geleistet. Über dieses rätselhafte Brauchtum haben die Völkerkundler ein reiches Beobachtungsmaterial gesammelt und auch einige Theorien vorgelegt, welche die paradoxe Situation erklären sollen und magische wie auch abergläubische Vorstellungen zur Deutung heranziehen. Will etwa der Vater die Schmerzen der Mutter durch Identifikation übernehmen? Will er durch seine Ruhestellung das Gedeihen des Kindes sichern? Gewiß geben die Naturvölker solche und ähnliche Erklärungen an, aber man muß erwägen, ob hier nicht auch Rationalisierungen am Werk sind.

Reik benutzt Beispiele aus der psychoanalytischen Praxis, die belegen, daß neurotische Männer bei der Geburt ihrer Kinder oft gegen die Frau – die sich ihnen in der letzten Phase der Schwangerschaft sexuell versagt – einen Groll und gegen das Neugeborene Eifersucht empfinden, da sie fortan die Liebe der Partnerin mit dem Kind teilen müssen. Nimmt man dies auch für den »Wilden« an, dann wäre das Männerkindbett vielleicht eine Maßnahme, irrationalen Feindseligkeiten des Vaters gegen seine neugeborenen Kinder vorzubeugen. Das seltsame Ritual sollte somit seine destruktiven Affekte in Schach halten und ihm eine Besinnungspause gönnen, in der er sich mit der neuen Konstellation in seiner Familie vertraut machen könnte. In der Couvade würde also die Ödipussituation sichtbar, diesmal als väterliche Rivalität zum Kind, die bis zu Todeswünschen führen kann, welche durch das Festhalten des Vaters im Männerkindbett blockiert werden sollen.

Ein weiteres Ritual, das über die ganze Erde hin verbreitet ist, sind die »Pubertätsriten der Wilden«. Solche Initiations- und Pubertätsweihen sind Feste, die man veranstaltet, wenn die Knaben in die Gemeinschaft der erwachsenen Männer aufgenommen werden. Immer werden hierbei die jungen Kandidaten irgendwelchen Prüfungen unterworfen, geschreckt und gepeinigt, bevor man ihnen den Status der Männlichkeit zuerkennt. Bei den Naturvölkern gibt es allerlei Initiationsbräuche, die von der Beschneidung bis zur einsamen Meditation, von der Tötung eines Feindes bis zu gemeinschaftlichen Jagden, von Selbstverwundungen bis zu Verletzungen durch den Medizinmann reichen. Allemal wird ein kräftiger Einschnitt in das Leben des Pubertierenden gesetzt, damit dieser den Übergang zur Mannbarkeit lebenslänglich in Erinnerung behält.

Auch für die Pubertätsriten gibt es Erklärungen in Hülle und Fülle; sie reichen für die Psychoanalyse nicht aus, da sie Probleme der »Ödipalität« nicht berücksichtigen. In psychoanalytischer Sicht sind die Quälereien, die man den Jugendlichen antut, ein *Kastrationsersatz*. In der grauen Vorzeit wurden die Knaben, wie Freud postuliert, durch den Hordenvater tatsächlich einer Kastration unterworfen. Der Kulturfortschritt erzwang jedoch die lediglich symbolische Kastration, die nun der eigentliche Sinn der Initiationsriten ist. So sollen die Knaben unter dem Druck ihrer Prüfungen und Plackereien auf die Mütter – die Verwöhnung – verzichten lernen. Der Weg zurück in die Kindheit wird durch beeindruckende und beängstigende Rituale versperrt; die Jünglinge sollen sich in Zukunft als Glieder der Männergemeinschaft fühlen lernen, die über inzestuöse Anwandlungen hinwegkommen.

In seinen weiteren Abhandlungen geht Reik noch auf viele Fragen der christlichen und der jüdischen Religion ein, wobei er eine stupende Belesenheit an den Tag legt, die ihn als einen der ersten Religionswissenschaftler innerhalb der Psychoanalyse ausweist.

Im Jahr 1928 publizierte der norwegische Psychoanalytiker Kristian Schjelderup sein Buch *Die Askese*. Das darin aufgeworfene Thema hat seit Nietzsches religionskritischen Schriften erhebliche Beachtung gefunden. Schjelderup interpretiert die Gesamtheit der asketischen Phänomene, die in fast allen Religionen der Erde eine wesentliche Rolle spielen.

Ursprünglich bedeutete Askese eigentlich nur »Übung«, wobei die Vorbereitung der Athleten der Antike auf die Kampfspiele gemeint war. Später wurde der Begriff erweitert und umfaßte hauptsächlich den Kampf gegen Laster und Untugenden, die Unterdrückung der sinnlichen Natur des Menschen, speziell seiner sexuellen Begierden und Bedürfnisse. Das Christentum ist eine asketische Religion par excellence, wozu man als Beleg das Mönchstum, das Leben der Heiligen und Märtyrer, die christliche Moral und Ethik und viele Einzelerscheinungen aus dem Christenleben heranziehen kann. Schjelderup sieht auch in der Mystik eine Form der Askese, da der Mystiker auf dem Weg der Abkehr von der Sinnenwelt die Vereinigung mit der Gottheit anstrebt. Gewiß ist keine mystische Bewegung oder Persönlichkeit ohne starke asketische Tendenzen ausgekommen.

Die Beispielsammlung Schjelderups ist reichhaltig und vielseitig; sie wählt ihre Veranschaulichungen aus dem offiziellen Christentum, aber auch aus den verschiedenen christlichen Sekten, aus dem Buddhismus in allen seinen Abwandlungen und so weiter. Als Elemente der Askese werden beschrieben: Schuldgefühl und Selbstbestrafung, Sadomasochismus und Exhibitionismus, Fetischismus und »männlicher Protest« (Adler), Regression und Introversion, Narzißmus und gewaltsamer Sublimierungsversuch. Für den Autor ist Askese geradezu ein Sammelbecken der gesamten Psychopathologie.

Schjelderup ist aber auch bereit anzuerkennen, daß im Wesen des asketischen Ideals etwas Vernünftiges enthalten ist: Der Mensch muß sich mit seiner Triebhaftigkeit auseinandersetzen und sie in eine Form bringen. Zu diesem Zweck mag es vernünftig sein, zwischen verschiedenen Triebbefriedigungen auszuwählen und sich auch bestimmte Befriedigungsmöglichkeiten zu versagen. Hier muß jedes Individuum seine eigene Formel finden, bei der die Ansprüche seiner Triebnatur und seiner idealen Ziele in Einklang kommen können. Anstatt nun von Fall zu Fall Lösungen zu suchen, will der Asket dieses Problem *ein für allemal* lösen; die Folge ist ein Absolutheitsanspruch, der ins Pathologische überleitet. Die Gefahren der Askese sind dann Hochmut, Selbstbespiegelung und Absonderung von den Mitmenschen sowie Liebesunfähigkeit, die durch die Selbstquälerei oft in erstaunlichem Maß erzeugt oder wenigstens verstärkt wird.

Gefährlich ist auch der Umstand, daß die Askese sehr oft in eine sture Verneinungshaltung ausartet; der Asket ist in erster Linie *gegen etwas*, und häufig vergißt er im Kampf gegen seine Triebe, daß man *für etwas* sein soll. Die Abwesenheit einer positiven Strebensrichtung verdüstert das Leben der Menschen; daher waren die Asketen fast immer melancholisch-verstimmte Charaktere, die es leicht hatten, gegen sich selbst und gegen andere grausam zu werden. Die Gewalt, die man gegen sich anwendet, wird ohne weiteres auch am Mitmenschen praktiziert.

Die psychologische Analyse zeigt ferner, daß es willensschwache Menschen sind, die bei der Niederringung ihrer Begierden in einem dauernden Kleinkrieg gegen sich selbst liegen. Da dieser Krieg sich gegen natürliche und damit unausrottbare Impulse richtet, kann er niemals erfolgreich geführt werden. So erleben die Asketen nach zeitweiligen Erfolgen immer wieder Zusammenbrüche und Rückschläge, die ihr Selbstwertgefühl kränken oder gar zerstören. Sie sind gewissermaßen – wie alle Neurotiker – »Ritter des Unmöglichen«; was sie wollen, kann im Grunde niemand erreichen. Gerade die Willensschwäche wird durch absolute Ziele besonders angezogen; der willensstarke Mensch jedoch ist realistisch und macht seine Rechnung mit der Wirklichkeit, der er nichts Irreales abtrotzen will.

Gleichwohl hat der Asket seinen »neurotischen Krankheitsgewinn«; ist es doch leichter, mit seinen eigenen Trieben einen Scheinkampf zu führen, als im Alltag soziale, kulturelle und kooperative Aufgaben zu bewältigen (zumindest *meinen* dies Neurotiker und Asketen, die sich mit fiktiven Problemen abrackern). Auch kann es für sadistische Persönlichkeiten einen traurigen Genuß be-

deuten, mangels anderer Opfer sich selbst zu pei-
nigen, sich zu erniedrigen und sich in den Staub zu
werfen; Nietzsche sagt mit Recht, daß der kriegeri-
sche Geist in friedlichen Zeiten über sich selbst
herzufallen pflege. Im übrigen ist es eine sublime
Art, andere zu quälen, indem man ihnen den An-
blick oder die Botschaft der eigenen Qualen zumu-
tet.

Jenseits des religiösen Asketismus wird die
Menschheit eventuell zu lernen haben, eine »in-
nerweltliche Askese« (Max Weber) in die Lebensführung einzubauen, die viel mit Vernunft, Trieb-
ökonomie und individueller Suche nach einem
Gleichgewicht zwischen Triebbefriedigung und
Versagung zu tun haben mag. Schjelderup ist bereit, einer solchen Askese Chancen für die Zukunft
einzuräumen. Das bisherige asketische Ideal jedoch erscheint ihm als unethisch, als falscher Egoismus, als abwegige Form eines eitlen Heroismus,
der in der masochistischen Kultur derartige Zerr-
formen annehmen kann.

Nach allem, was wir aus der Geschichte über religiöse Asketen wissen, mutet ihr Verhalten stark
als eine Reaktion auf krankhafte und ungezügelte
Triebe an; offensichtlich ist es überdies Ausdruck
emotionaler Verstörtheit, die eine Einfügung ins
Gemeinschafts- und Kulturleben verunmöglicht.
Selbstentfaltung und Leistung eines sozialen Bei-
trags sind das Maß für eine Ethik, welche Ideale
formuliert, die dem Menschen und seiner Natur
angemessen sind; der Asket strebt ins Unsinnige
und Skurrile, wobei er Verhaltensmodelle wählt,
die einer pathologisch orientierten Stufe der Kulturentwicklung entsprechen.

Eine schöne Ergänzung zum Buch *Die Askese*
lieferten Harald und Kristian Schjelderup mit ihrer
Untersuchung *Über drei Haupttypen der reli-*

giösen Erlebnisformen und ihre psychologische Grundlage[117]. Sie beschreiben darin elf Fälle von religiös motivierten Neurosen, die sie psychoanalytisch exploriert und behandelt haben. Das vorliegende Fallmaterial bündeln sie dann in drei Gruppen, bei denen auffällt

a) der Wunsch nach Gottesnähe und Vereinigung mit Gott;

b) Schuldgefühl, Furcht, Sühneverlangen und Unterwerfung unter den Willen Gottes;

c) die Idee der eigenen Göttlichkeit.

Die drei Typen, in denen Mutterkomplex, Vaterkomplex und Narzißmus hervortreten, entsprechen der Mutterreligion, der Vaterreligion und der Selbstreligion. Für die a-Gruppe steht der indische Religionsstifter Ramakrishna (1834–1886), für die b-Gruppe Martin Luther, für die c-Gruppe der Zen-Buddhismus, wie die Brüder Schjelderup durch sorgfältig ausgewählte Dokumentationen belegen können. Es ergeben sich somit drei Grundmotive, die religionsgeschichtlich als Ordnungsprinzip verwendet werden sollen. Religion ist unter anderem zu verstehen

1. als Befriedigung der aus der Welt des Vergänglichen herausstrebenden Sehnsucht und des Verlangens nach sicherer Geborgenheit und Vereinigung mit dem Göttlichen;
2. als Ausdruck anbetender Gotteskindschaft gegenüber einer gleichzeitig gefürchteten und geliebten Weltmacht;
3. als Verwirklichung des Strebens nach Selbstvergöttlichung.[118]

In Freuds Religionspsychologie haben Vatersehnsucht und Vaterproblematik einen zentralen Stellenwert. Nach der Meinung von Harald und Kristian Schjelderup muß jedoch das Vatermotiv durch das Muttermotiv und das Selbstmotiv ergänzt werden; es gibt in den Religionen auch die Sehnsucht nach der Mutter und, notorisch in allen Erscheinungsweisen des Religiösen, den narzißtischen Faktor, der durch die masochistischen Fassaden (Demut, Selbsterniedrigung, Selbstverkleinerung, Versagungen aller Art) meistens zugedeckt wird. Tatsächlich zeigen konkrete Fallstudien an religiösen Menschen aller Zeiten und Zonen das Vorhandensein aller drei Komponenten, die eine zukünftige Religionspsychologie ausgiebig wird beachten müssen.

Im Gefolge der Machtergreifung des Faschismus in Deutschland (1933) und in Österreich (1934, 1938) wurde die Psychoanalyse im deutschen Sprachbereich außerordentlich eingeengt; im Deutschen Reich wurde sie später ganz verboten. Ihre aktiven Repräsentanten gingen in die Emigration; wer zu Hause blieb, mußte stillhalten und sich in kulturkritischen Belangen größte Zurückhaltung auferlegen. Daher schwinden in den dreißiger Jahren fast alle Möglichkeiten deutschsprachiger Publikationen zur Psychoanalyse, deren Theorie und Praxis öffentlich verfemt wurden.
Nach dem Zweiten Weltkrieg ging man daran, den Faden dort wiederaufzunehmen, wo man ihn in den dreißiger Jahren notgedrungen hatte fallen lassen müssen. Psychoanalytische Vereinigungen wurden aufs neue gegründet. Die Zeitschrift *Psyche* entwickelte sich zum hauptsächlichen Publikationsorgan der deutschen Psychoanalytiker; Alexander Mitscherlich und seine Schule wurden in ihr dominierend, wenngleich sich auch Harald Schultz-Hencke und Hans Kunz an der Herausgabe beteiligten.
Der alte Glanz und die frühere Strahlkraft, die

etwa von *Imago* ausgegangen waren, wurden indes nicht erreicht. Die Psychoanalyse erwarb sich den Status einer konservativen Doktrin, die Freuds Einsichten und Erkenntnisse zu bewahren versuchte, ohne sie wesentlich weiterzuentwickeln. Daher findet man in *Psyche*, ab 1947 erscheinend, nur wenige revolutionäre Gedankengänge; auch in der Sphäre von Religionspsychologie und -kritik breitet sich eine Dürftigkeit aus, die deprimierend wirkt.

So liefert in Band 5 von *Psyche* (1951) Arie Sborowitz eine Abhandlung zum Thema »Das religiöse Moment in der Tiefenpsychologie«. Der in Jerusalem lebende Autor, offenbar ein Schüler von Carl Gustav Jung, Hans Trüb, Ludwig Binswanger und Martin Buber, versucht Tiefenpsychologie und Religion als »geistesverwandt« hinzustellen. Sborowitz behauptet die Existenz eines *autochthonen religiösen Bereiches im Menschen*, ohne dessen Berücksichtigung jegliche Psychotherapie seiner Meinung nach bodenlos werde. Religion sei gleichzusetzen mit »produktiver personaler Sinnbezogenheit«, was selbstverständlich sehr vielerlei, wenn nicht gar alles und jedes bedeuten kann. Schon Jung sprach von der »transzendenten Funktion« im Seelenleben, wobei er auf das Selbst hinzielte, das mehr umfaßt als das bewußte Ich; dieses Selbst hat nach Jung seine lebendigste und symbolkräftigste Konkretisierung in Christus gefunden.

Auch Sborowitz erweist sich als profunder Bibelkenner und ist mit Jung der Überzeugung, daß das Leben nicht ohne Beziehung zum Göttlichen gelebt werden könne. Die zerrissene Seele des Gegenwartsmenschen werde nur durch die echte, personale Ich-Du-Beziehung geheilt; doch hinter oder über dem menschlichen Du, das als heilsame

Droge wirke, werde das absolute Du Gottes sicht- oder fühlbar, das zur *Synthesis des Seelischen* führe. Ich, Du, Innen- und Außenwelt klängen harmonisch zusammen, wenn die »religiöse Funktion« im Menschen erwache.

In einer umfänglichen Besprechung eines Buches von Erich Neumann[119], der ein prominenter Jung-Schüler war, bekräftigt Sborowitz diese Schlußfolgerungen, die darin kulminieren, daß er das religiöse Problem »die ernsteste Frage unserer Zeit« nennt. Tiefenpsychologie ohne Religion oder gar als Religionskritik ist für ihn ein Selbstmißverständnis der Psychoanalyse, die sich wohl an Martin Bubers religiösem Existentialismus inspirieren muß, um philosophischen Tiefgang zu bekommen[120].

Sehr tiefgründig hingegen ist Ernst Blums Untersuchung »Über Sigmund Freuds: Der Mann Moses und die monotheistische Religion«, ein Abdruck des Referats, das der Autor anläßlich von Freuds 100. Geburtstag in der Schweizerischen Gesellschaft für Psychoanalyse hielt[121]. Blum erweist sich als hervorragender Kenner des Freudschen Gesamtwerks, das er im Hinblick auf die Moses-Interpretation minuziös darstellt. Auch überprüft er alle wichtigen Quellen und macht neues Quellenmaterial ausfindig, das Freud offenbar bei seinen Moses-Studien benutzte, unter anderem sehr aufschlußreiche Texte aus Schillers Jenaer *Universalhistorischen Vorlesungen*, die Freud bei seiner intimen Schiller-Kenntnis wahrscheinlich gekannt hat[122]. In Blums Darlegung wird in schönster Weise deutlich, wie stark die persönliche Identifikation Freuds mit Moses war. Dennoch soll die Freudsche Konstruktion nicht einfach als »historischer Roman« abgewertet werden; der Autor zeigt, daß die ägyptologischen und religionswissenschaftlichen Forschungen manches zur Unterstützung der gewagten Thesen von *Der Mann Moses* beizutragen scheinen, so daß Freuds Lehre immerhin erwägenswert ist.

Was man auf jeden Fall von Freud lernen kann, ist die neue Technik der Geschichtsbetrachtung, welche die neurosenpsychologische Dynamik auf das geschichtliche Leben der Menschheit anwendet; auch da nämlich kommt es zu der Abfolge Trauma – Verdrängung – Latenzzeit – Wiederkehr des Verdrängten und so weiter. In der Geschichte der Religionen ist dies mit Händen zu greifen; aber auch in den anderen Kulturbereichen wirkt das Vergangene bewußt oder unbewußt in die Gegenwart hinein und muß durch die »Wiederholung« – ein Ausdruck, der von Kierkegaard bis Heidegger in der philosophischen Anthropologie wichtig geworden ist – assimiliert und weiterentwickelt werden.

Ernest Harms schreibt über das Thema »Zur Entstehung und Entwicklung religiösen Symbolerlebens bei Kindern«[123]. Er sammelte Zeichnungen von Kindern im vorschulpflichtigen und schulpflichtigen Alter zum Thema »Gott«. Naturgemäß richten sich die Kinder hierbei weitgehend nach den Angaben aus ihrem Milieu; sie weichen aber oft von den konventionellen Gottesvorstellungen ab, indem sie diese an ihre entwicklungsbedingte infantile Optik anzupassen versuchen. Harms meint, daß die religiöse Symbolik, wie Jung lehrte, für den Menschen unentbehrlich sei; man solle aber den Heranwachsenden *seine eigene Form* von religiösem Leben und Erleben finden lassen. Erziehungsbedingter Dogmatismus führe zu seelischen Pseudoanpassungen, die die Selbstentfaltung behinderten. Daher gelangt der Autor zu folgenden Forderungen:

Meines Erachtens sind Kinder vor dem zehnten Jahre für echte religiöse Empfindungen noch nicht reif. Beginnen sie selbständig religiös zu empfinden, so sehen wir, daß sie religiöse Individualisten sind und sich dogmatischen Lehrsystemen nur ungern anpassen. Als Ergebnis unserer Untersuchungen kommen wir zu der Schlußfolgerung, daß Kindern bis zur Einschulung religiöse Inhalte nur im undogmatischen »Märchenstil« dargeboten werden sollten. Moralische Forderungen sollten ihnen nicht in autokratisch lehrhafter Weise, sondern anhand von Beispielen nahegebracht werden. Vor der Einschulung sollte jeder eigentliche Religionsunterricht unterbleiben. Im Schulalter sollten die Kinder eine historische Einführung in die religiöse Tradition ihrer Eltern erhalten. [...] Es wäre weise, die endgültige Wahl des Glaubens den Kindern selbst zu überlassen, wenn sie das Jugendalter erreicht haben.[124]

Der Autor kennt offensichtlich die Tatsache der zahlreichen »ekklesiogenen Neurosen«, die durch religiöse Unterweisung und Beeinflussung zustande kommen. So leiden viele Erwachsene unter den Nachwirkungen religiöser Zwangsvorstellungen, die man ihnen in früher Kindheit einprägte und die sich später als lebenshemmende Kräfte und Instanzen auswirken.

Sehr sachlich referiert John Klauber »Freuds Ansichten zur Religion aus der heutigen Sicht«[125]. Nach einem klaren Überblick über Freuds diesbezügliche Publikationen erwähnt der Autor einige Stellungnahmen moderner Analytiker, die den Radikalismus des Begründers der Psychoanalyse abschwächen und viel Wasser in den Wein der Freudschen Religionskritik gießen möchten. Abschließend stellt Klauber hinsichtlich des Antagonismus von Religion und Psychoanalyse fest:

Das Reich der Religion ist das Unbekannte; die Wissenschaft hat die Aufgabe, das Unbekannte zum Bekannten zu machen. Die Religion stützt sich auf den

Glauben, der subjektiv erfahren wird. Die Wissenschaft strebt an, nur die Kriterien der objektiv beweisbaren Erfahrung gelten zu lassen. Im Falle der Psychoanalyse besteht noch ein weiterer Antagonismus. Für den religiösen Menschen ist sein Erleben etwas Letztgültiges; für den Psychoanalytiker ist es eine psychologische Gegebenheit, die weitere Auflösung in ihre Elemente erfordert.[126]

Derselbe Autor befaßt sich mit dem Thema »Über die psychischen Wurzeln der Religion«[127]. Er vertritt die These, daß der religiöse Glaube nicht so sehr der »Vatersehnsucht« entspringt, wie Freud schrieb, sondern vielmehr seinen Ursprung »in der Zuversicht des Kleinkindes hat, die (ewige) Gegenwart der Mutter werde es vor aller Gefahr bewahren«[128]. Klauber bezieht sich hier auf das »Urvertrauen des Kindes«, das Autoren wie Fritz Künkel, Erik H. Erikson und Donald W. Winnicott als die Basis der kindlichen Seelenentwicklung betrachten. Diese Grundhoffnung auf äußere Hilfe in jedem Fall wird erstmals in der Mutter-Kind-Beziehung konkretisiert, wobei die entsprechenden Gefühlsregungen auf die Religion (Gott) übertragen werden. Gott ist also nicht nur ein *beschützender Vater* im Himmel, sondern für viele Gläubige auch eine *verwöhnende Mutter*, die einem alle Lasten und Belastungen abnimmt. Religiöse Zweifel, Schuld- und Verdammungsgefühle entstehen in manchen Individuen dann, wenn die elterliche Betreuung oder ihr Elternerlebnis durch Zwiespältigkeit und Zerrissenheit deformiert wurde. Hier müssen allerdings auch historische Fakten und Konstellationen in Betracht gezogen werden. Wenn nämlich die Epoche als Ganzes chaotisch ist, dann erleben alle Menschen in ihr einen Geborgenheitsmangel, der sich dann in eine Schuld-, Scham- und Verdammnisreligion übersetzt, indes geordnetere Zeitalter eher einer Religion der Zuversicht und der Erlösungsgewißheit Raum geben.

Etwas verwirrend mutet der Aufsatz »Narzißmus, Identität und Religion« von Joachim Scharfenberg an[129]. Der Autor konstatiert die Tatsache, daß in der neueren psychoanalytischen Literatur das Narzißmusproblem vermehrt Beachtung findet (unter anderem bei Michael Balint, Heinz Kohut). Dieses Konzept geht auf das Jahr 1914 zurück, als Freud seine Abhandlung »Zur Einführung des Narzißmus« publizierte. Damit begann die analytische Ichpsychologie, die im Lauf der letzten Jahrzehnte erheblich an Bedeutung gewonnen hat, nicht zuletzt seit Veröffentlichung der Arbeit *Ichpsychologie und Anpassungsproblem* von Heinz Hartmann (1939).

Die Schilderung der Charakterologie des Narzißmus ist in den Texten der Psychoanalyse mehr oder minder verstreut; einheitliche Bearbeitung hat sie noch kaum gefunden. Kohut allerdings hob hervor, daß hierzu nicht nur der primitive Autoerotismus und die dumpfe Objektlosigkeit gehört, sondern daß es auch »gestaltete narzißtische Ichformationen« gibt, denen sich auf höchster Stufe »schöpferische Fähigkeit und Arbeit, Einfühlungskraft, Sinn für die Endlichkeit des Lebens, Humor und Weisheit« hinzugesellen. Indes die Objektlibido nach Lust strebt, scheint die narzißtische Libido auf Sicherheit und Behagen zu tendieren. Freud sah bekanntlich im Ichideal einen Abkömmling des Narzißmus, was man eventuell auch so übersetzen kann, daß im Ichideal ein Großteil der Selbstliebe und der Selbstachtung des Individuums investiert ist.

Da nun Ichideal und Gott zusammenhängen, scheint die Schlußfolgerung angebracht, daß auch die Religion narzißtische Triebregungen beherbergt, was Scharfenberg überraschenderweise als ein Argument *für* die Sinnhaftigkeit der Religiosität auslegt. Er nimmt wohl an, daß die unentbehrlichen Sicherheitsgefühle ohne Religion schwer aufrechtzuerhalten seien, weshalb er den Analytikern vermehrte Zuwendung zur Religion empfiehlt.

Etwas weniger religiös argumentiert Fritz Meerwein in dem Aufsatz »Neuere Überlegungen zur psychoanalytischen Religionspsychologie«[130], auf den wir uns zum Abschluß noch beziehen wollen. Auch Meerwein propagiert die Einordnung »präödipaler Motive« in die religionspsychologische Thematik; Gefühle frommer Hingabe an die Gottheit haben ihren Ursprung nicht nur in der Entwicklungsphase der Ödipussituation, sondern schon lange vorher, zum Beispiel in der Zeit des unmittelbaren Einsseins des Kleinkindes mit seiner Mutter. Diese Periode wird wohl vom Urvertrauen gekennzeichnet, aber das Gegenstück zu dieser primären Geborgenheit ist die gewaltige Trennungsangst der Kinder, die bei genauerer Beobachtung nicht zu verkennen ist. Gott ist nun gewissermaßen der Garant dafür, daß das Menschenkind nie im Leben völlig allein gelassen wird; somit ist er ein Mutterrepräsentant, ein *Heilmittel gegen die Einsamkeit und die soziale Isolierung, die von den Menschen mehr als der Tod gefürchtet wird.*

Das Verlassensein ist auch eine der stärksten Ohnmachtserfahrungen, die den Menschen je überfallen können. Man begreift, daß die Gottesvorstellungen auf diese Ohnmacht Bezug nehmen und daß sie — kompensatorisch — um die Allmachtsidee kreisen. Die Todesängste der meisten Menschen beruhen kaum auf einer expliziten Vorstellung, wie »Totsein« ist; denn prinzipiell kann man sich den Tod nicht ausmalen, und jedes Ich denkt sich unsterblich, das heißt ohne Unterbrechung seines Seins ins Unendliche fortgesetzt. So heißt »tot sein« für das durchschnittliche Bewußtsein wohl hauptsächlich »nicht mehr bei den anderen sein können« und »nicht mehr tun können, wie man will«, wogegen sich unser Narzißmus aufbäumt. Die Religion springt hier als Trost ein, und ihre Botschaft wird von all jenen dankbar aufgenommen, die die Trennungsängste der Kindheit und des späteren Lebens nicht überwunden haben.

Meerwein wehrt sich dagegen, religiöse Themen im therapeutischen Dialog anzuschneiden. Er nennt die Psychoanalyse »aufklärend«, aber seine Verbeugung vor Freuds Aufklärungsethos schließt keineswegs ein, daß er selbst sich in das Labyrinth der Religionskritik hineinbegeben würde.

Diese Übersicht über psychoanalytische Arbeiten zur Religionspsychologie in den letzten dreißig Jahren ist nur fragmentarisch; sie könnte noch durch einige weitere Hinweise komplettiert werden. Insgesamt wird indessen deutlich, daß die Psychoanalyse derzeit sehr zu Konzilianz und Kompromiß hinsichtlich der Religion tendiert. Zieht man etwa die beiden Sammelbände *Psychoanalyse und Religion*[131] und *Psychotherapie und Seelsorge*[132] zu Rate, so läßt sich feststellen, daß viele religiöse Autoren die Psychoanalyse mühelos in ihr frommes Weltbild einbauen und damit den Atheisten Freud zu einem *Wegbereiter des modernen Glaubens* umfunktionieren, ein Schicksal, das der kühne Aufklärer und konsequente Materialist keineswegs verdient hat. Im übrigen sei daran erinnert, daß Freud seinen Briefpartner Oskar Pfister, der ihn den »besten Christen« genannt hatte, »den es je gab«, mit der spöttischen Frage beschied, warum denn »keiner der Frommen die Psychoanalyse geschaffen« habe und warum man »auf einen ganz gottlosen Menschen warten« mußte, bis die tiefenpsychologische Seelenkunde Realität werden konnte.

So ist das Thema »Tiefenpsychologie und Religion« immer noch so kontrovers, wie es anfänglich war; wahrscheinlich wird es noch längere Zeit so bleiben. Jedenfalls konnten die Herausgeber von *Psychoanalyse und Religion* eine Bibliographie von rund fünfzig Druckseiten erstellen, die wohl etwa 800 einschlägige Titel umfaßt. Daher können unsere Ausführungen lediglich ein *Stenogramm* zu einem Problem sein, das weitere Ausarbeitungen erfordert.

Beiträge der Neopsychoanalyse

Zu den neopsychoanalytischen Autoren zählen wir unter anderem Harald Schultz-Hencke, Erich Fromm, Harry S. Sullivan, Clara Thompson, Frieda Fromm-Reichmann. Unter diesen Autoren, die eine theoretische und praktische »Revision der Psychoanalyse« anstrebten, sind nur Schultz-Hencke und Fromm mit Beiträgen zur Religionspsychologie hervorgetreten. Wir können uns daher auf diese beiden »Neoanalytiker« beschränken, wobei Fromm, gemäß seiner umfänglicheren Auseinandersetzung mit Themen des religiösen Lebens und Denkens, unser Hauptinteresse gewidmet sein wird.

Unter dem Titel *Der gehemmte Mensch*[133] präsentiert Schultz-Hencke den Auftakt zur Neopsychoanalyse, die nach seiner eigenen Aussage ein Amalgam der Lehren von Freud, Adler und Jung sein sollte, allerdings bereichert durch originelle Gesichtspunkte des Verfassers, der einen eigenständigen Ansatz in die Tiefenpsychologie einbrachte.

Schultz-Hencke geht aus von drei nicht voneinander ableitbaren Grundantrieben im Menschen, nämlich dem Besitz-, dem Geltungs- und dem Sexualstreben. Diese äußern sich im Haben- und Behaltenwollen, in der »Aggression« – die bei Schultz-Hencke nichts primär Feindseliges bedeutet, sondern der Aktivität gleichzusetzen ist –, in der Sexualität und in der Zärtlichkeit. Das Schicksal dieser autochthonen Antriebserlebnisse bestimmt die Gestaltung der Persönlichkeit und den Aufbau des Charakters. Die traditionelle Erziehung wirkt sich in allen drei Bereichen als massiver Hemmfaktor aus, der die Antriebe weniger sozialisiert und kultiviert als vielmehr verdrängt und verstümmelt, was den Menschen psychisch erkranken läßt. In der Neurose und in anderen psychischen Anomalien sehen wir die Resultate von Entwicklungsstörungen, in denen Antriebe und Hemmungen sehr disharmonisch nebeneinander bestehen, wodurch Labilität im Seelenleben zustande kommt.

Über den gehemmten Grundantrieben, die sozusagen mit *Angst* imprägniert worden sind, entsteht ein Überbau von seelischen Fehlhaltungen, die das neurotische Charaktergefüge ausmachen. Schultz-Hencke beobachtete an psychisch gestörten Menschen Bequemlichkeit, übersteigerte Ansprüche, Überkompensationen und Ersatzbefriedigungen, mangelhafte Selbst- und Menschenkenntnis, falsche Arbeitsgewöhnungen, blockiertes Lebensgefühl und neurotische »Weltanschauungen«. Es entwickelt sich immer ein Teufelskreis zwischen den primären Hemmungen und ihren weitläufigen Folgeerscheinungen. Man kann daher die Neurose mit einem tropischen Baum vergleichen, der nicht nur durch die Erdwurzeln des Hauptstamms, sondern auch durch zahlreiche Luftwurzeln Wasser aufnimmt. Das bedeutet für die Psychotherapie, daß außer der Vergangenheit des Patienten und seinen Antriebshemmungen, also den primären Gehemmtheiten, auch die genannten sekundären Überbausymptome durchgearbeitet werden müssen, so daß das therapeutische Programm reichhaltiger ist, als etwa die orthodoxe Psychoanalyse meinte.

Das Gehemmte am Menschen ist sein Verdrängtes, das in Träumen, Fehlleistungen, Symptomen, Charakterverhalten und so weiter ins Leben eingreift. Je mehr Hemmungen ein Mensch aufweist, um so »gebremster« ist sein Lebensprozeß. Andererseits ist aber auch Hemmungslosigkeit im populären Sinn des Wortes ein sicheres Zeichen dafür, daß schwere Hemmungsstrukturen das Seelenleben beeinträchtigen und oft nur blindlings überrannt oder verleugnet werden. Die Kunst der Erziehung müßte darin bestehen, die Antriebe lebendig zu erhalten, sie aber gleichwohl in kulturelle Formen einmünden zu lassen, was in der derzeitigen Kultur ein sehr seltenes Erziehungsprodukt ist.

Schultz-Hencke baut seine ganze Charakterologie, seine Psychopathologie, seine Traumlehre und seine allgemeine Psychologie auf diesem Konzept auf. Mit bewundernswerter Eindringlichkeit schildert er die vielfältigen Erscheinungsweisen des Psychischen, die er mit dem Netzwerk seiner Grundbegriffe vorzüglich lokalisieren kann. Bei seinem Streben nach »anthropologischer Vollständigkeit« kommt er zwangsläufig auf die *religiöse Erlebniswelt* zu sprechen, der er allerdings nur einige wenige Kommentare widmet.

So fiel ihm auf, daß die traditionellen mönchischen Tugenden der Armut, der Keuschheit und des Gehorsams im genauen Gegensatz zu den drei natürlichen Antriebserlebnissen stehen. Damit ist gezeigt, daß das Christentum in hohem Maß eine »Hemmungsreligion« ist, speziell darauf angelegt, die Antriebe des Menschen zu unterdrücken und zu brechen; auch andere Religionen liegen mehr oder minder auf dieser Linie. Die Bibel und unzählige religiöse Traktate verteufeln das Besitz-, das Geltungs- und das Sexualstreben, wobei sie kaum je Augenmaß bewahren; in dem Wunsch, das Na-

turhafte im Menschen zu zügeln, wird es gleichsam versuchsweise ganz ausgerottet. Man muß
sich sogar fragen, ob wir nicht dem riesigen Ver-
drängungsdruck auf die Triebhaftigkeit die Vielzahl unserer Laster verdanken. Nietzsche jedenfalls sagt in *Jenseits von Gut und Böse*:

> Das Christentum gab dem Eros Gift zu trinken: – er
> starb zwar nicht daran, aber entartete, zum Laster.[134]

In *Der gehemmte Mensch* erörtern drei religionspsychologische Abschnitte die Themen »Der kon-
templative Mensch«, »Das mystische Erleben«
und »Die Askese«[135]. Schultz-Hencke stellt fest,
daß eine Minderzahl von Menschen infolge einer
»reduzierten Antriebswelt« dazu neigt, das Leben
eher von der beschaulichen Seite zu nehmen. Sie
wollen und können nicht aktiv in die Realität eingreifen. Daher suchen sie das Abseits und werden
bei günstiger Konstellation zu »Betrachtern«, die
auf ihre Weise zur Kultur beitragen können. Die
Gesellschaft braucht nicht nur Handelnde, sondern auch Betrachtende, wobei sich beide Typen
sinngemäß ergänzen können.

Übersteigert erscheinen jedoch das Insichge-
kehrtsein und das Betrachtenwollen in der Mystik,
die einen Grenzfall des kontemplativen Erlebens
darstellt. Auf diesem Weg wird dann oft ein ek-
statisches Scheinglück gesucht und gefunden.
Man verliert die Wirklichkeit aus den Augen und
glaubt die Gottheit, das Vollkommene und das
Nichts zu schauen. Manche Religionen haben regelrechte Techniken ausgearbeitet, durch die der
seelische Realitätsverlust bewerkstelligt werden
kann. Sie erzeugen damit eine Weltflucht, die sie
in ihrer Selbsttäuschung als »Nähe zu Gott« aus-
geben.

Auch in der religiösen Askese sieht Schultz-

Hencke eine radikale Übertreibung. Gewiß bedürfen die Antriebe der Formung, das heißt der Einfügung ins Lebensganze. Auf rein triebhafter Ebene zu leben ist dem Menschen nicht möglich. Er muß biologisch-psychisches Bedürfnis und Wertempfindung in Einklang bringen. Die Askese verspricht ihm Zucht und Selbstbeherrschung, aber sie geht in ihrem Anliegen zu weit, so daß man sagen muß:

> So sicher es ist, daß Zucht Sinn hat, so sicher ist Askese Un-Sinn.[136]

In der Geschichte der Religionen gibt es viele Beispiele, in denen das asketische Ideal bis zum Exzeß getrieben wurde. Eine vernünftige Selbsterziehung muß die Mitte zwischen Trieberfüllung und Triebversagung finden, wo dann das Natürliche im Menschen in den Dienst der Kultur gestellt werden kann, ohne als Popanz bekämpft werden zu müssen.

In seinem Aufsatz »Das religiöse Erleben des Atheisten«[137] hat Schultz-Hencke nochmals das Thema der Religionspsychologie aufgegriffen. Auch diesmal liefert er behutsame Analysen, die seiner intellektuellen Redlichkeit und seinem emotionalen Feinsinn ein schönes Zeugnis ausstellen. So will er in dieser Untersuchung demonstrieren, daß auch der Mensch, der nicht an einen Gott oder an Götter glaubt, dieselbe Wirklichkeitserfahrung wie der Fromme besitzt, sie aber infolge anderer geistiger Voraussetzungen anders zu interpretieren pflegt. Freud hatte in seinem Briefwechsel mit Romain Rolland einen ähnlichen Gedankengang im Auge, als er die »ozeanischen Gefühle der Menschen« einer Analyse unterzog.

Jeder Mensch nimmt nicht nur Details seiner Umwelt, sondern auch in einer diffusen Empfindung *das Ganze der Welt* wahr, wobei auf dem Hintergrund dieses Erlebens Tod, Vergänglichkeit und Lebensgeheimnis vage bewußt werden. Der Gedanke an den unausweichlichen Tod, das Gefühl für unsere eigene Kleinheit und für die Größe der Welt führen zum *Erlebnis des Erhabenen*, das Freidenker *und* Fromme kennen. Die Welt ist für uns furchtbar und erhaben zugleich; daher erfüllt sie uns mit Gefühlen der *Furcht, der Ehrfurcht und der Bewunderung,* mittels deren wir unsere Stellung in der Realität definieren. Alle drei Gefühlsregungen finden in den Religionen Verwendung, sind aber nicht religiös an sich; sie stellen die Weltbeziehung des Menschen her und können sowohl in einen Glauben als auch in einen Unglauben eingebaut werden.

Dasselbe gilt für die Schuldgefühle, die immer als »exquisit religiös« beschrieben werden, weil man annimmt, es müsse »jemanden« geben, demgegenüber sich der Mensch schuldig fühlen kann – also Gott. Schultz-Hencke meint nun mit Recht, daß die Tatsache der relativen *Ordnung der Welt* (Kosmos) in jedem Menschen Gefühle der Verpflichtung erzeugt, zu dieser Geordnetheit beizutragen oder sie zu erhalten. Daher erfahren wir zuinnerst, sofern wir bei Vernunft sind, das *Leben als Aufgabe.* Wer die Ordnung der Welt und des Lebens stört, wird Schuld und Reue empfinden, wobei der religiöse Mensch einen Schritt weitergeht und seine Zerknirschtheit auf einen Gott bezieht, der aber für die Fundierung des ethischen Erfahrungsbereichs keineswegs notwendig ist.

Ein anderes religiöses Motiv liegt in der gewaltigen *Hingabesehnsucht des Menschen*, die auch noch dadurch gesteigert wird, daß die Grundantriebe im Leben meistens nur partiell befriedigt werden. Daher wendet sich der Gläubige an seinen Gott, den er immer lieben kann; schwieriger ist es, die Hingabe an die Mitmenschen zu befriedigen, die uns mitunter nicht verstehen oder doch ihren Eigenwillen ins Spiel bringen, indes man mit der Gottheit jegliche Zwiesprache nach Lust und Laune führen kann.

Viel ausführlicher als alle anderen Neopsychoanalytiker hat sich Erich Fromm mit den Problemen der Religion und der Religionspsychologie beschäftigt. Er ähnelte Carl Gustav Jung darin, daß er ein Homo religiosus war; allerdings verband er seine Religiosität mit einer politisch fortschrittlichen Gesinnung, was gelegentlich zu paradoxen Formulierungen Anlaß gab.

Erich Fromm (1900–1980) war das einzige Kind orthodox jüdischer Eltern und wurde in streng praktizierten Glaubensritualen erzogen. Als Student in Heidelberg wurde er 1922 mit einer sozialpsychologischen Dissertation über die Struktur jüdischer Gemeinden in Deutschland zum Dr. phil. promoviert. Die Ausbildung zum Psychoanalytiker absolvierte er in München und Berlin; zu seinen Lehrern gehörten Hanns Sachs und Theodor Reik. Ab 1930 war Fromm Dozent am Institut für Sozialforschung der Universität Frankfurt, aus dem die »Frankfurter Schule« unter Max Horkheimer und Theodor W. Adorno hervorging. In derselben Stadt gründete er mit anderen zusammen das »Süddeutsche Institut für Psychoanalyse«. Freud und Marx wurden damals zu Leitfiguren seines Lebens und Denkens. An seinen religiösen Interessen und Neigungen hielt er aber gleichfalls fest, wie sich an seiner späteren Entwicklung ablesen läßt.

In den dreißiger Jahren ging Fromm nach New York, wo er mit Karen Horney und Harry S. Sullivan zusammenarbeitete. Er machte wertvolle Vorstöße zu einer neofreudianischen Doktrin, die weithin Beachtung fanden. Seine Bücher *Die Furcht vor der Freiheit* (1941) und *Psychoanalyse und Ethik* (1947) wurden rasch als Pionierleistungen anerkannt, da sie Psychoanalyse, Sozialwissenschaft und philosophische Anthropologie zu einer Einheit verbanden.

Für die Untersuchung von Fromms Religionsauffassungen kommen fast alle seine Bücher in Betracht; besonders wichtig sind jedoch *Das Christusdogma und andere Essays*[138], *Märchen, Mythen und Träume*[139], *Psychoanalyse und Religion*[140], *Die Herausforderung Gottes und des Menschen*[141] und *Haben oder Sein*[142]. Nützlich ist auch die großangelegte Gesamtdarstellung von Fromms Lebenswerk durch Rainer Funk: *Mut zum Menschen – Erich Fromms Denken und Werk, seine humanistische Religion und Ethik*[143].

Die 1930 erstmals veröffentlichte Abhandlung »Die Entwicklung des Christusdogmas« trägt den Untertitel »Eine psychoanalytische Studie zur sozialpsychologischen Funktion der Religion«. Sie fällt in den Umkreis der »marxistischen Psychoanalyse«, die damals von der Horkheimer-Adorno-Gruppe in Angriff genommen wurde, wobei eines der Hauptanliegen die Erforschung der psychischen und gesellschaftlichen Ursprünge des »autoritären Charakters« war, der damals in Gestalt des Faschismus und des Bolschewismus die Weltöffentlichkeit beunruhigte.

Diese mehr als achtzig Seiten umfassende Arbeit Erich Fromms versteht sich als Ideologiekritik; sie will zeigen, welcher seelischen, sozialen und geschichtlichen Konstellation das Christentum seinen Erfolg bei den Völkern des Altertums verdankt. Diese Religion muß irgendwie den Bedürfnissen und dem *Sozialcharakter* vieler Menschen jener Epoche entsprochen haben, in der sie zum Durchbruch kam. Sozial- oder Gesellschaftscharakter nennt Fromm die gemeinsamen seelischen Eigentümlichkeiten ganzer Volksschichten, die aus ihrer »Klassenlage« hervorgehen und sozusagen zwischen ökonomischer Basis und geistigem Überbau als »vermittelnde Instanz« eingeschaltet sind.

Freud sah in der Religion einen Ableger der Vatersehnsucht. Sie ist ein infantiles Denkmuster, das Erlebnisgestalten der frühen Kindheit ins Erwachsenenleben überträgt. Da sich der Mensch sowohl gegenüber der Natur als auch gegenüber der Klassengesellschaft ohnmächtig fühlt, vergöttert er die Naturgewalten und die herrschenden Klassen, denen er ähnliche Gefühle der Ehrfurcht entgegenbringt wie als Kind dem Vater. Dies hat weitreichende soziale Folgen:

> Die Figur Gottes bildet die Ergänzung dieser Situation [der sozialen Unterwerfung; J. R.]. Gott ist immer der Verbündete der Herrschenden. Wenn diese, da sie immerhin reale Persönlichkeiten sind, der Kritik eine Angriffsfläche bieten, so können sie sich auf Gott stützen, der infolge seiner Irrealität der Kritik spottet und durch seine Autorität die der herrschenden Klasse festigt.[144]

So hält die Religion die Masse des Volkes in Abhängigkeit und Demut. Einerseits schüchtert sie die Menschen moralisch und intellektuell ein, andererseits gibt sie ihnen vage Befriedigungen, die ihnen das dürftige und dornenreiche Leben erträglich machen sollen. Die Unterdrückten müssen eingelullt werden, wenn sie ihr Joch ohne Revolte tragen sollen. Fromm spricht die Sprache des Gesellschaftskritikers, wenn er feststellt:

Die Religion hat also dreifache Funktion: für alle Menschen die des Trostes für die allen vom Leben aufgezwungenen Versagungen, für die große Masse die der suggestiven Beeinflussung im Sinne ihres psychischen Abfindens mit ihrer Klassensituation und für die herrschende Klasse die der Entlastung von Schuldgefühl gegenüber der Not der von ihr Unterdrückten.[145]

Diese Thesen sollen nun auf die Entstehung des Christentums angewendet werden; hierzu muß die Lage der Juden in Palästina zu Beginn unserer Zeitrechnung in Betracht gezogen werden.

Fromm schildert mit soziologischer Akribie die sozialen Schichtungen des Judenstaates, der damals vom römischen Imperium beherrscht wurde, gegen das sich das unterdrückte Volk in mehreren blutig niedergeschlagenen Aufständen erhob. Da die *weltlichen Revolten* fehlschlugen, kam es zu Volksbewegungen, die eine *himmlische Erlösung* verkündeten. Aus der unerträglich gewordenen Realität entwichen ganze Sekten und Volksgruppen in die Erwartung eines Gottesreiches, das allen ihren Entbehrungen und Demütigungen ein Ziel setzen sollte. Jesus zum Beispiel, den man sich als einen unter vielen Predigern jener Zeit denken muß, wandte sich an die Armen und Entrechteten, denen er Hoffnung auf eine nahe Zukunft machte. Die Reichen und Mächtigen wurden in dieser Lehre entwertet, ohne daß man zum offenen Kampf gegen sie antreten mußte. So war das Christentum ein *symbolischer Aufstand* gegen die Machtstrukturen der antiken Welt.

Auch Jesu Erhebung in den Himmel, nach dem Opfertod, liegt in dieser Richtung. Mit dem Gottmenschen am Kreuz konnten sich alle Elenden und Erniedrigten identifizieren, die sich dann auch mit ihrem Heiland an der Seite Gottes thronen sahen. So breitete sich die Christusmythe bei den Sklaven des Altertums wie ein Lauffeuer aus; später ergriff sie auch die herrschenden Klassen. Größenwünsche und Schuldgefühle der Menschen gingen in diese Vorstellungswelt ein, aus der auch der in jener Epoche weit verbreitete Masochismus spricht. Wir kennen diesen aus der psychotherapeutischen Praxis als eine Haltung, die letztlich auf eine – in die Zukunft projizierte – Selbstvergottung hinzielt. Dies kann durchaus auf die Kollektivpsychologie übertragen werden.

In ungefähr drei Jahrhunderten wurde das Christentum aus einem Lokalereignis in Palästina zu einer Universalreligion des römischen Weltreiches. Um Staatsreligion zu werden, nahm es von allen sozialkritischen Tendenzen Abstand und arrangierte sich mit den »Gegebenheiten der Welt«, die es zunächst verachtet hatte. Das gelang ihm sehr gut, da weite Teile der christlichen Ideologie zur *Hinnahme des Bestehenden* verleiten. Wenn Jesus Christus in den Himmel aufgenommen wurde, dann hatten alle notleidenden Menschen die Chance, das Erbarmen Gottvaters zu erringen. Das vom Christentum verbreitete kollektive Schuldgefühl wirkte *herrschaftsstabilisierend*; Konstantin der Große wußte sehr wohl, was er tat, als er mit dem gesamten Römischen Reich um 336 zum Christentum übertrat.

Im Mittelalter wandelte sich der Christenglaube, der vorerst eine »Sohnesreligion« war, durch die Verehrung der *Mutter Maria* und des *Christuskindes* zu einer »Kinderreligion«, die alle Vater-Sohn-Konflikte vergaß und den Menschen politisch entmündigte. Fromm rekapituliert den geschichtlichen Prozeß folgendermaßen:

> Rein psychologisch beschrieben, ist die Wandlung, die hier vor sich geht, die von der vaterfeindlichen Einstellung zu einer passiv-masochistisch-gefügi-

gen und endlich zu der des von der Mutter geliebten Säuglings. [...] Die Vertreter der herrschenden Klasse griffen in diesen Prozeß verstärkend und beschleunigend ein, indem sie der Masse solche Phantasien suggerierten, die ihr (Phantasie-)Befriedigung gewährten und die ihre Aggression in gesellschaftlich ungefährliche Bahnen lenkten.

Der Katholizismus bedeutete die verhüllte Rückkehr zur Religion der großen Mutter, als deren Besieger Jahwe auf den Plan getreten war. Erst der Protestantismus greift wieder auf den Vater-Gott zurück, er steht am Beginn einer gesellschaftlichen Epoche, die eine aktive Haltung der Massen zuläßt, im Gegensatz zur passiv-infantilen des Mittelalters.[146]

Schon in der Studie »Die Entwicklung des Christusdogmas« arbeitet Fromm mit dem Begriff des »Sozialcharakters«, der für seine späteren Forschungen erhebliche Bedeutung gewinnen sollte. Er ergänzt hiermit, wie bereits erwähnt, die marxistischen Überlegungen, welche die Welt der Ideen und der Ideale direkt auf die materielle oder ökonomische Basis zurückbeziehen. Dieser einfache Schematismus reicht zum Verständnis des menschlichen Seelen- und Geisteslebens nicht aus. Die ökonomische Situation bestimmt nur in großen Zügen die charakterliche und geistige Formung der ihr unterworfenen Menschen. Der Sozialcharakter jedoch entscheidet, für welche Ideen und Ideale eine spezifische soziale Schicht empfänglich ist; andererseits wirken aber Weltanschauungen und Wertvorstellungen von Menschengruppen auch auf deren Charakterstruktur und politisch-ökonomische Formation ein. Es gibt also eine vielfältige Wechselwirkung zwischen Basis und Überbau, in die sich der *Sozialcharakter* und das ihm entsprechende *soziale Unbewußte* machtvoll einschalten, was zum Beispiel auch religionspsychologisch ungemein relevant sein kann.

In *Die Furcht vor der Freiheit* wendet Fromm diese Denktechnik bereits auf die sozialpsychologische Ableitung der Reformation und der modernen faschistischen »Ersatzreligionen« an. Der *sadomasochistische* Sozialcharakter des Kleinbürgertums wird ihm hierbei zum Schlüssel für das Verständnis der Reformationsideologien (bei Luther, Calvin und Zwingli) und des daraus entspringenden »protestantischen Arbeitsethos« (Max Weber) im Kapitalismus der Frühzeit.

Der Faschismus jedoch zeigt, daß der moderne Mensch, der in der Aufklärungsepoche die Befreiung von feudalen und religiösen Bindungen erkämpfte, mit der neu gewonnenen Freiheit nicht viel anzufangen wußte. Vor allem die bürgerlichen Schichten beeilten sich, an die Stelle der alten Autoritäten neue Herrschaften zu setzen, die die sadomasochistische Tradition der Vergangenheit im vergrößerten Maßstab fortführten. Am Beispiel Deutschlands schildert Fromm die unglückseligen Folgen der *Untertanenmentalität* breiter Bevölkerungsschichten, die auf die »Demokratisierung« mit Angst reagierten und epochale geschichtliche Herausforderungen (verlorener Krieg, Wirtschaftschaos, Aufstieg des Proletariats und so weiter) mit dem Ruf nach einer *starken Führung* beantworteten, die sie dann unter Hitlers militaristischer und großkapitalistischer Knute wunschgemäß erhielten.

Nach Fromm hat jeder Mensch einen individuellen Charakter, der auf dem umfassenderen Sozialcharakter ruht, und ein persönliches Unbewußtes, das in seinem sozialen Unbewußten verankert ist (dieses darf nicht mit Jungs »kollektivem Unbewußten« verwechselt werden). Über Charakterologie äußert sich Fromm detailliert in *Psychoanalyse und Ethik*, das wohl eines seiner tiefgründigsten

Bücher ist. Er beschreibt darin auch vortrefflich den »produktiv-genitalen Charaktertyp«, der sein seelisches Gesundheitsideal verkörpert; gemeint ist der Mensch, der nicht nur »arbeiten und lieben« kann, sondern auch schöpferisch ist in seinem Leben und Tun, das heißt sich selbst verwirklicht.

Damit ist Fromm beim Thema »Liebe und Selbstverwirklichung« angelangt, das ihn in den folgenden Jahren nicht mehr losläßt. Er kreist fortan um die Frage, wie die Menschen zur »Biophilie« (Lebensliebe) erzogen und von der »Nekrophilie« (Liebe zum Toten, Mechanischen, Wertlosen) befreit werden können. Sadomasochismus und Autoritarismus sind andere Worte für nekrophile Tendenzen; humanistisch oder biophil jedoch kann alles genannt werden, was in Richtung auf Fortschritt, Freiheit und »Menschwerdung« des Menschen liegt. Das Gegensatzpaar von Biophilie und Nekrophilie erinnert an Freuds Dualismus von Eros und Thanatos (Lebens- und Todestrieb); Fromm meint aber nicht »mythische Mächte«, sondern erzieherisch und kulturell bedingte Strebungen, die das Seelendrama des Menschen der Gegenwart bestimmen.

Die späten Schriften Fromms zeigen eine Hinwendung zur Religion, die sich allerdings schon in seinen Anfängen anbahnte; ein deutliches Beispiel hierfür ist *Psychoanalyse und Religion* aus dem Jahr 1950. Fromm wurde, wie seinerzeit Jung 1937, von der Yale University eingeladen, »Terry Lectures« zu halten. In dieser Vorlesungsreihe nennt er die Religion ein »System der Orientierung und Hingabe«, was ihm ohne weiteres ermöglicht, sie zu einem *Grundbedürfnis der menschlichen Natur* zu stempeln. Er unterscheidet zwischen autoritären und humanistischen Religionen, wobei allein die letzteren seine Zustimmung finden. In ihnen ist nach Fromm

Gott allein das Symbol für die *Eigenkräfte des Menschen*, die er in seinem Leben zu verwirklichen sucht, und nicht ein Sinnbild für Stärke, Herrschaft und *Macht über den Menschen*.[147]

Als Beispiele für humanistische Religionen nennt Fromm den Frühbuddhismus, den Taoismus Chinas, die Lehren Jesajas, Jesu, Sokrates' und Spinozas sowie die Religion der Vernunft in der Französischen Revolution von 1789. Bei dieser Einteilung ist es also nicht mehr wichtig, ob eine Religion theistisch ist oder, wie zum Beispiel der Buddhismus, keinen Gott verehrt; bedeutsam ist nur, ob sie dem Menschen Freiraum für seine Entwicklung und seine Entfaltung läßt.

Fromm will offenbar die überlieferten Religionen von ihren autoritär-sadistisch-masochistischen Bestandteilen reinigen, damit sie dem Fortschritt dienen können. Er sagt leider nicht, wie diese »Mohrenwäsche« zustande kommen soll, sondern begnügt sich mit einer Moralpredigt, die er religiös nennt, wiewohl ein Großteil ihrer Elemente aus *Aufklärung* und *Sozialismus* zu stammen scheinen. Es soll wohl eine geläuterte Gottesvorstellung gewonnen werden, die Wissenschaft und Religion, Vernunft und Glaube, Menschlichkeit und Gottesverehrung in Einklang bringt. Daher münden Fromms Betrachtungen in die sehr harmonistischen Schlußfolgerungen ein:

Ob wir Religionsanhänger sind oder nicht, ob wir an die Notwendigkeit einer neuen Religion glauben oder an den Fortbestand der jüdisch-christlichen Tradition – solange wir uns um das Wesen und nicht um die Schale bekümmern, um das Erlebnis und nicht um das Wort, um den Menschen und nicht um die Kirche, können wir uns zusammentun in fester Ablehnung allen Götzendienstes und in dieser Negation vielleicht einen stärkeren Glauben finden als in irgendeiner bejahenden Aussage über Gott. Und gewiß werden wir mehr Demut und Bruderliebe finden.[148]

In Fromms Weltbild spielen nicht nur Freud und Marx, sondern auch die Bibel und hier vor allem das Alte Testament eine große Rolle. Dies bezeugt unter anderem sein Buch *Die Herausforderung Gottes und des Menschen*, das sich in die weiten Gefilde der Bibelinterpretationen begibt und aus dem biblischen Text ein Konzept des Menschen, seiner Geschichte und seiner Ethik herauslesen will. Fromm knüpft hierbei an den mittelalterlichen jüdischen Philosophen Moses Maimonides (1135–1204) an, des weiteren an den Neukantianer Hermann Cohen (1842–1918) und den jüdischen Mystiker Schneur Salman (1745–1812), Autoren, mit denen er sehr vertraut ist. Wie schon an anderen Orten unterscheidet er zwischen Gott und Götzenbildern; alle materiellen Konkretisierungen des Göttlichen werden abgelehnt, so daß nur noch das »X-Erlebnis«, eine Art mystischer Gotteserfahrung, als reine Religiosität zurückbleibt. Aufgrund seiner erstaunlichen Kenntnis der biblischen Erzählungen glaubt Fromm belegen zu können, daß schon das Alte Testament eine sozialistisch-humanistische Gesellschaftsordnung anstrebte. *Gott, Sozialismus* und *Humanismus* sind demnach eins.

Solche geistigen Verrenkungen und Verwirrspiele sind nicht neu; es ist nur verblüffend, sie bei einem geistreichen Psychoanalytiker zu konstatieren, der seine publizistischen Erfolge dadurch krönen will, daß er nun auch den modernen Religionsstifter hervorkehrt. Im Zuge der Religionssuche lehnt sich Fromm auch an den Zen-Buddhismus an; gemeinsam mit dessen westlichem Wortführer Daisetz T. Suzuki und Richard de Martino hat er ein Buch mit dem Titel *Zen-Buddhismus und Psychoanalyse*[149] herausgegeben. Wie sein japanischer Gesprächspartner quält er sich damit ab, die »Rationalität des Westens« anzuschwärzen, um die »Weisheit des Fernen Ostens« als Heilmittel preisen zu können, welches das menschliche Selbst vor der Vergötzung von Technik und Naturwissenschaft bewahren soll.

Einen letzten Anlauf zum hohen Ziel der »abendländischen Wandlung« stellt das Buch *Haben oder Sein. Die seelischen Grundlagen einer neuen Gesellschaft*[150] dar. Es ist eine erstaunlich flache Kritik an Kultur und Lebensform der westlichen Welt, der Fromm eine Bevorzugung des »Habens« vor dem »Sein« vorwirft. Damit ist ein Einteilungsschema gegeben, das an den Gegensatz von »Nekrophilie« und »Biophilie« oder »Autoritarismus« und »Humanismus« erinnert. Die Menschheit drängt nach Fromm zur Katastrophe hin, da sie das Materielle über das Seelische, Institutionen über den Menschen, Konsum über das Schaffen, Dogmen über die Vernunft, Götzen über Gott stelle. In all dem komme die Bevorzugung des Habens über das Sein zum Ausdruck, das dem Autor nunmehr als der *menschliche Sündenfall* par excellence gilt. Fromm hat nur noch wenig Interesse für politische, geschichtliche, ökonomische, erzieherische und therapeutische Erklärungsversuche der unglückseligen Haben-Orientierung beim Menschen der Gegenwart. Er begnügt sich mit einer larmoyanten Kulturkritik, die er durch reichliche Zitate aus dem Alten und dem Neuen Testament sowie aus den Schriften Meister Eckarts (1260–1327) ausschmückt.

So wird, wieder einmal, eine Religion der Liebe

gepredigt, ohne daß klargestellt würde, warum die zweitausend Jahre christlicher Frohbotschaft und Erlösung die Menschen so wenig erlöst, beglückt und liebesfähig gemacht haben. Einige geradezu naive Vorschläge zur »Kulturverbesserung« gipfeln bei Fromm in dem Vorschlag, eine *Stadt des Seins* zu errichten, wo Wissenschaft und Glauben, heile Welt des Mittelalters und neuzeitliche Technik zur Synthese gelangen sollen.

Kapitalismus und Bolschewismus sind beide irreligiös. Der letztere beruft sich zu Unrecht auf Marx, von dem Fromm, ein profunder Marx-Kenner, glaubt sagen zu dürfen:

> Er war ein im tiefsten religiöser Mensch und gerade deshalb ein Feind der Religion.[151]

Fromms Gesamtwerk hinterläßt einen eher zwiespältigen Eindruck. Es ist einerseits ein beachtlicher Brückenschlag zwischen Psychoanalyse und Sozialwissenschaften, den man aus der Geschichte der Tiefenpsychologie kaum wegdenken kann. Bedauerlich ist andererseits, daß der zunächst klar und kühn denkende Autor im Lauf der Jahre, durch Erziehungsreminiszenzen und Publikumserfolg verführt, immer mehr in eine geistige Anpasserei hineingeriet, die zuletzt nur noch einen blassen Moralismus anbietet, den man aus dem üblichen religiösen Schrifttum zum Überdruß kennt. Fromms Laufbahn erinnert zumindest teilweise an diejenige Jungs, wenngleich Fromm nur milde Konzessionen an den Mystizismus machte, dem sich Jung mit Haut und Haaren verschrieb.

Ludwig Feuerbach
und Karl Marx:
Religion als Selbstentfremdung

In den beiden vorangehenden Kapiteln sind wir auf Autoren zu sprechen gekommen, die eine Synthese zwischen Religion und Psychoanalyse anstreben. Dies ist unseres Erachtens ein Irrweg, vor dem zu warnen ist. Weder Freud noch Adler, die uns als die maßgeblichen Väter der Tiefenpsychologie gelten, gehören in die Gesellschaft der Theologen; beide zählen vielmehr zur Gemeinschaft der Religionskritiker, die uns seit dem 17./18. Jahrhundert so viele geistige und politische Freiheiten erobert haben. Die Vorläufer tiefenpsychologischen Denkens sind nicht Thomas von Aquino, Luther, Calvin, Zwingli oder ihresgleichen, sondern Lessing, Spinoza, Voltaire, Diderot, Kant, Schiller, Goethe, Schopenhauer, Lamarck, Darwin und ähnliche Persönlichkeiten, die den Kampf um ein wissenschaftlich-philosophisches Weltbild führten. Auch die radikalsten Atheisten der Neuzeit, Feuerbach und Nietzsche, sind *direkte Wegbereiter der Tiefenpsychologie*, so daß ihre religionspsychologischen Beiträge in unseren Darlegungen nicht fehlen dürfen.

Religiöse Autoren vertreten oft die Meinung, nur derjenige könne Religionspsychologe sein, der selbst religiös ist. Man kann aber auch, mit mehr Berechtigung, das genaue Gegenteil behaupten; denn die Religionspsychologie der letzten drei Jahrhunderte wurde von *Skeptikern* und *Ungläubigen* geschaffen.

Einen Anfang machte Spinoza mit seinem Buch *Theologisch-politischer Traktat* (1670), das bereits biblische Erzählungen einer rationalen Kritik und Auslegung unterwarf. Ihm folgte Pierre Bayle, der in seinem *Dictionnaire historique et critique* (1695–1697) mit großartigem Freimut religiöse Überzeugungen analysierte; es versteht sich fast von selbst, daß sein Werk auf Befehl der kirchlichen Inquisition öffentlich verbrannt werden mußte.

Von hier setzt sich die religionspsychologische Forschung über französische und englische Autoren fort ins 19. Jahrhundert, das in diesem Bereich Gipfelpunkte der Erkenntnis zeitigte. Eine Schlüsselstellung nimmt dabei Hegel ein, der zwar noch durchaus theologisch bestimmt war und sich für einen gläubigen Protestanten hielt; da er aber die Religion als eine Vorstufe des philosophischen (und damit absoluten) Selbstbewußtseins definierte, legte er einem Teil seiner Schüler nahe, zur Kritik des religiösen Bewußtseinszustandes vorzustoßen. Die sogenannten Links- oder Junghegelianer glaubten aus den Worten des Meisters herauszuhören, daß in der Religion noch die Selbstverkennung und die Selbstentfremdung des Menschen enthalten seien. Folglich müsse man sie »kritisch zersetzen«, um Mensch und Welt richtig verstehen zu können. Diese Konsequenz zog unter anderem mit größtmöglicher Entschlossenheit Ludwig Feuerbach (1804–1872), den man den Schöpfer der modernen Religionspsychologie nennen darf.

Das kritische Religionsverständnis des 19. Jahrhunderts kulminiert zweifellos in Feuerbach, Marx und Nietzsche, die in je eigener Weise wuchtige Schläge gegen alle Spielarten der religiösen Weltanschauung geführt haben und damit die politisch-soziale und kulturelle Welt erschütterten wie ein Erdbeben, das keinen Stein auf dem anderen läßt.

Zu Feuerbachs Gesamtcharakteristik mögen einige kurze Hinweise genügen.

Ludwig Feuerbach war ein Sohn des berühmten Kriminalisten Anselm von Feuerbach, der sich um die Strafrechtsreform in Bayern bedeutende Verdienste erwarb (er schaffte zum Beispiel die damals noch übliche Folter ab). Nach einem Studium in Heidelberg und in Berlin, wo er von der Theologie zur Philosophie überwechselte, doktorierte er bei Hegel und habilitierte sich 1828 in Erlangen. Durch die Veröffentlichung der religionskritischen Schrift *Gedanken über Tod und Unsterblichkeit* (1830) verlor er seine Dozentur; er zog sich als Privatgelehrter nach Ansbach zurück, wo er sich in der Abgeschiedenheit seinen Studien widmete.

1841 publizierte er *Das Wesen des Christentums*, 1845 *Das Wesen der Religion*, 1848/1849 *Vorlesungen über das Wesen der Religion* und 1857 *Theogonie*. Vor allem die beiden erstgenannten Bücher fanden großen Anklang beim fortschrittlichen Bürgertum, das damals um seine politische Freiheit ringen mußte und daher noch überwiegend religionskritisch eingestellt war.

In der Revolutionszeit von 1848 berief man den Philosophen nach Heidelberg, wo er vor einer großen Zuhörerschar seine Lehre darlegte; unter seinen Hörern war auch der tief beeindruckte Dichter Gottfried Keller. Von den freiheitlich gesinnten Menschen in Deutschland empfanden viele Feuerbach als einen Bahnbrecher der Vernunft. Auch Friedrich Engels berichtet in *Ludwig Feuerbach und der Ausgang der klassischen deutschen Philosophie* (1888), wie allgemein die Begeisterung war und daß Marx und er selbst sofort »Feuerbachianer« wurden.

Neben seinen berühmten Texten schrieb Feuerbach *Vorläufige Thesen zur Reform der Philosophie* (1842), *Grundsätze der Philosophie der Zukunft* (1843) und philosophiehistorische Arbeiten; sein Spätwerk streift stellenweise einen platten Materialismus, nimmt aber auch die dialogische und die existentialistische Philosophie der Gegenwart vorweg, so daß der Philosoph heute noch höchste Aktualität besitzt.

In Hegels *Philosophie der Geschichte* (Erstausgabe 1837) findet sich die berühmte These, alles Wirkliche sei vernünftig, und das Vernünftige sei wirklich. Die These ist vieldeutig und muß nicht unbedingt konservativ-reaktionär als Apologie des Bestehenden ausgelegt werden. Eine ihrer möglichen Interpretationen besagt, daß alles Wirkliche seine Gründe habe, also als ein Moment in der Entwicklung der Menschheit zu Freiheit und Fortschritt aufgefaßt werden könne. Diese Anschauung erst lehrt uns wahrhaft historisch denken. Wenn etwa die Menschen in früheren Zeiten einem oft schauerlichen Aberglauben anhingen und katastrophale Sitten und Gebräuche praktizierten, so sollen wir derlei im Hinblick auf die *damalige Entwicklungsstufe* der Weltvernunft zu begreifen versuchen. Mit einem solchen Leitfaden ausgerüstet, kann es uns gelingen, uns selbst innerhalb eines universalen Geschichtsprozesses zu sehen, das heißt uns alles Geschichtliche, auch wenn es uns widerstrebt und längst überwunden ist, anzueignen, um es als Fundament des eigenen Daseins zu begreifen.

Mit einer ähnlichen Perspektive tritt Feuerbach an die vielgestaltigen Phänomene der Religion heran. Der ungläubige Mensch muß sich klar darüber sein, daß die Religiosität kein Willkürprodukt irgendwelcher menschlicher Machinationen (zum Beispiel Priesterbetrug) sein kann; da sie überall auf der Erde verbreitet ist und war, muß sie tiefliegenden Wesensbeschaffenheiten und Bedürfnissen des Menschen entsprechen. Daher darf man sie nicht nur verneinen; auch der Atheist soll erforschen, welche *Motivationen* sich im Gottesglauben manifestieren, damit er dieses uralte Geistesgut der Menschheit in eine differenziertere Form des Lebens und Wissens transponieren kann.

So kommt wirkliche Entwicklung zustande, die nach Hegel dem Gesetz des dialektischen Fortschritts unterliegt; die Geschichte schreitet von der These über die Antithese zur Synthese, wobei die früheren Formen des geschichtlichen Lebens im doppelten Sinne »aufgehoben« werden, nämlich *ungültig gemacht* und dennoch *aufbewahrt* (als Momente des menschlichen Fortschritts).

Feuerbach, der sich wie fast alle Linkshegelianer als *radikal-ungläubig* definierte, wendet sich mit geradezu liebevollem Enthusiasmus dem Studium der Religionen zu, da sie für ihn ganz zentrale Dokumentationen der »Menschwerdung des Menschen« sind. In Gott und den Göttern haben nämlich die Menschen völlig unbewußt eine Erklärung des eigenen Wesens durchgeführt. Daher haben die religiösen Weltanschauungen eine umfassende anthropologische Bedeutung; wer wissen will, was der Mensch ist, muß seine Gottesphantasien und Jenseitsdichtungen eingehend erforschen. Die Bibel sagt, daß Gott den Menschen nach seinem Ebenbilde schuf; Feuerbach dreht diesen Satz um und erklärt, daß die Menschen Gott nach ihrem Ebenbilde schufen, und zwar jedes Volk und jede Kultur jeweils die Götter, die ziemlich genau ihrer eigenen Wesensstruktur – ihren Zielen, Werten, Erfahrungen und Schicksalen – entsprachen. Sogar innerhalb eines feststehenden Gottesbildes der jeweiligen Kulturzone wird jedes Individuum den gemeinsamen Gott stets individuell so abwandeln, wie dies seine Persönlichkeitsartung verlangt. Dies ist eine wichtige psychologische Einsicht, denn nur so können wir verstehen, wie verschiedenartig sich die Gottheit in den verschiedenen Gemütern spiegelt.

Feuerbach gehört in die Reihe jener Denker, die das Schicksal der Menschheit aus den Problemen der menschlichen *Selbstentfremdung* begreiflich machen wollen. Danach hat der Mensch in den Anfängen seiner Geschichte sich von sich selbst entfremdet; als Ursachen hierfür nennt Feuerbach die Unwissenheit, die Furcht, die Hoffnung, die Ohnmacht, das Wünschen und die Angst vor dem Tod. Selbstentfremdung besteht nun unter anderem darin, daß der Mensch, sich selbst verkennend, Teile seines eigenen Wesens aus sich herausprojiziert und sie hernach als *fremde Mächte* anbetet, vergötzt und sich von ihnen abhängig macht. Die *Rücknahme derartiger Projektionen* kommt einem Akt der Bewußtwerdung und der Befreiung gleich; wer eine Projektion als solche erkennt, wird reicher und mächtiger um jene Wesensanteile, die er zuvor aus sich herausverlagert hat.

Dies ist der Sinn der sogenannten *anthropologischen Reduktion*, die Feuerbach in die moderne Religionspsychologie eingeführt hat. Es handelt sich um eine philosophische Operation, die Schritt für Schritt Gott als Ganzes und die Religion in allen ihren Details auf das in ihnen enthaltene und verborgene Menschliche zurückführt. Diese mühevolle Arbeit hat Feuerbach selbst in großem Stil

162

unternommen; sein Leben lang versuchte er, in den Geist aller Religionen der Vergangenheit und der Gegenwart einzudringen, um aus ihnen die *wahre Idee des Menschen* zu destillieren, gemäß der These, daß *das Geheimnis der Theologie die Anthropologie* sei.

Damit wird die Religion als ein »indirektes Selbstbewußtsein« des Menschen betrachtet, das durch philosophische Reflexion und Kritik in ein direktes Selbstbewußtsein, das heißt in Wissen um sich selbst, verwandelt werden soll. Hierbei wird tausendfältig erkannt, daß das *göttliche Wesen* nichts anderes ist als das *menschliche Wesen*, allerdings als Abstraktion gefaßt und von allen Beschränkungen, die ihm auf dieser Erde anhaften, mehr oder minder gereinigt.

Was man in früheren Zeiten Gott oder den Göttern zugesprochen hat, soll nach Feuerbach in Zukunft auf den Menschen und die Menschheit zurückgenommen werden. Dadurch heilt man die Zerrissenheit des menschlichen Wesens in eine triste Realität und ein übersinnliches Ideal. Der Verzicht auf Illusionen wird die Wirklichkeit reicher, schöner, bunter und humaner machen. Das religiöse Bewußtsein ist ein *pathologisches*; die Aufhebung der Pathologie durch das reduktive Verfahren kommt einer gesamtmenschlichen Genesung gleich. Dabei wird die Religion nicht einfach verworfen, sondern als ein notwendiges Stadium der Menschwerdung des Menschen begriffen und in Besitz genommen.

Denn es ist ein Wesensmerkmal des Menschen und macht auch seinen grundsätzlichen Unterschied zum Tier aus, daß er Religion hat, das heißt von sich selbst entfremdet wird und sein entfremdetes Wesen als etwas außerhalb Seiendes verehrt. Die Verehrung ist an sich gerechtfertigt; man

163

muß nur wissen, daß sie dem menschlichen Wesen selbst zu gelten hat. Dieses zeigt sich in der bewundernswerten Möglichkeitsfülle des Menschen, wenn man die Eigenschaften Gottes loslöst von der angeblichen Existenz Gottes und sie als Eigenschaften der Gattung Homo erkennt.

So sagt etwa das Christentum, daß Gott allmächtig, allgütig, allweise, voraussehend und vorausbestimmend ist. Da nun Gott offenbar nicht existiert, beanspruchen wir eine *partielle* Allmacht, Allgüte, Allwissenheit, Voraussicht und Vorausbestimmung für den Menschen, der tatsächlich durch Kulturentwicklung, Wissenschaft, Technik und menschliche Solidarität der Verwirklichung dieser Wesenseigenschaften nahe und näher kommt. Bei solchem Verständnis scheut Feuerbach keineswegs davor zurück, sich »religiös« zu nennen; es ist aber eine Religion des Menschen und der Menschlichkeit, die er an die Stelle des alten Theismus in dessen überlebten Formen setzen will. Denn das Christentum befindet sich für ihn in »historischer Auflösung« und ist aus »dem Leben der Menschheit verschwunden«, so daß

> es nichts weiter mehr ist als eine fixe Idee, welche mit unseren Feuer- und Lebensversicherungsanstalten, unseren Eisenbahnen und Dampfwägen, unseren Pinakotheken und Glyptotheken, unseren Kriegs- und Gewerbeschulen, unseren Theatern und Naturalienkabinetten im schreienden Widerspruch steht.[152]

Man kann leicht einige Proben der Feuerbachschen »Reduktionstechnik« geben, die sowohl der naiven als auch der »hochgestochenen« Religiosität den Boden entzieht. So sagte zum Beispiel Friedrich Daniel Ernst Schleiermacher (1768 bis 1834) in seiner Theologie, das Gefühl sei das Organ für das Göttliche. Dem kann Feuerbach beipflichten, aber er erklärt, diese Aussage enthalte die Wahrheit, daß das Gefühl selbst das Göttliche im Menschen ist. Gott ist die Liebe; aber richtig interpretierend müssen wir formulieren, daß die Liebe göttlich ist, was jeder bestätigen kann, der irgendwann einmal in seinem Leben wahrhaft geliebt hat. Die Liebe – und noch mehr die Sexualität – ist eine durchwegs atheistische Regung im Menschen. Wer liebt, glaubt kaum noch an einen außerzeitlichen und außerweltlichen Gott; wohl aber richtet sich sein Glaube auf den geliebten Menschen, den er zu »vergöttern« bereit ist.

Jesus als Gott litt und starb für die Menschen; übersetzt heißt das nun, daß Leiden und Sterben für andere, sofern die Ziele und die Zwecke human sind, als göttlich betrachtet werden kann. Die Projektion des Aufopferungsgedankens auf den gekreuzigten Heiland hat der Menschheit nicht gut getan.

> Die christliche Religion ist die Religion des Leidens. [...] Selbst die Selbstkreuzigungen unter den Christen sind psychologisch tiefbegründete Folgen ihrer religiösen Anschauung. Wie sollte dem nicht die Lust kommen, sich selbst oder andere zu kreuzigen, der stets ein Bild des Gekreuzigten im Sinn hat?[153]

Gott wurde in Jesus Mensch; darin liegt nach Feuerbach die Aussage, daß der Mensch für den Menschen zum Gott werden soll. Wir haben *nichts Höheres* in der Welt als den Mitmenschen; die Mitmenschlichkeit ist die Religion der Zukunft. Dies glaubt Feuerbach sogar im Dogma von der Dreieinigkeit Gottes bestätigt zu sehen. Selbst Gott kann und will nicht einsam sein; darum ordnet ihm die Religion Jesus und den Heiligen Geist, später auch die Jungfrau Maria zu. So wird auf Umwegen die Wahrheit ausgesprochen, daß die Gemeinschaft besser als die Einsamkeit ist, die *Vieleinigkeit* schöner und erhabener als das egozentrische Isoliertsein.

Die Gläubigen wollen in den Himmel kommen und unsterblich sein. Hier zeigt sich unverkennbar der Wunschcharakter aller Religionen; sie sind Illusionen, mit denen der menschliche Glückseligkeitstrieb genarrt wird. Die Welt entspricht nicht unseren Wünschen und demonstriert uns allenthalben unsere *Endlichkeit* und unsere *Begrenzungen*. Dies will die Religion nicht wahrhaben. So schafft sie ein Jenseits, das immer eine *verbesserte Kopie des Diesseits* ist, befreit von allem, was uns hier auf Erden als Schranke und als Übel erscheint. Die Jenseitsdichtung bekundet einen Tadel für das Diesseits, das der Mensch schlecht ertragen kann. Da wir hienieden nicht selig werden, verlangt es uns nach einem Himmel, wo unsere Glücksansprüche in Erfüllung gehen. Man mache den Menschen auf Erden glücklich, und das Jenseits wird ihm sehr gleichgültig sein. Der Weg hierzu führt unvermeidlich an der Erkenntnis vorbei, mit der Feuerbach seine »anthropologische Reduktion« zusammenfaßt:

> Der Mensch ist der Anfang der Religion, der Mensch ist der Mittelpunkt der Religion, der Mensch ist das Ende der Religion.[154]

Es war ebenfalls Schleiermacher, der die Religion als »schlechthinniges Abhängigkeitsgefühl des Menschen« definiert hat; Feuerbach knüpft hier an und präzisiert lediglich, daß der Mensch *von der Natur* (und nicht von Gott) abhängig ist, weshalb auch die ersten Religionen und Kulte »Naturreligion« sind. Daraus entstand erst, durch vielfältigen *Anthropomorphismus*, die Idee eines außer- und überweltlichen Gottes, von dessen undurchschaubaren Ratschlüssen der Mensch be-

166

stimmt wird und den er bestenfalls durch Gebet und Unterwerfung beeinflussen kann.

Diese Vorstellungswelt hat auch eine politische Bedeutung. Wenn über der Erde Gott oder die Götter thronen, dann ist es auch legitim, daß auf der Erde selbst Könige, Aristokraten, Bonzen und Beamte, Kapitalisten und Kirchen eine unkontrollierbare, nicht in Frage zu stellende Herrschaft ausüben. Warum soll man sich gegen Terror, Ausbeutung, Sklaverei, Entrechtung und Krieg auflehnen, wenn man »im Himmel« für alles seine Kompensation erhält? Gott ist mitschuldig daran, daß die Langmut der Menschen schier unendlich ist und daß sie weder die Kraft noch die Initiative haben, menschenwürdige Verhältnisse zu fordern und zu verwirklichen. In den Schlußsätzen seines Buches *Das Wesen der Religion*[155] sagt Feuerbach:

> Wenn wir nicht mehr ein besseres Leben *glauben*, sondern *wollen*, aber nicht vereinzelt, sondern mit vereinigten Kräften wollen, so werden wir auch ein besseres Leben *schaffen*, so werden wir wenigstens die krassen, himmelschreienden, herzzerreißenden Ungerechtigkeiten und Übelstände, an denen bisher die Menschheit litt, beseitigen. Aber, um dieses zu wollen und zu bewirken, müssen wir an die Stelle der Gottesliebe die Menschenliebe als die einzige, wahre Religion setzen, an die Stelle des Gottesglaubens den Glauben des Menschen an sich, an seine Kraft, den Glauben, daß das Schicksal der Menschheit nicht von einem Wesen außer oder über ihr abhängt, daß der einzige Teufel des Menschen der Mensch, der rohe, abergläubische, selbstsüchtige, böse Mensch, aber auch der einzige Gott des Menschen der Mensch selbst ist.[156]

Der philosophische Hintergrund von Feuerbachs Atheismus ist die materialistisch-sensualistische Philosophie, die er aus dem 18. Jahrhundert übernommen und weitergebildet hat. So ist etwa sein Sensualismus weit entfernt von der Theorie der

Aufklärungsmaterialisten, die menschliche und tierische Sinnesorgane kritiklos gleichsetzt und die Unterschiede zwischen Mensch und Tier verwischt. Feuerbach ist sich klar darüber, daß der Mensch als Sonderfall der Natur anzusehen ist; die eigentümliche Wesensbeschaffenheit des Menschen bekundet sich in allen seinen Lebensfunktionen, die daher immer »spezifisch menschlich« sind. Als ein *seiner selbst bewußtes Wesen* sieht, hört, riecht, schmeckt und tastet der Mensch anders als die Tiere; seine Form von Leiblichkeit erschließt für ihn die *ganze Welt*, nicht nur eine *triebbezogene Umwelt*.

Feuerbach ist bereits auf der Spur einer Philosophie der Leiblichkeit, indem er den Leib »das poröse Ich« des Menschen nennt; im Leib sein heißt für ihn: in der Welt sein. So gelangt er zu Beschreibungen, die an die scharfsinnigen Analysen Heideggers, Sartres und Merleau-Pontys erinnern. Er nimmt aber auch die Psychoanalyse vorweg, indem er schon den *Sexualtrieb* als Hauptrepräsentanten des leiblichen In-der-Welt-Seins definiert und seine Ausläufer in allen seelisch-geistigen Lebensäußerungen mutmaßt.

Noch zukunftsträchtiger erscheinen uns die Gedanken, die Feuerbach in *Grundsätze einer Philosophie der Zukunft* (1843) ausspricht. Darin unterstreicht er wieder die Tatsache, daß beim Menschen die Sinnlichkeit geistig und die Geistigkeit sinnlich ist. Daher gibt es Wahrheit nicht im Denken und Wissen allein. »Die Wahrheit ist nur die Totalität des menschlichen Lebens und Wesens«, schreibt Feuerbach. Sie wird keinesfalls erreicht, wenn der Mensch nur »denkt«, und schon gar nicht, wenn er »nur für sich allein denkt«. Erst in der Gemeinschaft von Ich und Du wächst der Mensch über seine Endlichkeit und Beschränkt-

heit hinaus und rührt an Freiheit und Unendlich-
keit.

> Die wahre Dialektik ist kein Monolog des einsamen
> Denkers mit sich selbst, sie ist ein Dialog zwischen
> Ich und Du.[157]

Und weiter heißt es:

> Das höchste und letzte Prinzip der Philosophie ist da-
> her die Einheit des Menschen mit dem Menschen.
> Alle wesentlichen Verhältnisse – die Prinzipien ver-
> schiedener Wissenschaften – sind nur verschiedene
> Arten dieser Einheit.[158]

Leider bleibt Feuerbachs Gemeinschaftsgedanke
sehr im Vagen; Feuerbach beschränkt sich darauf,
die Liebe zwischen Mann und Frau ins Auge zu
fassen und in politischer Hinsicht einen nichtssa-
genden Liberalismus zu verkünden, dem selbst
Verbeugungen vor dem Bismarckschen Obrig-
keitsstaat nicht fremd sind. Auf diese Lücken in
seiner Weltanschauung zielten Marx und Engels,
die Feuerbachs Leistungen dankbar anerkannten,
aber bedauerten, daß der hervorragende Religionskritiker aus seinen Lehren keine gesellschaftlichen Konsequenzen zu ziehen verstand.
Um dies nachzuholen, mußten sie über Feuerbach
hinausgehen.

Feuerbachs Buch *Das Wesen des Christentums*
war 1841 erschienen und von der »Hegelschen
Linken« enthusiastisch aufgenommen worden.
Als der junge Marx 1843 seine kurze Abhandlung
»Zur Kritik der Hegelschen Rechtsphilosophie«[159]
schrieb, begann er sie bereits mit den Worten:

> Für Deutschland ist die *Kritik der Religion* im
> wesentlichen beendet, und die Kritik der Religion ist
> die Voraussetzung aller Kritik.[160]

Es galt also nur noch, aus den Forschungen von David Friedrich Strauß, Bruno Bauer und anderen die richtigen Schlußfolgerungen zu ziehen. Feuerbach hatte gezeigt, daß die Religion das Selbstbewußtsein des Menschen ist, »der sich selbst entweder noch nicht erworben oder schon wieder verloren hat«[161]. Aber wer ist der Mensch? Feuerbach sieht ihn noch nicht klar genug, da er sich anscheinend auf das individuelle Bewußtsein bezieht, das nach Marx bloß eine Abstraktion ist; ihr hält Marx folgende Überlegungen entgegen:

> Aber *der Mensch*, das ist kein abstraktes, außer der Welt hockendes Wesen. Der Mensch, das ist *die Welt des Menschen*, Staat, Sozietät. Dieser Staat, diese Sozietät produzieren die Religion, ein *verkehrtes Weltbewußtsein*, weil sie eine *verkehrte Welt* sind. Die Religion ist die allgemeine Theorie dieser Welt, ihr enzyklopädisches Kompendium, ihre Logik in populärer Form, ihr spiritualistischer point d'honneur, ihr Enthusiasmus, ihre moralische Sanktion, ihre feierliche Ergänzung, ihr allgemeiner Trost- und Rechtfertigungsgrund. Sie ist die *phantastische Verwirklichung* des menschlichen Wesens, weil das *menschliche Wesen* keine wahre Wirklichkeit besitzt. Der Kampf gegen die Religion ist also mittelbar der Kampf gegen *jene Welt*, deren geistiges *Aroma* die Religion ist.
>
> Das *religiöse* Elend ist in einem der *Ausdruck* des wirklichen Elends und in einem die *Protestation* gegen das wirkliche Elend. Die Religion ist der Seufzer der bedrängten Kreatur, das Gemüt einer herzlosen Welt, wie sie der Geist geistloser Zustände ist. Sie ist das *Opium* des Volks.[162]

Das sind sicherlich Töne, die weit über das hinausgehen, was Feuerbach mit seiner Religionspsychologie anvisierte. In Marx pulsiert der unbedingte Wille zur grundlegenden Veränderung jener Verhältnisse, die den armen und verzweifelten Menschen der Religion zuführen, um deren »illusorische Sonne« sich der Mensch bewegt, »solange er sich nicht um sich selbst bewegt«.

Hat man die Selbstentfremdung in ihrer »Heiligengestalt« entlarvt, dann muß man nach Marx weiterschreiten und sie auch noch in ihren »unheiligen Gestalten« bloßstellen. Wendet man sich vom »Jenseits der Wahrheit« ab, so ist man gewissermaßen verpflichtet, die »Wahrheit des Diesseits« zu etablieren. Und dies bedeutet ganz konkrete Aufgaben.

> Die Kritik des Himmels verwandelt sich damit in die Kritik der Erde, die *Kritik der Religion* in die *Kritik des Rechts*, die *Kritik der Theologie* in die *Kritik der Politik*.[163]

Für Marx und Engels ist dies keine hohle Phrase; sie suchen faktisch nach Möglichkeiten, »die versteinerten Verhältnisse zum Tanzen zu zwingen, indem man ihnen ihre eigene Melodie vorsingt«[164]. Sie wenden den Blick von der kritischen Zersetzung der Religion zur Welt der Industrie und des Reichtums, zur politischen Unterdrückung und zur ökonomischen Ausbeutung und damit zu den »Hauptproblemen der modernen Zeit«. Wer Gott und die Kirche angreift, muß ihres Erachtens auch die Lohnknechtschaft und das Privateigentum an den Produktionsmitteln in Frage stellen; wer fortschrittliche Philosophie *denkt*, muß diese Philosophie auch *verwirklichen*. Was das in der Praxis heißt, wird von Marx ganz eindeutig formuliert:

> Die Kritik der Religion endet mit der Lehre, daß *der Mensch das höchste Wesen für den Menschen* sei, also mit dem *kategorischen Imperativ, alle Verhältnisse umzuwerfen*, in denen der Mensch ein erniedrigtes, ein geknechtetes, ein verlassenes, ein verächtliches Wesen ist.[165]

Marx fordert zur Revolution auf, eine Aufforderung, vor der Feuerbach gewiß zurückschreckte. Dies macht wohl auch begreiflich, daß er verschiedene Einladungen von Marx, an dessen Publikationsorganen mitzuwirken, zurückwies, wiewohl er zunächst in Marx und Engels Gesinnungsgenossen anzuerkennen bereit war.

Engels hat in der bereits erwähnten Schrift *Ludwig Feuerbach und der Ausgang der klassischen deutschen Philosophie* eine Aphorismenserie von Marx aus dem Jahr 1845 veröffentlicht, die den Titel »Thesen über Feuerbach« trägt. Hierin wird deutlich, daß Marx damals schon mit aller Klarheit seinen von Feuerbach weit wegführenden Weg vor sich sah. So kritisiert er am Materialismus des Religionsphilosophen, daß dieser die Menschen als Produkte ihrer Umstände deutet, aber vergißt, daß die Umstände von den Menschen auch geschaffen und verändert werden und »daß der Erzieher selbst erzogen werden muß«[166].

Was Feuerbach fehle, sei der Gedanke einer revolutionären Praxis. Das religiöse Gemüt, das er vortrefflich analysiert hat, schwebt nicht über den Wolken, sondern ist ein gesellschaftliches Produkt, das heißt Ausdruck einer bestimmten Gesellschaftsform, die mit Notwendigkeit verzerrte Bewußtseinszustände hervorbringt. Diese Pathologie kann durch Aufklärung allein nicht beseitigt werden. Der Geist des Menschen ändert sich nur, wenn die materielle Basis verändert wird, deren Spiegelung er ist. Daher gilt die Parole für Marx:

Die Philosophen haben die Welt nur verschieden *interpretiert*; es kommt aber darauf an, sie zu *verändern*.[167]

Um 1845, als dieser Satz geschrieben wurde, haben Marx und Engels bereits die Grundzüge ihrer historisch-dialektisch-materialistischen Methode ausgearbeitet, die ihre Divergenz zu Feuerbach und zur gesamten »deutschen Ideologie« noch vergrößert. Auch sie gehen vom Begriff der *Selbstentfremdung* aus; aber sie führen diese nicht auf Angst und Unwissenheit allein zurück, sondern auf den Produktionsprozeß und die Eigentumsverhältnisse, auf die Warenerzeugung unter ganz bestimmten sozialen und politischen Bedingungen. Diese führen nämlich dazu, daß das Produkt des Menschen – die Ware oder der gemeinsame Nenner aller Waren: das Geld – dem Menschen als relativ selbständige Macht gegenübertritt. So wird er zur Marionette seiner eigenen Machwerke; er selbst ist dann käufliche Ware und damit verdinglicht. Dieser Verlust des *Subjektcharakters* in der kapitalistischen Gesellschaftsstruktur bringt alle weiteren Schiefheiten menschlicher Beziehungsformen mit sich und pervertiert auch das Gefühls- und Geistesleben, das in einer Ausbeutungsgesellschaft zum »falschen Bewußtsein« entartet.

Die Grundtatsache der Geschichte ist für den dialektischen Materialismus das Bestehen von *Klassen*, das heißt von Ausbeutern und Ausgebeuteten, von Herrschenden und Beherrschten, von Tyrannen und zu Werkzeugen degradierten Menschen. Da der Mensch aber Herrschaft nicht erträgt, ist die Geschichte eine *Geschichte von Klassenkämpfen*, wie das *Kommunistische Manifest* von 1848 proklamiert. Erst wenn die Klassenherrschaft beendet ist und an ihre Stelle die *freie Föderation freier Menschen* tritt, wird die *Vorgeschichte der Menschheit* einen Abschluß finden; zu dieser Vorgeschichte gehört auch die Religion, an deren Abschaffung nicht gedacht werden kann, solange die Unmenschlichkeit in den politisch-ökonomischen Verhältnissen weiterbesteht.

Friedrich Nietzsche:
Gott ist tot

Friedrich Nietzsche (1844–1900), den wir als Repräsentanten der »Lebensphilosophie« einzuordnen pflegen, ist unzweifelhaft auch einer der bedeutendsten Psychologen aller Zeiten. In der Aufdeckung geheimer und unbewußter Triebkräfte im menschlichen Handeln war er in vielfacher Hinsicht ein Vorläufer der Tiefenpsychologie, zu dem sich Freud, Adler, Jung und andere dankbar bekannt haben. Auch in religionspsychologischer Hinsicht hat Nietzsche so viele neue Einsichten formuliert, daß sein Erkenntnishorizont weit über denjenigen von Feuerbach hinausreicht. Religion, Moral, Kultur und menschliche Existenz werden von ihm so tiefgründig analysiert, daß keine Wissenschaft vom Menschen an diesem Philosophieren vorbeigehen kann, ohne sich seiner Transparenz und seinem Tiefsinn zu stellen. Das Studium von Nietzsches Werken verändert jeden, der sie aufmerksam liest; es befreit von tausend Fesseln, die Tradition und Erziehung uns allen aufgebürdet haben.

Nietzsches Lebenslauf ist zu bekannt, als daß er hier referiert werden müßte. Das literarische Schaffen Nietzsches begann mit *Die Geburt der Tragödie* (1872) und den vier *Unzeitgemäßen Betrachtungen* (1873–1876), die allesamt noch der Selbstfindung ihres Autors dienen mußten. Die eigene Philosophie kommt dann zum Durchbruch in *Menschliches, Allzumenschliches* (1878/1879), worin Nietzsche im Geist des Evolutionismus, des

Positivismus und der Aufklärung den Kampf gegen die Religion, die idealistische Philosophie und die traditionellen Vorurteile aufnimmt. Diese Tendenz wird in *Morgenröte* (1881) und *Die fröhliche Wissenschaft* (1882) weitergeführt. In glanzvollen und geschliffenen Aphorismen, die sichtlich an Schopenhauer und an den französischen Moralisten geschult sind, entfaltet Nietzsche den Reichtum seines kritischen Denkens, das oberflächliche und verlogene »Wahrheiten« zersetzen und zerstören will. Es ist gewissermaßen ein Selbstbefreiungsprozeß, der diesen Büchern ihren leidenschaftlichen Impetus gibt. Nietzsche zertrümmert die Irrtümer der Vernunft und des Lebens, um sich einen Freiraum für das *eigene Philosophieren* zu verschaffen.

In *Also sprach Zarathustra* (1883–1885) erscheint dieses schließlich in dichterischer Gestaltung. Nietzsche läßt den persischen Religionsstifter seine persönliche Sicht des Daseins aussprechen. Daher verkündet Zarathustra in seinen Reden und Gleichnissen unter anderem: die Umwertung aller Werte; die Tatsache, daß Gott tot ist; eine Philosophie der Leiblichkeit in Abwendung gegen alles Spintisieren der Vergangenheit; die »ewige Wiederkunft alles Gleichen«; den Übermenschen als den Sinn der Erde und die Befreiung der Menschheit vom Wahnwitz jahrtausendealter Irrwege.

Nietzsche empfand seinen *Zarathustra* als sein großes Vermächtnis; durch bild- und gleichnishafte Sprache wollte er hiermit einer zukünftigen Kultur einen Ersatz geben für die Bibel, die er als Ausgeburt einer sklavenhaften Moral und Religiosität aufs schroffste ablehnte. Zarathustra-Nietzsche sollte einen Wendepunkt in der Menschheitsgeschichte bedeuten, nämlich den Anfang einer

Wendung zum Diesseits, zum Leben, zum zielbewußten Kulturschaffen und zu einer leiborientierten Vernunft.

Spätere Schriften Nietzsches, etwa *Jenseits von Gut und Böse, Zur Genealogie der Moral, Der Antichrist, Ecce Homo* und *Götzendämmerung*, zeigen viel differenziertere Ausarbeitungen von Nietzsches Thesen und Theorien im Detail; sie kündigen auch die »metaphysische Phase« seines Philosophierens an, wo er nun ein System der Philosophie errichtet, in dem der *Wille zur Macht* als zentrales Prinzip der Welterklärung fungiert. Diese theoretische Krönung seines Lebenswerkes ist Nietzsche nur teilweise gelungen; denn im Januar 1889 brach er in Turin auf der Straße zusammen und schrieb Wahnsinnsbotschaften an Freunde und Bekannte, die er als »Dionysos« oder »Der Gekreuzigte« unterzeichnete. Die anschließenden elf Jahre bis zu seinem Tod am 25. August 1900 verbrachte er in völliger geistiger Umnachtung; man vermutet deren Ursache in einer progressiven Paralyse, einer Spätfolge der Syphilis, die sich Nietzsche in jungen Jahren zugezogen hatte.

In Nietzsches Hinterlassenschaft fand man zahlreiche Aufzeichnungen zum geplanten Hauptwerk, das später unter den Titeln *Der Wille zur Macht* und *Umwertung aller Werte* herausgegeben wurde. Gerade in diesem Abschluß seines philosophischen Lehrgebäudes erkennt man nochmals Umfang und Reichweite des Nietzscheschen Geistes; in den ungefähr zwei Jahrzehnten seines produktiven Lebens hat der Philosoph einen Großteil der Kultur des Abendlandes assimiliert und in produktiver Gestaltung weiterzuführen vermocht.

Erst in den neunziger Jahren des 19. Jahrhunderts setzte die Nietzsche-Rezeption ein, die seither erstaunliche Ausmaße angenommen hat. Kein

Philosoph hat je so breite Schichten der Öffentlichkeit angesprochen und interessiert; keiner wurde allerdings auch so gründlich mißverstanden wie Nietzsche, den zum Beispiel der Faschismus als seinen Wegbereiter in Anspruch nahm. Nietzsche ist heute noch so aktuell wie eh und je, sofern es uns gelingt, uns sein Denken wirklich anzueignen und an ihm den Weg zu uns selbst zu finden.

Als Religionspsychologe knüpft Nietzsche an viele Autoren der Vergangenheit an, wobei seine eigentliche geistige Heimat – er war klassischer Philologe – im Griechentum der Antike zu sehen ist. Speziell inspirierte er sich auch an Schopenhauer, den er in seiner dritten *Unzeitgemäßen Betrachtung* mit Recht seinen »Erzieher« nennt. Aber auch das Erbe der gesamten Aufklärungsepoche war in Nietzsche mächtig; so läßt er etwa in *Menschliches, Allzumenschliches*[168] verlauten, er wolle die Fahne der Aufklärung, »die Fahne mit den drei Namen: Petrarca, Erasmus und Voltaire«[169], von neuem weitertragen.

Auch Psychologen und psychologische Schriftsteller des 19. Jahrhunderts, etwa Guyau, Maupassant, Taine, Dostojewski, Bourget, Spencer, Tolstoi und andere, haben Nietzsche beeinflußt. Die stärksten Anregungen glaubte er jedoch, wie er oft bezeugt, der eigenen lebenslänglichen Krankheits- und Genesungsgeschichte zu verdanken, worin er alle physiologischen und geistigen Zustände durchmachte, in denen er die Ausgangsbasis von Religionen, Philosophien und Kulturerscheinungen zu erkennen meinte. Die Selbstanalyse ist offenkundige Inspirationsquelle seiner grandiosen Ideologiekritik, die hinter jeder Manifestationsform des geistig-kulturellen Lebens die

biologische Hintergrundsituation erspürt und er-
ahnt. Daher empfand Nietzsche seine furchtbaren
Leidenszustände, aufgrund deren er 1879 seine in
jungen Jahren erhaltene Basler Professur nieder-
legen mußte, nicht als Unglück und Fluch; er trug
tapfer seine Qualen und verwandelte sie in Er-
kenntnisprozesse, die von zeitüberdauerndem
Wert sind.

In methodologischer Hinsicht sind bei Nietzsches Religionspsychologie einige Ansätze nam-
haft zu machen, die Einblick in sein Verfahren und
seine Denktechnik erlauben. Über diese Methoden geben wir kurz Rechenschaft, ohne Vollständigkeit der Hinweise anzustreben.

a) Von Schopenhauer stammt Nietzsches ideo-
logiekritischer »Trick«, alle Bewußtseinsvorgänge
als Vordergrundphänomene zu deuten. Der Intellekt oder das Bewußtsein ist nur ein Werkzeug
des »Willens zum Leben«, des Unbewußten, der
menschlichen Triebnatur. Das Bewußtsein denkt,
was der »Wille« will; die Triebe erzeugen die Motive, die dem Denken und Empfinden Ziel und Inhalt zuweisen. Daher soll man den intellektuellen
Überbau immer auf den biologischen Unterbau
zurückbeziehen, was bei Überzeugungen, Weltanschauungen, Philosophien und Verhaltensweisen erst echte Klärung ermöglicht.

Schopenhauer pflegte höhnisch darauf hinzu-
weisen, die Menschen hätten anstatt *Einsichten*
nur *Absichten*; man muß die kleinlichen Motivationen ihrer pompösen Ideale und Ideologien entlarven, also eine Kunst des Mißtrauens entwik-
keln, wenn man ihnen nicht auf den Leim gehen
will. Nietzsche hat Schopenhauers *Entlarvungs-*
psychologie noch verfeinert, indem er den Machtwillen als Motor vieler menschlicher Irrtümer und
Irrlehren in die kritische Analyse einbezog.

b) Die biologische, soziale, psychische und kulturelle Situation bestimmt weitgehend, was ein Mensch, eine Volksschicht oder ein Volk denken kann und auch denken muß. Daher soll man das Geistesleben nicht als ein vom Irdischen abgehobenes Phänomen auffassen, sondern als ein Produkt der Umstände, unter denen es sich entfaltet. Nietzsche zeigt die Möglichkeit einer *reduktiven Psychologie* auf, die buchstäblich *bis in die Eingeweide* derer schauen läßt, die mit irgendeinem überhöhten und geheiligten Wahrheitsanspruch auftreten. Bekannt sind etwa seine Sätze: »Ich schließe vom Ideal auf den, der es nötig hat«; »Unsere Mängel sind die Augen, mit denen wir das Ideal sehen«; »Das *Ideal* ist geradezu eine Form von Schwäche«, um nur einige zu nennen.

c) Da der Mensch infolge seines Instinktverlustes das »noch nicht festgestellte Tier« ist, kann er alle möglichen seelisch-geistigen Krankheitserscheinungen produzieren, die er eventuell selbst als Vorzug und Vorteil auslegt. Nietzsche jedoch sieht die Geschichte der Menschheit als eine durchgehende »Irrenhauswelt« und proklamiert daher die Berechtigung, *psychopathologische Kategorien und Erkenntnisse* auf den Kulturprozeß anzuwenden. Der Mensch ist für ihn auch »das kranke Tier«, »das verlogene Tier«, das »Tier, das sich selbst und andere täuscht«. Er ist ein *Nichtmehr* und ein *Noch-nicht*: nämlich nicht mehr Tier und noch nicht Übermensch, was er in Zukunft werden soll. Als eine gefährdete *Übergangserscheinung* kann er oft und immer wieder den Weg verlieren und ins Unwegsame gehen. Die Abfolge seiner Moralen, Religionen, Sitten und Gebräuche ist eine *Enzyklopädie des Wahnsinns*. Nietzsches eigenes Philosophieren ist insofern therapeutisch, als es mit Hilfe von Philosophie und Wissenschaft eine *Therapie der Menschheit* anstrebt, und zwar im Kampf gegen die lebensfeindliche Moral, die Religion und die Unvernunft.

d) Eine der wichtigsten Entdeckungen Nietzsches, die ein Kernstück von Nietzsches Lebenswerk bedeutet, ist die Einsicht, daß die europäische Moral und die europäische Ethik fast durchwegs Ableger der jüdisch-christlichen Religion sind und daher mit deren Anzweiflung oder gar Widerlegung zu Fall kommen müssen. Die moralischen Werte und Tugenden werden hinfällig und müssen durch etwas Neues ersetzt werden, wenn *Gott tot ist.*

Nietzsche behauptet, daß die Werte der überlieferten Religion und Moral aus der Dekadenz stammen. Das mutlose und geschwächte Leben hat eine andere Optik und einen anderen Werthorizont als der ungebrochene Machtwille. Ersteres erträgt die Wirklichkeit schlecht und erschleicht sich seine Selbstachtung durch Scheinwerte, durch Entwertung der Realität, des Diesseits, des menschlichen Schaffens, der Liebe und der Sexualität; letzterer aber wird immer dazu neigen, die *natürlichen Tugenden* der Selbstsucht, der Sexualität, der Expansion, der Weltbejahung zu entwickeln.

Die Menschen wollen immer und überall das Gefühl des Selbstwerts aufrechterhalten; jeder wählt gemäß seiner leiblich-psychischen Beschaffenheit denjenigen Wertkatalog, der ihn selbst und seine Lebensart zu bestätigen scheint. Moralen sind nichts anderes als die *Lebensbedingungen bestimmter Menschengruppen*, die auf ihre Weise Macht haben oder Macht erhalten wollen, sei es direkt durch das Ziel der Herrschaft, sei es indirekt durch tausenderlei Formen der Selbsterniedrigung, die als eigentliche »Erhöhung« angepriesen wird. Der *universelle Sadomasochismus* von Religion und Moral wurde von Nietzsche bis ins feinste Detail aufgedeckt.

Mit diesen und ähnlichen Voraussetzungen geht Nietzsche an die psychologische Analyse der Religionen, besonders des Christentums, heran. Sein Hauptgesichtspunkt ist und bleibt der »Evolutionismus«, den er aus dem Denken seiner Epoche — Darwins entscheidende Werke erschienen 1859 und 1871 — bezogen hat. Für ihn ist alles in Entwicklung, das heißt eine Durchgangsstufe auf dem Weg des Menschen aus der Tierheit in die Kultur der Zukunft. Irgendwo in diesem Evolutionsprozeß tauchte die Religion auf als ein Versuch, sich im Leben und in der Wirklichkeit zu orientieren. Absolute Wahrheit kann für religiöses oder anderes Denken in keinem Fall beansprucht werden; was uns überliefert ist, zeigt ein primitives und geistarmes Niveau der damaligen Menschheit, die Götter und Gott erfand, weil sie in tiefer Unwissenheit bezüglich ihrer selbst und der Natur lebte.

Alle Wahrheit ist relativ im Hinblick auf die Evolution, die zur wahren Menschwerdung hinführen soll, wofür Nietzsche die Chiffre vom *Übermenschen* prägte. Seine Frage ist stets, was der Kulturentwicklung dienlich oder abträglich ist. Seine Philosophie bekämpft alles, was den Aufstieg der Kulturmenschheit hemmte und hemmt; sie ist in ihrer Art eine *Philosophie der Freiheit und des Fortschritts*, wenngleich sie keine Brücke zu den sozialistischen Idealen schlägt, sondern eher in einen sozialaristokratischen Individualismus einmündet. Mit der Religion zugleich verneint Nietzsche das Massendasein, den Kollektivzwang in jeder Form, die Gleichschaltung und Nivellierung des einzelnen, der allein für ihn als Kulturschöpfer in Betracht kommt.

Nietzsche wandelt in den Fußstapfen Feuerbachs, wenn er feststellt, die Religionen seien Ausgeburten der menschlichen Phantasietätigkeit. Ihre Entstehungsgeschichte muß psychologisch und anthropologisch nachvollzogen werden, wobei nur Phantasten und Träumer der Meinung sein können, daß die Menschen der Frühzeit mit ihren religiösen Konfabulationen die Welträtsel tatsächlich zu lösen vermochten. Kurz und bündig sagt Nietzsche:

> Noch nie hat eine Religion, weder mittelbar noch unmittelbar, weder als Dogma noch als Gleichnis, eine Wahrheit enthalten. Denn aus der Angst und dem Bedürfnis ist eine jede geboren, auf Irrgängen der Vernunft hat sie sich ins Dasein geschlichen.[170]

Man kann sich die Hilflosigkeit und Ohnmacht des urtümlichen Menschen angesichts der Naturgewalten kaum groß genug vorstellen. Um seiner permanenten Verzweiflung zu entrinnen, entwickelte er animistische Vorstellungswelten, die ihm das Gefühl gaben, mit einer beseelten Umwelt zu tun zu haben, die auf seine Wünsche und Motivationen reagieren könne. Die Praktiken der Magie, die mit dem Animismus parallel laufen, sind allesamt aus dem Umgang mit anderen Menschen abgeleitet, wo Einflußnahme durch Suggestion, Bitte und Selbstdemütigung als möglich erscheint. Das magische Verhalten nimmt die Welt als ein Gegenüber, das »sympathetisch« mit den menschlichen Intentionen mitgeht, also sich wie ein *großes Du* benimmt.

> Das Nachdenken der magie- und wundergläubigen Menschen geht dahin, *der Natur ein Gesetz aufzulegen* —: *und kurz gesagt, der religiöse Kultus ist das Ergebnis dieses Nachdenkens. Das Problem, welches sich jene Menschen vorlegen, ist aufs engste verwandt mit diesem: wie kann der schwächere*

182

Stamm dem *stärkeren* doch Gesetze diktieren, ihn bestimmen, seine Handlungen (im Verhältnis zum schwächeren) leiten?[171]

Gott verdankt seinen Ursprung der menschlichen Unwissenheit, zugleich aber auch der Kapitulation vor dem Unvermögen, diese gefahrenbringende und unübersichtliche Welt je verstehen zu können. Die Menschen ertragen das Gefühl der Sinnlosigkeit nur mühevoll; daher postulieren sie lieber einen Scheinsinn, als daß sie sich dumpfen und bewußtlosen Mächten ausgeliefert fühlen. Im *Zarathustra* kommt Nietzsche wiederholt darauf zurück, daß jeder Wahn, also auch der religiöse, die unbegriffene Wirklichkeit in seiner Weise auszulegen unternimmt; kranke Leiber und Seelen erfinden Wahngebilde, die zu ihrer psychophysischen Gesamtlähmung passen.

> Leiden war's und Unvermögen – das schuf alle Hinterwelten; und jener kurze Wahnsinn des Glücks, den nur der Leidendste erfährt.
> Müdigkeit, die mit einem Sprunge zum Letzten will, mit einem Todessprunge, eine arme, unwissende Müdigkeit, die nicht einmal mehr wollen will: die schuf alle Götter und Hinterwelten.
> Glaubt es mir, meine Brüder! Der Leib war's, der am Leibe verzweifelte, – der tastete mit den Fingern des betörten Geistes an die letzten Wände.
> Glaubt es mir, meine Brüder! Der Leib war's, der an der Erde verzweifelte, – der hörte den Bauch des Seins zu sich reden.[172]

Und weiter:

> Aus Lücken bestand der Geist dieser Erlöser; aber in jede Lücke hatten sie ihren *Wahn* gestellt, ihren Lückenbüßer, den sie Gott nannten [...].
> Eifrig trieben sie und mit Geschrei ihre Herde über ihren Steg; wie als ob es zur Zukunft nur Einen Steg gäbe! Wahrlich, auch diese Hirten gehörten noch zu den Schafen![173]

So werden, im dunklen Drang, angebliche Lösungen für die Problematik des Menschen in der Natur gefunden; das Wort *Gott*, das religiöse Dogma, das fromme Tun helfen scheinbar weiter. Nur ist zu bedenken:

> *Die »Wege«.* – Die angeblich »kürzeren Wege« haben die Menschheit immer in große Gefahr gebracht; sie verläßt immer bei der frohen Botschaft, daß ein solcher kürzerer Weg gefunden sei, ihren Weg – und *verliert den Weg.*[174]

Gemäß der Theorie des »Willens zur Macht« muß es auch einen Menschentypus geben, der auf das Prinzip der Religion seinen Herrschaftsanspruch zu gründen weiß. Es ist dies der Priester, der in allen menschlichen Gemeinschaften sich mit der weltlichen Herrschaft, vom Häuptling bis zum König, von der Aristokratie bis zur demokratischen Staatsordnung, zu arrangieren pflegt. Der Priester ist nach Nietzsche meistens ein Persönlichkeitstyp mit gesteigertem Machtwillen. Durch seine Beziehung zur Überwelt, seinen Umgang mit Verstorbenen, Geistern und Dämonen sichert er sich eine Vorrangstellung.

> Der Priester will sich durchsetzen und will, daß er als *höchster Typus* des Menschen gilt, daß er herrscht, – auch noch über die, welche die *Macht* in den Händen haben, daß er unverletzlich ist, unangreifbar –, daß er die *stärkste Macht* in der Gemeinde ist, absolut nicht zu ersetzen und zu unterschätzen.
> *Mittel:* er allein ist der *Wissende*; er allein ist der *Tugendhafte*; er allein hat die *höchste Herrschaft über sich.*[175]

Abergläubische und unwissende Völker sind der Auffassung, daß alles pittoreske Gebaren von Menschen göttlicher Herkunft sein müsse oder doch die Verbindung mit der Gottheit herstellen könne. Daher sind »psychiatrische Grenzfälle«

184

besonders disponiert, religiöse Schauer hervorzu-
rufen; meistens glauben sie selbst auch an ihre
Auserwähltheit, sobald sie irgendwelchen Verzückungen unterliegen. Nietzsche wendet dagegen ein:

> Alle die Visionen, Schrecken, Ermattungen, Entzük-
> kungen des Heiligen sind bekannte Krankheitszu-
> stände, welche von ihm auf Grund eingewurzelter
> religiöser und psychologischer Irrtümer nur ganz an-
> ders, nämlich nicht als Krankheiten *gedeutet* wer-
> den.[176]
> Alle diese heiligen Epileptiker und Gesichte-Se-
> her besaßen nicht ein Tausendstel von jener Recht-
> schaffenheit der Selbstkritik, mit der heute ein Philo-
> loge einen Text liest oder ein historisches Ereignis
> auf seine Wahrheit prüft. [...] Es sind, im Vergleiche
> zu uns, moralische Kretins.[177]

Als moderne Menschen sollten wir die Geschichte
der Religionen sozusagen als Krankheitsgeschich-
te des *Patienten Menschheit* lesen. Wir erkennen
hierbei im religiösen Weltbild eine Gestaltwer-
dung des *Nihilismus*, das heißt des Chaos und der
Ausweglosigkeit, die künstlich mit »heiliger Fassade« umgeben wurden. In Wirklichkeit spielen in
allen Religionssystemen Weltflucht, Unvernunft,
Grausamkeit, Fanatismus und Unterwürfigkeit eine dominierende Rolle. Man darf sich nicht über
den universellen Erfolg der Religionen wundern;
auf einer primitiven Stufe der Kultur setzt sich allemal das Absurde, das Unmenschliche und das Ver-
rückte durch.

Dies gilt sicherlich auch für die Geschichte des
Christentums, das im Römischen Reich der Antike
zur Geltung kam, weil zu Beginn unserer Zeitrechnung offenbar eine große Kollektivkrankheit um
sich griff, eine Verzweiflung der unteren Volksschichten, die nicht mehr aus und ein wußten; in
solchen Situationen wird jede Hilfe angenommen,

die sich nur darbietet. Buddha, Jesus, Mohammed und so weiter werden hierbei als Religionsstifter überschätzt, wenn man die entsprechenden Religionen auf die Stifterpersönlichkeiten zurückführt. Diese sind nur »Streichhölzer«, die einen überall schon vorbereiteten Brand auslösen; wer immer sie als Individuen sind – die Massenseele bemächtigt sich ihrer und formt aus ihnen ein Bild nach ihrem Bilde.

Das Christentum ist für Nietzsche ein Sklavenaufstand, der ohne Waffen sein Ziel erreichte. Die Zukurzgekommenen wollten nach oben; die Lehre Jesu kam ihnen als Werkzeug zurecht.

> Im Christentum sind *drei Elemente* zu unterscheiden: a) die Unterdrückten aller Art, b) die Mittelmäßigen aller Art, c) die Unbefriedigten und Kranken aller Art. Mit dem *ersten* Element kämpft es gegen die politisch Vornehmen und deren Ideal; mit dem *zweiten* Element gegen die Ausnahmen und Privilegierten (geistig, sinnlich –) jeder Art; mit dem *dritten* Element gegen den *Natur-Instinkt* der Gesunden und Glücklichen.[178]

Um die Wertwelt der herrschenden Volksschichten der Antike zu entwerten, mußte das Christentum Gegenwerte proklamieren, die allesamt die Mentalität und die Lebensform des Sklaven verherrlichten oder doch zu rechtfertigen versuchten. Aber der versklavte Mensch kann die Schönheit der Welt nicht sehen; um sein eigenes Unglücklichsein zu kompensieren, breitet er Verachtung über sie aus. Die Folgen davon waren verheerend.

> *Ein gefährlicher Entschluß.* – Der christliche Entschluß, die Welt häßlich und schlecht zu finden, hat die Welt häßlich und schlecht gemacht.[179]

Wer über fast nichts mehr in der Welt herrschen kann, hat immer noch seinen Körper übrig, um an ihm seine Launen und seine lamentablen Gefühle auszulassen. Daraus entsprang zum Beispiel die christliche Leibverachtung, die der europäischen Kultur unsäglichen Schaden zugefügt hat.

> Sie verachteten den Leib: sie ließen ihn außer Rechnung: mehr noch, sie behandelten ihn wie einen Feind. Ihr Wahnwitz war, zu glauben, man könne eine »schöne Seele« in einer Mißgeburt von Kadaver herumtragen [...]. Um das auch anderen begreiflich zu machen, hatten sie nötig, den Begriff »schöne Seele« anders anzusetzen, den natürlichen Wert umzuwerten, bis endlich ein bleiches, krankhaftes, idiotisch-schwärmerisches Wesen als Vollkommenheit, als »englisch«, als Verklärung, als höherer Mensch empfunden wurde.[180]

Um die Entwertung des Lebens propagieren zu können, wurde aus der *Optik der Schwäche* alles Natürliche angefeindet.

> Alles, was aus der Schwäche kommt, aus der Selbstanzweiflung und Kränkelei der Seele, taugt nichts – und wenn es in der größten Wegwerfung von Hab und Gut sich äußerte: denn es vergiftet als *Beispiel* das Leben [...]. Der Blick eines Priesters, sein bleiches Abseits hat dem Leben mehr Schaden gestiftet, als alle seine Hingebung Nutzen stiftet: solch Abseits verleumdet das Leben.[181]

Armut, Keuschheit und Gehorsam wurden zu den christlichen Kardinaltugenden erhoben. Die Folge davon war, daß alle natürlichen Leidenschaften des Menschen das *Stigma der Sünde* erhielten. So schuf das Christentum überall, wo es hinkam, das *schlechte Gewissen*, welches nach Nietzsche eine gefährliche Seelenkrankheit ist, aus der kaum je etwas Gutes gewachsen ist. Der Christ lernte dauernd zerknirscht zu sein, weil er ja doch stets materielle Begierden, sexuelle Gelüste und Wünsche nach Autonomie empfand; all dies aber war durch seine Religion als *sündhaft* definiert worden.

Böse denken heißt böse machen. – Die Leidenschaften werden böse und tückisch, wenn sie böse und tückisch betrachtet werden. So ist es dem Christentum gelungen, aus Eros und Aphrodite – großen idealfähigen Mächten – höllische Kobolde und Truggeister zu schaffen, durch die Marter, welche es in dem Gewissen der Gläubigen bei allen geschlechtlichen Erregungen entstehen ließ. Ist es nicht schrecklich, notwendige und regelmäßige Empfindungen zu einer Quelle des innern Elends zu machen [...].[182]

Man zählt das Christentum zu den sogenannten asketischen Religionen, das heißt zu jenen, die in der Terrorisierung des Leibes und dem Unterdrücken der Sexualität eine spezielle Auszeichnung des frommen Menschen sehen. Für Nietzsche ist Asketismus nichts anderes als eine Pervertierung des Machtwillens. Der Sadismus wendet sich nicht nur gegen andere, sondern auch gegen den Sadisten selbst; der Asket, der seine Sinnlichkeit martert, vergottet hierbei sich selbst, weil er meint, eine Heldentat zu vollbringen. In vielen Religionen der Erde kultiviert man dieses »Heldentum«, das bis zum religiösen Selbstmord geht.

Es gibt einen Trotz gegen sich selbst, zu dessen sublimiertesten Äußerungen manche Formen der Askese gehören. Gewisse Menschen haben nämlich ein so hohes Bedürfnis, ihre Gewalt und Herrschsucht auszuüben, daß sie, in Ermangelung anderer Objekte oder weil es ihnen sonst mißlungen ist, endlich darauf verfallen, gewisse Teile ihres eigenen Wesens, gleichsam Ausschnitte oder Stufen ihrer selbst, zu tyrannisieren.[183]

Da das Christentum die Menschen mit der *Erbsünde* belastete, konnte es nicht auf die Idee kommen, diesen Sündern Freude, Heiterkeit und Lebenslust zu gönnen. Es verbreitete eher die Aufforderung zur permanenten Buße, die in jeden Becher menschlicher Glückseligkeit ihren Wermutstropfen kreatürlicher Traurigkeit hineinmischte. Die Seele der Christen taumelte zwischen Sündengefühl und Erlösungshoffnung einher, wodurch Seelenzustände provoziert wurden, die an das manisch-depressive Irresein erinnern. Jedenfalls war der Sündenbegriff eine Quälerei für die Menschen, die kaum je zum inneren Gleichgewicht finden konnten.

Mitleid und Nächstenliebe waren nur schwache Heilmittel gegen solche Bedrückungen. Nietzsche, der den Wert dieser beiden Tugenden in Zweifel stellt, hält die *Mitfreude* und die *Fernstenliebe* für wahrhaft humane Tugenden. Gegen das Mitleid formuliert er den Einwand:

> *Der mitleidige Christ.* – Die Kehrseite des christlichen Mitleidens am Leiden des Nächsten ist die tiefe Beargwöhnung aller Freuden des Nächsten, seiner Freude an allem, was er kann und will.[184]

Angesichts der menschlichen und kulturellen Mißstände in der christlichen Welt spricht Nietzsche dem Christentum das Recht ab, bei anderen Völkern zu missionieren. Er notiert die Beobachtung, die nahe an das Diktum von Marx heranreicht, der die Religion als »Opium des Volks« bezeichnet, daß man die religiösen Gedankenwelten als *Narkotika* auffassen muß, welche die Menschen einschläfern und sie daran hindern, die wahren Ursachen der sie bedrohenden Übel zu erkennen.

> *Frage und Antwort.* – Was nehmen jetzt wilde Völkerschaften zuerst von den Europäern an? Branntwein und Christentum, die europäischen Narkotika. – Und woran gehen sie am schnellsten zugrunde? – An den europäischen Narkoticis.[185]

Aufgrund solcher und vieler anderer Überlegungen steigert sich Nietzsche in seinen Spätwerken in einen gewaltigen Haß gegen das Christentum hinein, der im *Antichrist* und in der *Götzendämmerung* schrille Töne annimmt, die eventuell schon die Spuren des späteren Wahnsinns erkennen lassen. Aber auch schon in den vorangehenden Zeiten ist die Ablehnung der angeblichen Frohbotschaft des Neuen Testaments ganz eindeutig, wie etwa in der Aussage:

> *Gegen das Christentum.* – Jetzt entscheidet unser Geschmack gegen das Christentum, nicht mehr unsere Gründe.[186]

Ähnlich wie Feuerbach will Nietzsche jedoch die ganze leidvolle Geschichte des Christentums und der anderen Religionen nicht auf dem Kehrichthaufen einer überlebten Vergangenheit deponieren und dann vergessen. Durch die »anthropologische Reduktion« soll das geistige Gut des religiösen Denkens und Phantasierens für die Erhöhung der Gattung Homo nutzbar gemacht werden; denn in Gott und den Göttern haben die Menschen auch sich selbst angebetet, nämlich ihre Zukunftsträume, ihre Allmachtswünsche und ihre Unendlichkeitsphantasien. Diese sollen nun in das *menschliche Wesen* zurückgenommen werden, was erst die wahre Aufhebung der Selbstentfremdung mit sich bringt.

> Alle Schönheit und Erhabenheit, die wir den wirklichen und eingebildeten Dingen geliehen haben, will ich zurückfordern als Eigentum und Erzeugnis des Menschen: als seine schönste Apologie. Der Mensch als Dichter, als Denker, als Gott, als Liebe, als Macht: o über seine königliche Freigebigkeit, mit der er die Dinge beschenkt hat, um sich zu *verarmen* und *sich* elend zu fühlen! Das war bisher seine größte Selbstlosigkeit, daß er bewunderte und anbetete und sich zu verbergen wußte, daß *er* es war, der Das geschaffen hat, was er bewunderte.[187]

Wenn die Gefühle der Anbetung und der Hingabe nicht mehr zu Gott strömen, wo werden sie dann bleiben? Sie werden nach Nietzsches Meinung das seelische und sittliche Niveau des Menschen selbst steigern, einem Fluß ähnlich, der durch einen Damm aufgehalten wird und nicht gleich ins Meer abfließen kann. So kann es nach der *Ära der Religionen* zu einer Kulturblüte kommen, die wir uns heute noch kaum ausmalen können.

Das Bewußtsein, *daß Gott tot ist*, kann und soll der Ausgangspunkt für ein neues Realitätsgefühl werden, worin unsere Pflichten gegen uns selbst und gegenüber dem Mitmenschen deutlicher als je erfahren werden. Wer Gott liebte, war in der Vergangenheit allzu leicht bereit, die Menschen vor die Hunde gehen zu lassen, sozusagen »zur höheren Ehre Gottes«. Nun wird aber die kostbare Liebe des Menschen nur noch seinen echten Partnern zuteil, die sie benötigen und auch erwidern können.

> *Verbotene Freigebigkeit.* – Es ist nicht genug Liebe und Güte in der Welt, um noch davon an eingebildete Wesen wegschenken zu dürfen.[188]

An die Stelle der Religion müssen Wissenschaft, Philosophie und Mitmenschlichkeit treten, in denen sich der Mensch tatsächlich mit den Nöten seines Daseins und den Erfordernissen der Wirklichkeit auseinandersetzt. Eine Menschheit, die gemäß den Worten Zarathustras »der Erde treu sein wird«, hat keinen Platz für Kirchen und Götterstandbilder, die Symbole des menschlichen Elends und der Ausbeutung. Es ist nach Nietzsche kein Zufall, daß sich die Worte »Christ« und »Nihilist« reimen; sie reimen sich nicht nur, sie sind wesensidentisch. Wenn aber die Menschen nicht mehr vom Nichts magisch fasziniert sind, werden

sie auf der Erde, »deren Herz aus Gold ist« (Zarathustra), Fuß fassen und alles Erdenkliche tun, um
diese für die Menschen wohnlich einzurichten.
Nietzsches Credo lautet:

> Je mehr einer dazu neigt, umzudeuten und zurecht-
> zulegen, um so weniger wird er die Ursachen des
> Übels ins Auge fassen und beseitigen; die augen-
> blickliche Milderung und Narkotisierung [...] ge-
> nügt ihm auch in ernsteren Leiden. Je mehr die Herr-
> schaft der Religionen und aller Kunst der Narkose
> abnimmt, um so strenger fassen die Menschen die
> wirkliche Beseitigung der Übel ins Auge.[189]

Auf dem Weg zu einer erweiterten psychoanalytischen Religionspsychologie

Psychoanalyse Gottes und des Teufels

Trotz der gigantischen Anstrengungen Feuerbachs, Nietzsches, Freuds und anderer ist die psychologische Analyse der Gottesvorstellungen noch lange nicht beendet – die Zukunft wird noch weitere Untersuchungen dieser Art bringen müssen. Man muß hierbei davon ausgehen, daß auch *Ideen* einer analytischen Klärung zugänglich sind; auch sie haben einen Ursprung, einen Lebenslauf und ein Ende. Eine *Psychoanalyse der Weltanschauungen und ihrer einzelnen Elemente* könnte großen Nutzen für den Kulturfortschritt haben; leider hat man hierzu fast noch keine Schritte unternommen.

Heinrich Heine zeigt in seiner geistreichen Schrift *Zur Geschichte der Religion und Philosophie in Deutschland*[190] (1833/1834; Frankfurt 1966) ein bemerkenswertes Verständnis für die *Biographie Gottes*, indem er den Abschnitt »Von Luther bis Kant« mit folgenden Sätzen abschließt:

> Unsere Brust ist voll von entsetzlichem Mitleid – es ist der alte Jehova selber, der sich zum Tode bereitet. Wir haben ihn so gut gekannt, von seiner Wiege an, in Ägypten, als er unter göttlichen Kälbern, Krokodilen, heiligen Zwiebeln, Ibissen und Katzen erzogen

wurde — Wir haben ihn gesehen, wie er diesen Ge-
spielen seiner Kindheit und den Obelisken und
Sphinxen seines heimatlichen Niltals ade sagte und
in Palästina, bei einem armen Hirtenvölkchen, ein
kleiner Gottkönig wurde und in einem eigenen Tem-
pelpalast wohnte — Wir sahen ihn späterhin, wie er
mit der assyrisch-babylonischen Zivilisation in Berührung kam und seine allzu menschlichen Leidenschaften ablegte, nicht mehr lauter Zorn und Rache
spie, wenigstens nicht mehr wegen jeder Lumperei
gleich donnerte — Wir sahen ihn auswandern nach
Rom, der Hauptstadt, wo er aller Nationalvorurteile
entsagte und die himmlische Gleichheit aller Völker
proklamierte und mit solchen schönen Phrasen gegen den alten Jupiter Opposition bildete und so lange intrigierte, bis er zur Herrschaft gelangte und vom
Kapitole herab die Stadt und die Welt, urbem et or-
bem, regierte — Wir sahen, wie er sich noch mehr ver-
geistigte, wie er sanftselig wimmerte, wie er ein lie-
bevoller Vater wurde, ein allgemeiner Menschen-
freund, ein Weltbeglücker, ein Philanthrop — es
konnte ihm alles nichts helfen —

Hört ihr das Glöckchen klingeln? Kniet nieder —
Man bringt die Sakramente einem sterbenden Got-
te.[191]

Dies ist die kurzgefaßte Lebensbeschreibung Gottes, der, wie auch Nietzsche hernach meinte, gestorben ist, ohne daß es ein Großteil der Menschheit zur Kenntnis nahm. So geht er weiter als »Ge-
spenst« um und übt in dieser Gestalt noch einen
Teil der Macht über die Menschen aus, die er vor-
dem so reichlich besessen hat. So ist er immer noch
für viele, die an ihn glauben:

a) *das Ichideal.* Die Gottesvorstellung ver-
mengt sich bis zur Unkenntlichkeit der Grenzen
mit dem Ichideal jedes einzelnen; daher wird sie
zum kostbaren Seeleninhalt, zur Zielvorstellung
alles Seins und Werdens. Dazu paßt sehr gut, daß
man früher Gott auch die Gewissensfunktion zuschrieb; die Psychoanalyse lehrt, daß dem »Über-
ich« die Selbstwahrnehmung, das Gewissen und

das Ichideal zukommen beziehungsweise in ihm vereinigt sind. Eine autoritäre Gottesidee ist ein funktionaler Bestandteil eines »Sinnganzen«, das aus autoritärer Gesellschaftsordnung, Patriarchat, Sexualverdrängung, autoritärem Gewissen der einzelnen Menschen und so weiter besteht. Die Menschen klammern sich an Gott, wie sie sich an ihr Ichideal klammern, wenn sie von der Wirklichkeit allzusehr bedrängt werden.

b) *das absolute Du.* Da die Person des Menschen nur in der Ich-Du-Einheit existiert, braucht der Mensch angesichts seiner Einsamkeit in einer asozialen und unsolidarischen Welt ein irreales Gegenüber, an das er sich immer in seiner Not und Verlassenheit wenden kann. Er führt dann seine inneren Monologe, die er als *Dialog mit der Gottheit* mißversteht. Würden die Menschen mehr lieben und geliebt werden, das heißt besser verstehen und verstanden werden, so hätten sie die Zuflucht zu Gott weniger nötig. Da das menschliche Du so oft in seiner lebenswichtigen Rolle versagt, ist das göttliche Du für viele unentbehrlich.

c) *der unendliche Sinn-Garant.* Der Mensch lebt nicht von Brot allein; er bedarf der *Sinnhaftigkeit*, um existieren zu können. Immer ist er auf der Suche nach Sinn, und nichts erträgt er weniger als allgemeine Sinnlosigkeit, die ihm so oft aus dem Leben des einzelnen wie der Völker entgegenstarrt. Da auch das Universum anscheinend *sinnlos* ist, produziert der Mensch unablässig Vorstellungen aller Art, die einen Sinn im Weltgeschehen mutmaßen; so erträgt er seine Schicksale leichter und unbeschwerter. Gott ist nun die Gewährleistung dafür, daß nichts – so schrecklich es auch sei – »gar nichts bedeutet«; er garantiert die höhere Sinnhaftigkeit aller Ereignisse, welche die menschliche Vernunft nicht selten als furchtbares

Fiasko empfinden muß. Da es schwer ist, *Sinn zu schaffen*, mag es für Mutlose und Masochisten tröstlich sein, daß das Sinnhafte schon ohne Zutun des Menschen sich verwirklicht. Friedrich Schiller jedoch propagierte einen anderen Weg, als er dichtete:

> Wisset, ein erhabner Sinn
> *Legt* das Große in das Leben,
> Und er *sucht* es nicht darin.

d) *die Legitimation aller Herrschaft.* Hier rühren wir an die politische, soziale und ökonomische Funktion der Gottesidee, die der Marxismus und die Soziologie sorgfältig ans Licht hoben. Eindrückliche Gedanken hierzu finden sich zum Beispiel in Peter L. Bergers Buch *Zur Dialektik von Religion und Gesellschaft*[192].

Da Gott absoluter Herrscher über das Weltall und die Menschen ist, ist es naheliegend, daß auch in der Menschenwelt Absolutismus in mannigfachen Formen existiert. Daher tendieren alle Regierungen dazu, eine überirdische Verankerung zu suchen; sie leiten ihre Macht von der Gottheit ab und sind auch bereit, sich dem über den Wolken thronenden Allmächtigen zu unterwerfen, wenn die Menschen auf der Erde zur Unterwürfigkeit ihnen gegenüber bereit sind. So zieht sich die Kette der Herrschaftsverhältnisse vom Himmel bis zum Hinterhof herunter, wo der armseligste Proletarier immer noch seine Frau und seine Kinder »wie ein Gott« regiert. *Gott und der Staat* haben, wie Michail Bakunin (1814–1876) schon wußte, ein uraltes Freundschaftsverhältnis, das durch die wahnwitzigen Exzesse des letzteren in keiner Weise getrübt wurde.

Wir verlassen nun das Gottesproblem und wenden uns dem Teufel zu, der als Widerpart Gottes eine mindestens so interessante Persönlichkeit wie sein Gegenspieler ist. Die »Psychoanalyse des Teufels« kann an wichtige Beiträge von Freud selbst anknüpfen, da dieser unserem Thema manchen erhellenden Kommentar gewidmet hat.

Als Freud im Jahr 1930 den Goethe-Preis der Stadt Frankfurt erhielt, schrieb ihm der Schriftsteller Alfons Paquet, auf dessen Betreiben die Preisverleihung zustande gekommen war, einen Brief, worin er die Psychoanalyse als eine humanistische Leistung würdigte, die jedoch »einen geheimen mephistophelischen Grundzug« enthalte. Freud bedankte sich bei Paquet in einem Brief vom 26. Juli 1930, wobei er auf die genannte Redewendung Bezug nahm:[193]

> Von der liebenswürdigen Vertiefung in den Charakter meiner Arbeit abgesehen, habe ich doch nie zuvor die geheimen persönlichen Absichten derselben mit solcher Klarheit erkannt gefunden wie von Ihnen und hätte Sie gern gefragt, woher Sie es wissen.

Freud identifizierte sich offenbar nicht nur mit Hannibal, Moses, Leonardo, Goethe und anderen, sondern auch mit dem Teufel, der ähnlich wie Prometheus ein Schutzheiliger aller Aufrührer und Rebellen zu sein scheint. Anläßlich einer Sitzung seiner »Mittwochs-Gesellschaft« wurde gelegentlich von seinen Schülern und Mitarbeitern der Wunsch geäußert, die Psychoanalyse zu einem strenggefügten System auszubauen. Freud erwiderte darauf, der Zeitpunkt hierfür sei noch nicht gekommen, und erinnerte an die alte Legende von der Stadt, die eine Kirche bauen wollte, aber keine Steine dazu hatte. Man schloß einen Pakt mit dem Teufel, der die Steine herbeizuschaffen versprach, wenn man ihn entsprechend belohne. Wie so oft wurde der Teufel nach seiner Lieferung betrogen.

Freud kommentierte die Geschichte, indem er sagte, auch *seine Rolle sei die des Teufels gewesen*: Er habe das Baumaterial geliefert, andere würden den Bau vollenden.

Ein weiteres Dokument für Freuds Interesse am Teufel ist die bereits erwähnte Abhandlung *Eine Teufelsneurose im siebzehnten Jahrhundert*[194]. Darin zeigt Freud anhand der ihm vorliegenden Texte auf, daß der Teufel – ebenso wie Gott – viel mit der Vaterfigur zu tun hat; er ist sozusagen das negative Gegenbild der Gottheit, die unser durch das Vatererlebnis inspiriertes Ichideal darstellt. Eine Klärung des Teufelsproblems ist unabweislich, da dieses in der abendländischen Kultur eine große Rolle gespielt hat.

Der Teufel zeigt sich uns als ein spezifisch jüdisch-christliches Phänomen. Gewiß gibt es in den alten orientalischen Religionen ähnliche Figuren, aber die Bibel hat in unserem Kulturbereich die für uns gültigen Vorstellungen von Teufel und Hölle geprägt. Interessant ist, daß die Griechen und die Römer der Antike keinen eigentlichen »Gegengott« in der Art des Teufels hatten. Sie sahen etwa in Hades den Gott der Unterwelt, der über die abgeschiedenen Seelen regierte. Auch gab es im »Reich der Schatten« Strafen für Untaten, wie die Beispiele des Tantalos und des Sisyphos lehren; aber die sadomasochistische Welt des Fegefeuers mit ihren unendlichen Quälereien ist eine besondere Errungenschaft des Christentums. Die christliche Phantasie beschäftigte sich sehr ausführlich mit dem Teufel und seiner Herrschaft über das Menschenleben. Hiervon legen unter anderem Zeugnis ab das Buch Hiob im Alten Testament, der intensive Teufelsglaube im Mittelalter, Dantes *Göttliche Komödie*, Miltons *Paradise lost*, die Faustdichtungen vom uralten Volksbuch über den

198

Doktor Faust bis zu Marlowe, Goethe und Thomas Mann, zahlreiche Darstellungen in der Malerei und den anderen Künsten sowie der Hexenwahn. Noch in der unmittelbaren Gegenwart gibt es in katholischen Gegenden regelrechte Teufelsaustreibungen, und Papst Paul VI. erklärte ex cathedra, es gebe den Teufel und die Hölle *tatsächlich*. So heißt es in einer Ansprache des Papstes vom 15. November 1972 über die Existenz des Teufels:

> Er ist der Feind Nummer eins, der Versucher schlechthin. Wir wissen, daß es dieses dunkle, Verwirrung stiftende Wesen tatsächlich gibt und daß es noch immer mit mörderischer Schlauheit am Werke ist.

Sehr aufschlußreich ist die Bedeutung Satans in der Schöpfungsgeschichte des Alten Testaments; Satan wird darin als Rebell gegen die Gottheit beschrieben, der er den Anspruch auf die Herrschaft über Himmel und Erde streitig macht. Er ist es auch, der den beiden ersten Menschen die Widerspenstigkeit gegen Gott einflüstert, indem er sie dazu verleitet, die Frucht vom Baum der Erkenntnis zu essen. Dies erfolgt durch die Verführung Evas, was sichtlich ein Dokument des *patriarchalischen Denkens* ist; in den alten Kulturen konnte man sich die Erklärung für alle Übel nur dadurch denken, daß »das Weib« irgendeinen Fehltritt begangen hatte.

Die Formel, mit welcher der Teufel die Menschen zur verbotenen Erkenntnis animiert, lautet charakteristischerweise: »Eritis sicut Deus, scientes bonum et malum« – »Ihr werdet sein wie Gott, wissend von Gut und Böse«. Erst nach dem Delikt erwachen die Schamgefühle in Adam und Eva, so daß sie ihre Nacktheit nicht mehr ertragen. Sie werden aus dem Paradies vertrieben; so beginnt das Leben als Mühe und Arbeit auf Erden.

Der Teufel erscheint hier als Repräsentant sexueller Wünsche und als Urheber aller Übel in der Welt. Diese Wesenszüge hat er im Lauf der letzten zwei Jahrtausende beibehalten. Er diente dem Christentum als universeller Erklärungsgrund für alle Laster des Menschen und die Mißlichkeiten des Lebens, die man Gott schwerlich zuzuschreiben vermochte. Es erleichterte jegliche Theodizee – die Rechtfertigung Gottes angesichts der Übel der Welt –, daß man ein Wesen annahm, welches der Urheber allen Unglücks und Scheiterns war.

Ein großer Teufelskundiger war bekanntlich *Luther*, der mehrmals vom Teufel heimgesucht wurde und entsetzlich unter diesen Visionen litt. Noch heute zeigt man auf der Wartburg in Thüringen die Stelle, wo der Reformator dem Teufel ein Tintenfaß entgegenschleuderte, indes dieser nach einigen Beschwörungen mit *Gestank und Getöse* entwich. In seinen *Tischreden* kam Luther oft auf den Teufel zurück, dessen Eigentümlichkeiten und Verhaltensweisen er seinen Schülern detailliert ausmalte. So riet er unter anderem, dem Teufel den Hintern zu zeigen und ihn durch einen Flatus (Furz) zu vertreiben; oft war ihm, der unter schweren Verstopfungen litt, der *Böse* auf dem Abort erschienen.

Für den Psychoanalytiker ist es aufschlußreich, daß Luther eine sehr schwierige Vaterbeziehung hatte; sicherlich hat nicht nur sein Gottesbild, sondern auch seine Teufelserfahrung die Züge des harten und grausamen Hans Luder (wie der Vater noch hieß) geerbt. Erik H. Erikson analysiert in seinem Buch *Der junge Mann Luther*[195] sorgfältig Luthers periodische Depressionen, Zwangsvorstellungen, Verdauungsstörungen und Teufelserlebnisse, die allesamt einen inneren Zusammenhang haben und vielleicht in der prekären Haltung gegenüber Autoritäten verwurzelt sind. Mit dem Haß gegen den Teufel geht einher der Haß gegen die katholische Kirche und den Papst als Statthalter des Teufels auf Erden, gegen rivalisierende Reformatoren (zum Beispiel Zwingli), gegen die aufständischen Bauern und ihre Führer, gegen Erasmus von Rotterdam, gegen die Juden, kurzum: gegen alle, die Luthers Autorität nicht anerkannten. Luther war ein geradezu *paranoider Hasser*, der den Teufel gut gebrauchen konnte, um seine sadistischen Gefühlsregungen lokalisieren zu können. Interessant ist auch, daß er viele Merkmale des *Analcharakters* und der *autoritären Persönlichkeit* aufweist, wodurch seine Geisteshaltung einigermaßen verständlich wird.

Man könnte die Teufelsmythologie mit dem Ausspruch ad acta legen, daß es weder Teufel noch Hölle gebe, weshalb es als unnütz erscheine, sich mit solchem Spuk überhaupt zu befassen. Dies wäre ein Denken nach Art jener oberflächlichen Aufklärungsphilosophie, mit der man im 18. Jahrhundert die Religion als »Priesterbetrug« zu entlarven und ihr damit den Boden zu entziehen versuchte. Seit Feuerbach, Nietzsche und Freud können wir nicht mehr so eingleisig argumentieren. Wir studieren nun die Religionen und ihre Glaubensinhalte, um die menschliche Natur, die in ihnen enthalten ist, besser begreifen zu können; durch die *anthropologische Reduktion* wird die Religion zu einem Hilfsmittel der Selbsterkenntnis des Menschen.

So sollen auch der Teufel und die Höllenvorstellungen als menschliche Projektionen tiefenpsychologisch erkannt und zurückgenommen wer-

den. Die Tiefenpsychologie hat diesbezüglich große Vorläufer, deren sie sich dankbar erinnern muß.
So hat schon Schopenhauer darauf hingewiesen,
daß es eigentlich keiner Hölle bedürfe, um den
Menschen für seine Sünden büßen zu lassen; die
Hölle sei schon auf Erden da, und der Teufel sei
niemand anderes als der Mitmensch. Auch Nietzsche interpretierte den Teufel als Ausgeburt des
menschlichen Kleinmuts und des Pessimismus,
das heißt als notwendige Kontrastfigur gegenüber
dem lieben Gott, den man für das unglückseli-
ge Menschenleben nicht verantwortlich machen
konnte. Sartre sagt lakonisch in seinem Theater-
stück *Bei geschlossenen Türen*: »Die Hölle – das
sind die anderen!« Und Jean Cocteau bemerkte
ironisch: »Es gibt ganz gewiß einen Gott – nämlich
den Teufel!« All dies zeigt uns, daß es sich wohl
lohnt, über den Teufel nachzudenken.

Wir nehmen den Teufel als »geistiges Gebilde«
ernst, ohne an seine reale Existenz zu glauben;
wir fragen nur, welche Triebe und Motivationen
des Menschen er verkörpert, welchen Quellen im
Menschengeist er seine Entstehung verdankt. Die
Hirngespinste, die der Mensch ausbrütet, sind
Merkmale seiner Gemütsbeschaffenheit, so daß
sie studiert und gedeutet werden müssen.

Alle religiösen Berichte über den Teufel stimmen darin überein, daß er und seine Welt eine
Sphäre des Schmutzes, des Gestanks und der Wi-
derlichkeit seien. Er ist der Gott des Ungeziefers:
der Wanzen, Läuse, Flöhe, Ratten, Mäuse und so
weiter. Wo er erscheint, läßt er den Geruch von
Schwefel und Kot zurück. Die Hölle ist nicht nur
ein Ort der Quälerei – sie ist auch nicht reinlich;
man muß sie sich als eine riesige Kloake denken,
in der die gemarterten Seelen im Dreck ersticken.
So ist der Teufel unzweifelhaft ein *Repräsentant*

der Analität, wie wir schon aus Luthers Kommentaren entnommen haben.

Des weiteren malen alle alten Texte liebevoll aus, daß der Teufel es mit der Sexualität zu tun habe. Er erscheint frommen und asketischen Mönchen in Gestalt verführerischer Frauen, welche die Sinnlichkeit der Heiligen zum Leben erwecken; ein bekanntes Motiv, auch in der Kunst, ist die Versuchung des heiligen Antonius. Bei den Teufelsfeiern – man denke an die Blocksbergnacht auf dem Brocken im Harz – geht es wollüstig zu; Hexen und Zauberer koitieren wahllos im wüsten Taumel, indes beim Höhepunkt aller Orgien dem Teufel der Hintern geküßt werden muß. Auch perverse Sexualpraktiken gehören zum Teufelsfest. Unter den Anklagen, mit denen man Hunderttausende unschuldiger Frauen als Hexen verfolgte und auf den Scheiterhaufen brachte, figurierte auch die These, daß diese Frauen bei Männern sexuelle Wunschvorstellungen oder Impotenz erzeugt hätten. Somit ist der Teufel auch ein *Repräsentant der Sexualität*, die das Christentum mit seiner mönchischen Moral zu demütigen oder gar auszurotten versuchte. In der Satansgestalt bekämpfte man die *sexuellen Triebe*, die man als unerträgliche Zumutung empfand, weil man das Ideal eines reinen und engelhaften Lebens inthronisiert hatte.

Zum Teufel gehört ferner der Machtwille, der ihn veranlaßt, gegen die Schöpfung zu rebellieren, mit Gott selbst um die Menschenseelen zu ringen und um die Herrschaft über die Erde zu kämpfen. Die von ihm verleiteten Menschen revoltieren gegen die bestehenden Machtverhältnisse und lehnen sich auf gegen Sitte und Brauchtum, gegen Gewohnheit und Herkommen, gegen Unterwürfigkeit und Selbstauslöschung. So ist der Satan überdies ein *Repräsentant des Machtwillens* und der menschlichen Autonomie; er ist der Archetyp des Nonkonformisten, der aus der Reihe tanzt und sich auf die Rechte seiner Individualität besinnt. Daher ist er der Stammvater aller »Ketzer«, jener Menschen also, die gegen die Tyrannei des jeweiligen Kollektivs aufbegehrten.

Merkwürdigerweise sieht man, was psychologisch jedoch durchaus konsequent und richtig ist, im Teufel auch den *Repräsentanten der Intelligenz*; er verkörpert List, Klugheit, Verschlagenheit und Vernunft. Luther nannte zum Beispiel die Vernunft »Frau Klüglin, des Teufels Hure«. Wer die menschliche Vernunft zu unterdrücken begehrte, brachte sie meistens in die Nähe der Teufelsversuchungen. So wurden viele Wissenschaftler im ausgehenden Mittelalter und in der beginnenden Neuzeit als »Teufelssöhne« gebrandmarkt und verfolgt. Der Staat und die Kirche schienen zu ahnen, daß die Entwicklung der Vernunft ihre Herrschaft über die Menschen schmälern würde; so stemmten sie sich allen Fortschritten in den Wissenschaften und in der Philosophie entgegen, wobei die kühnsten Vorkämpfer des modernen Denkens ihre geistigen Errungenschaften mit Verbannung, Folter oder Opfertod bezahlen mußten. Erinnert sei an die Leiden Galileis, Giordano Brunos und Spinozas, bei deren Verurteilung durch Inquisition und Kirche das Argument der »Verführung durch den Teufel« eine erhebliche Rolle spielte.

Mithin finden wir im Phänomen des Teufels projizierte Analität, Sexualität, Autonomie und Intelligenz; der Teufel enthält also die *natürlichen Wesensbestandteile des Menschen*, gegen die man von seiten der geistlichen wie der weltlichen Obrigkeit verzweifelt ankämpfte. Hieraus ist zu schließen: Im Gefolge herrschaftsbedingter Lebensformen wurden die grundlegenden menschlichen Antriebe diabolisiert, damit man bestehendes Unrecht stabilisieren und untermauern konnte. Die Befreiung des Menschen erfordert die Aufhebung von Verdrängungen, die das menschliche Wesen entzweien und damit schwächen; erst wenn man das Bewußtsein um jene geleugneten, Gott und dem Teufel zugeschriebenen Eigenschaften erweitert, steht der Mensch in seiner vollen Integrität vor uns. Den Teufel soll man weder fürchten noch negieren, da er »ein Teil unser selbst« ist. Daher kann und soll man mit Goethe sagen:

> Ich kann mich nicht bereden lassen,
> Macht mir den Teufel nur nicht klein:
> Ein Kerl, den alle Menschen hassen,
> Der muß was sein!

Aus unserer summarischen Schilderung ergibt sich, daß der Teufel das absolute Gegenbild zu den »mönchischen Tugenden« der Armut, der Keuschheit und des Gehorsams darstellt, mit denen das Christentum den von ihm angestrebten »Idealmenschen« ausstattete. Denn der Teufel besticht die Menschen mit den Reichtümern dieser Welt. Er bietet ihnen aber nicht nur Geld, Macht und Befriedigung ihrer Sinnlichkeit an, sondern verleitet sie auch zur Rebellion gegen weltliche und geistliche Autoritäten. Er ist »das Böse an sich« und muß unter allen Umständen eliminiert werden.

Indem das Christentum alle wesentlichen Triebziele des Menschen mit einem radikalen oder gar absoluten Verbot belegte, erwies es sich als ein vortreffliches Instrument zur Unterdrückung des Menschen durch den Menschen. Wer die »Animalität« und den »Eigensinn« des Menschen zerbricht, schwächt dessen Kraft zum Widerstand gegen jegliche Form von sozialer, ökonomischer und politischer Sklaverei. Bekämpft wurden hierbei nicht nur einzelne Triebe und Tendenzen, sondern die *Leiblichkeit als Ganzes*. Dem Christentum war der menschliche Leib etwas Feindliches; es wußte sehr wohl, daß es ihn unterjochen mußte, um den Geist des Menschen in den Griff zu bekommen. Diesem Streben kam es sehr zupaß, daß die Phantasie des Volkes die Teufelsfigur ausgebrütet hatte, in welcher der Leib mit allen seinen Bedürfnissen und Strebungen repräsentiert war. Man entfachte eine wütende Aggression gegen den Teufel, meinte aber im Grunde dabei die *Vitalität des Menschen*, seine sexuellen und selbstischen Gemütsregungen, die man anprangern konnte, weil man sie dem Teufel zuschob.

Auch förderte man die menschliche *Selbstentfremdung*, indem man den Volksmassen nahelegte, alle irdischen und menschlichen Unzulänglichkeiten in die Teufelsprojektion eingehen zu lassen. Man hatte nun eine »Erklärung« für alles Übel in der Welt und in der Menschengeschichte; diese Erklärung hatte überdies den Vorteil, daß sie die Intelligenz benebelte und alles Unheil auf eine quasigöttliche Macht zurückführte, so daß es fatalistisch hinzunehmen war.

Wir wissen durch die Tiefenpsychologie, daß Verdrängung und Projektion letztlich auf einer Unehrlichkeit des Menschen gegen sich selbst beruhen. Wir verdrängen, was nicht zu unserem »idealisierten Selbst« paßt; oft verlagern wir auch das Unakzeptierte oder Unakzeptable nach außen – auf andere Menschen und Menschengruppen –, wo wir es dann wütend bekämpfen. Die Projektion entlastet unser Seelenleben von Fehlern und Mängeln, die wir zur Kenntnis nehmen müßten, wenn wir uns diese Form von Verlogenheit nicht gestatteten. Vorurteile entspringen dieser Dynamik und bringen Gefahren für unsere Mitmenschen mit sich, da wir an diesen die projizierten Seelenanteile verabscheuen und ausmerzen wollen. Niemals kann man die eigenen Defekte überwinden, solange man sie noch »draußen bei den anderen« wahrnimmt. Denn so kommt es zu »dämonisierten Fremdbildern«, die uns das »idealisierte Selbstbildnis« ermöglichen. Auch der Teufel ist ein solches *Fremd- und Feindbild*, das der menschlichen *Selbstglorifizierung* dient.

Die Tiefenpsychologie und die aus ihr hervorgehende Psychotherapie wollen den Menschen zur Wahrheit über sich selbst hinführen, was immer auch den Verzicht auf Projektionen, Rationalisierungen und Verdrängungen bedeutet. Wer seine eigene »Minderwertigkeit« anerkennt, muß nicht zwanghaft nach Größe und Gottähnlichkeit streben; er wird auch milder und toleranter gegen andere, da er die »Gebrechlichkeit des Menschen« akzeptiert. Jung sprach davon, daß erst die Assimilierung des eigenen *Schattens* die Selbstwerdung einleitet. Er wiederholte damit die Weisheit Blaise Pascals, der die Menschen daran erinnerte, daß sie weder Engel noch Tiere seien, und mahnend hinzufügte, daß derjenige, der zum Engel werden will, meistens als Bestie endet.

Indem das Christentum den Menschen in zwei unvereinbare Hälften zerriß, in ein gutes und ein böses Wesen, nämlich »willigen Geist« und »schwaches Fleisch«, teilte es parallel hierzu auch die Welt in den göttlichen Himmel und das irdische Jammertal auf, also gewissermaßen in die »Schmutzwelt der Erde« und die himmlische »Über- und Hinterwelt«, in der es weder Leib noch Sünde, noch Unrecht gibt. Gott und Teufel, die dieser gesamten Zweiteilung übergeordnet sind, stehen somit für eine *kollektive Schizophrenie*, die *vom Kosmos bis in die Menschenseele hinunter-reicht.* Wenn es gelingt, diese jahrtausendealte Schizophrenie zu heilen, könnten wir verstehen lernen, daß es nur eine einzige und unteilbare Welt gibt, daß nichts am Menschen teuflisch genannt werden kann und daß der Leib zum Mittelpunkt unseres Daseins werden muß. Die menschliche Selbstentfremdung, die der Marxismus nur durch die Änderung der Eigentumsverhältnisse und der Produktionsbedingungen glaubt aufheben zu können, kann sicherlich auch dadurch vermindert werden, daß der Mensch Gott und den Teufel in die eigene Seele zurückzunehmen lernt.

Dabei wird sich unter anderem erweisen, daß unsere fanatisch bekämpften »Laster« durchwegs auch *Keimzellen von Tugenden* sind, die wir nur deshalb nicht erwerben oder entfalten können, weil wir natürliche Antriebe als lasterhaft verdächtigen und sie demgemäß aus dem Bewußtsein ausstoßen, so daß sie nicht mehr reifen können. Besitzwille, Machtbegierde, Luststreben, Eigensinn und so weiter sind an sich keine perversen oder unsittlichen Regungen; sie gehören zur menschlichen Natur und entarten nur deshalb, weil man sie mit dem »bösen Blick« zu betrachten und zu verfolgen gewohnt ist. Der ganze Lasterkatalog des Christentums mit seinen *sieben Todsünden* – Wollust, Trägheit, Neid, Geiz, Hochmut, Zorn und Völlerei – ist im Grunde nur ein Resümee berechtigter menschlicher Strebungen, die unter dem Einfluß von Unterdrückung und Verdrängung ins Lasterhafte pervertieren. Perversion ist sozusagen die Tugend, die sich nicht entwickeln durfte. Wenn der Weg nach vorn verrammelt ist, geht der Mensch rückwärts; vermutlich haben uns zwei Jahrtausende christlichen Tugendzwangs die Summe vieler Laster beschert, unter denen wir derzeit zu leiden haben und an denen auch die Menschenwelt zugrunde gehen kann.

Die »Ehrenrettung des Teufels«, die Nietzsche bereits ins Auge faßte[196], ist demnach keine Bagatelle; sie ist eine Rehabilitierung des menschlichen Leibes und der menschlichen »Kreatürlichkeit«, das heißt des Naturwüchsigen im Menschen. Darüber hinaus ist es wohl auch eine Ehrenrettung der Natur selbst, wie Heine in seinem zitierten Buch *Zur Geschichte der Religion und Philosophie in Deutschland* bereits sehr klar erkannt hat. So führt er die Aufspaltung der Wirklichkeit in ein gutes und ein böses Prinzip bis auf die Lehre der Manichäer zurück, die ins Christentum einfloß; daraus erwuchs eine »fieberhafte Gemütskrankheit«, die sich wie ein Lauffeuer über die Alte Welt ausbreitete. Aus dem Kampf gegen die Natur im Menschen und außerhalb des Menschen entstanden Trübsal und düstere Lebensstimmung, an denen wir heute noch kränkeln. So bekamen wir »verschlossene Sinnesorgane«, die uns die Schönheit der Welt und die Güte der Menschen nicht sehen lassen.

Überblickt man die Funktion des Teufels innerhalb der christlichen Kultur, so kann man auch die Formel wagen, daß der Teufel Ausdruck einer permanenten *paranoiden Grundstimmung* war, die zwei Jahrtausende lang über dem Abendland lag. Paranoia oder Verfolgungswahn entsteht in Individuen und Gruppen, die sich erschreckend ohnmächtig fühlen und keine Möglichkeit sehen, ihr Leben souverän zu gestalten. Der angsterfüllte paranoide Patient stößt sich dauernd am »Widerstand der stumpfen Welt« wund; er verdichtet seine niederdrückenden Unfähigkeitserfahrungen zu einem gedanklich ausgearbeiteten System, in dem ein Widersacher oder Verfolger oder aber auch feindliche Mächte einen hohen Stellenwert haben. Mit der Annahme solcher »Widerstandsinstanzen« ist für den Paranoiker »alles erklärt«; er weiß nun, warum ihm vieles fehlschlägt, warum er unglücklich und einsam und unverstanden ist. Da er sich als Opfer von Aggressionen fühlt, ist er selbst auch stets bereit, aggressiv zu werden; eine »Feindwelt« animiert zur offenen oder zur latenten Feindseligkeit, weshalb paranoide Patienten für ihre Mitmenschen gefährlich sein können. Sie wälzen alle Schuld und alles Unrecht auf andere ab, so daß sie sich leichthin als »Vertreter des Rechts und der Rechtmäßigkeit« empfinden, was sie andere meistens büßen lassen. Wer ohne Fehler sein will, neigt immer dazu, andere zu tyrannisieren, da deren Fehlerhaftigkeit seine Selbstvergötzung ins Wanken zu bringen droht.

Überwindung des Teufels würde demnach heißen, eine uralte Paranoia auszuheilen, die uns den Genuß des Lebens und der Mitmenschlichkeit verekelt. Heine zeichnet diesen Zustand des Gesundwerdens mit folgenden Worten:

> Einst, wenn die Menschheit ihre völlige Gesundheit wiedererlangt, wenn der Friede zwischen Leib und Seele wiederhergestellt und sie wieder in ursprünglicher Harmonie sich durchdringen, dann wird man den künstlichen Hader, den das Christentum zwischen beiden gestiftet, kaum begreifen können. Die glücklicheren und schöneren Generationen, die, gezeugt durch freie Wahlumarmung, in einer Religion der Freude emporblühen, werden wehmütig lächeln über ihre armen Vorfahren, die sich aller Genüsse dieser schönen Erde trübsinnig enthielten und durch Abtötung der warmen, farbigen Sinnlichkeit fast zu kalten Gespenstern verblichen sind! Ja, ich sage es bestimmt, unsere Nachkommen werden schöner und glücklicher sein als wir.[197]

Ekklesiogene Neurosen
und Psychotherapie

Fast alle Psychotherapeuten sind sich heute darin einig, daß es neurotische Erkrankungen gibt, bei denen eine spezifische *religiöse Ursache* in den Vordergrund tritt. Man spricht in diesem Zusammenhang von »ekklesiogenen Neurosen« (Eberhard Schaetzing), seelischen Irritationen also, deren Hauptursachen in einer *hypertroph-religiösen Erziehung* und einem *lebensfeindlichen oder lebensfremden Glaubenssystem* liegen. Solche Neurosenformen betreffen oft Sexualkomplikationen, reichen aber auch in das weite Gebiet der Ängste, Schuldgefühle, Zwangssymptome, der Vorurteilshaftigkeit und der Unvernunft hinein. Die Theologen sehen selbst recht deutlich die religiösen Implikationen vieler seelischer Störungen und befassen sich daher auch mit Fragen der Tiefenpsychologie, da sie mit ihrer Art von Seelsorge den psychischen Belastungen gläubiger Menschen nicht oder nicht ausreichend beikommen können. Aus der Fülle theologisch-psychologischer Publikationen erwähnen wir lediglich: Wilhelm Bitter (Hg.) *Lebenskrisen*[198] sowie *Psychotherapie und religiöse Erfahrung*[199]; Richard Egenter/Paul Matussek *Ideologie, Glaube und Gewissen*[200]; Volker Läpple/Joachim Scharfenberg (Hg.) *Psychotherapie und Seelsorge*[201]; Eckart Nase/Joachim Scharfenberg *Psychoanalyse und Religion*[202].

Sehr häufig werden in der psychotherapeutischen Praxis religiös fundierte *Sexualanomalien* angetroffen. Es handelt sich hierbei unter anderem um Frigidität, Impotenz, Homosexualität, sexuelle Perversionen und andere Behinderungen oder Deformationen des Liebeslebens. Die Patienten stammen oft aus einem frommen Elternhaus, wo die Sexualität massiven Verdrängungen unterlag. Die Erziehung zu extremen Scham- und Schuldgefühlen kann als pathogener Faktor mühelos diagnostiziert werden. Dies gilt dann nicht nur für die weitverbreitete unsachgemäße Behandlung des Onanieproblems, sondern für alle Regungen, die mit dem Sexuellen in Beziehung stehen. Mit der Sexualität wird dann immer auch der *Lebensimpuls* selbst gedrosselt, denn strenge Religiosität ist leider nicht selten mit freudloser Grundstimmung verbunden, was der Vitalität des Menschen nicht zuträglich ist.

Die Patienten erzählen von einer kargen, lieblosen, aber durch Frömmigkeit geprägten Atmosphäre des Elternhauses, deren niederdrückender Gewalt sie sich nicht entziehen konnten. In der Folge davon leiden sie dann nicht nur an sexueller Gehemmtheit und Genußbeeinträchtigung, sondern auch an Liebesunfähigkeit, die mindestens so unglücklich macht wie die sexuelle Komplikation (selbstverständlich gehören beide Phänomene zusammen). Das Lebenshemmende in religiösen Elternhäusern liegt nicht allein in der angstbetonten Abwendung von der Sexualität, sondern hauptsächlich in der Verlagerung des Lebensinteresses auf Gott und Jenseits, wobei für den Mitmenschen und das Diesseits zuwenig Zuwendung übrigbleibt.

Des weiteren züchtet das religiöse Milieu häufig *sadomasochistische Charakterprägungen*, die eine produktive Lebensführung verunmöglichen. Zwar scheint die fromme Weltanschauung den Masochismus zu bevorzugen; aber die tiefenpsychologische Theorie lehrt, daß sadistische und masochistische Tendenzen stets kombiniert in Erscheinung treten, wenngleich die eine oder die andere Komponente dominant sein kann. Dennoch muß an der inneren Einheit des »Sadomasochismus« festgehalten werden: Wer sich unterwirft und sich klein macht, wird immer auch nach Größe und Herrschaft schielen. Wer anderen Menschen gegenüber rücksichtslos Gewalt anwendet, wird jeweils vor der Macht, die ihn überwältigt, im Staube liegen und sie anbeten. Der Sklave ist nach Tyrannei lüstern, und der Tyrann ist nichts als ein zur Herrschaft gelangter Sklave und Untertan.

Erziehung zur Frömmigkeit heißt für viele unter anderem Erziehung zum Gehorsam, zum Fatalismus, zur Leidens- und Duldensbereitschaft, zur Freudlosigkeit und zur willigen Hinnahme vieler Benachteiligungen des Lebens, die man als »göttliche Prüfung« idealisiert. So mancher Christenmensch glaubt seinem Heiland zu ähneln, wenn ihn Menschen und Umstände quälen oder erniedrigen. So hört man etwa von Männern und Frauen in einer furchtbaren Ehesituation, daß sie auf dem Platz ausharren müßten, auf den Gott sie gestellt habe; die Möglichkeit einer Trennung vom lieblosen und verständnislosen Ehepartner wird nicht ins Auge gefaßt, da man dies als »Egoismus« mißversteht. So bemäntelt mancher seine »Furcht vor der Freiheit« mit dem Ratschluß Gottes, der dafür herhalten muß, daß man nicht den Mut hat, sein Schicksal selbst in die Hand zu nehmen.

Masochismus ist eine Haltung des Kleinmuts, der Ohnmacht, der Objekthaftigkeit, des Anlehnungsbedürfnisses und der Passivität; Sadismus ist die kompensatorische Tendenz zum Größenwahn, zum Allmachtsgebaren, zur Selbstherrlichkeit und zur zerstörerischen Aktivität. Beide Einstellungen entspringen der Verzweiflung und der emotionalen Isoliertheit, die durch sie noch verstärkt werden. Wahre Produktivität und wahre Liebesfähigkeit halten sich in gleicher Weise fern von masochistischem Objektsein und sadistischer Allmachtsanmaßung; sie verwirklichen die Mitte zwischen Autonomie und Hingabe, zwischen Bescheidenheit und Selbstachtung, zwischen Vorsicht und Kühnheit. Für die Psychologie der Religion ist die Tatsache bedeutsam, daß religiöse Menschen in Vergangenheit und Gegenwart diese *Mittelstellung* verfehlen, die offenbar dem Wesen der Mitmenschlichkeit entspricht; die Folge davon ist der zügellose Sadomasochismus, der in der Geschichte der Religionen bis jetzt eine schauerliche Rolle gespielt hat.

Ein anderes Wort für Sadomasochismus ist der *Autoritarismus*, den der praktizierende Psychotherapeut ebenfalls mit erstaunlicher Regelmäßigkeit bei religiös konditionierten Patienten — aber auch bei vielen ihrer freidenkenden oder atheistischen Leidensgenossen — feststellen kann. Der »autoritäre Charakter« wurde zwischen 1940 und 1950 von Max Horkheimer, S. Flowerman, Theodor W. Adorno und anderen zum Gegenstand tiefgründiger sozialpsychologischer Untersuchungen gemacht[203], wobei es sich ergab, daß zu diesem Menschentyp, den man als den potentiellen Faschisten bezeichnet hat, eine kohärente Weltanschauung gehört, an deren politischen, sozialen und ethischen Stellungnahmen der Autoritarismus ohne weiteres diagnostiziert werden kann.

Die genannten Autoren beschreiben den »Präfaschisten« als einen *Vorurteilsmenschen*; seine ganze geistige Struktur ist beherrscht von affektiv bedingten Denkschematismen, die ihm zur Selbsterhöhung und zur Angstvermeidung unentbehrlich sind. Die Vorurteile betreffen alle Andersdenkenden, Andersgläubigen und Andersartigen; der Vorurteilsträger stellt alle von ihm abweichenden Menschen als schlecht und minderwertig hin, um selbst als gut und vornehm erscheinen zu können. Er übt durchwegs eine Schwarzweißmalerei, mit der er tiefsitzende Minderwertigkeitskomplexe vertuscht. Der Autoritarismus ist eine Abwehr gegen das Gefühl, wertlos zu sein, wobei der eigene Unwert auf andere verlagert und an ihnen fanatisch bekämpft wird. Autoritäre Menschen leben in einer »manichäischen Welt«, die auseinanderklafft in Himmel und Hölle, Engel und Teufel, Menschen und Untermenschen, Gut und Böse, Hell und Dunkel; sie schlagen sich auf die Seite des angeblichen Lichtes, um die Mächte der Dunkelheit auszurotten. Der Autoritarismus wird auch als eine Form der *Hartherzigkeit* (toughmindedness) beschrieben, wobei es Unmenschlichkeit nicht nur auf seiten der Konservativ-Faschistoiden, sondern auch auf seiten der (angeblich) Progressiv-Sozialistischen gibt.

Leider gleichen religiös präformierte Menschen oft erschreckend genau dem autoritären Charakter. Ihre Vorurteilsstruktur wird in ihren Meinungen über Ungläubige und Andersgläubige sichtbar, aber auch in ihren Stellungnahmen zum Leben überhaupt. Geistige und gefühlsmäßige Enge und Einseitigkeit vertragen sich oft sehr gut mit religiöser Überzeugungsstärke. Man muß aber nachdrücklich betonen, daß *Intoleranz* und *Unvernunft* ebensosehr neurotische Symptome sind wie etwa Angst, Depression, psychogene Kopfschmerzen, Zwangsgedanken, Sexualkomplikationen, Aggression, Verzweiflung, Suizidalität.

Die möglicherweise vorhandene *weltanschauliche Borniertheit* des Patienten muß in der Psychotherapie mitbehandelt werden, weil sie oft das

Reservat der Neurose darstellt, wo selbst nach Abbau eher vordergründiger Symptome der eigentliche Krankheitskeim erhalten bleibt, so daß ein späteres Wiederaufleben der neurotischen Störung möglich ist. Auch findet man, daß der Behandlungswiderstand, der dem Fortschritt der Genesung schwer übersteigbare Grenzen setzt, nicht nur in den Übertragungsphänomenen, im Verschweigen wichtiger Gedanken und Erlebnisse und so weiter, sondern auch in den *weltanschaulichen Bollwerken* verankert ist, die der Patient meistens nicht von sich aus zur Diskussion stellt. Das soll nun allerdings nicht heißen, daß der Therapeut das Recht habe, dem Analysanden anstelle von dessen Weltanschauung die eigene aufzunötigen; denn der Analytiker kann ebenso vorurteilserfüllt sein wie sein Patient. Zu wünschen ist lediglich die *grenzenlose Kommunikation* beider Beteiligter im therapeutischen Prozeß, wobei jeder im Dienst der gemeinsamen Wahrheitssuche bereit sein soll, uralte und liebgewordene Vorurteile preiszugeben, damit die Wahrheitsfindung eine *dialogische* sein kann.

Zum autoritären Charakter gehört auch vieles, was die Tiefenpsychologie unter dem Titel der Zwangssymptomatik beschreibt. Bei den *Zwangscharakteren* ist unter anderem bekannt die gefühlsmäßige Abkapselung, die Steifheit und der Formalismus, die Hingabeangst, die Zweifelssucht, die gedankliche Rigidität, die Bevorzugung von »Nebenkriegsschauplätzen des Lebens« (Adler), der pedantische Moralismus, das Schwanken zwischen Kleinheits- und Größenwahn. Deutlicher als in den anderen Neuroseformen beobachtet man hier den Konflikt zwischen Autonomiestreben und Hingabewünschen; um sich nicht an andere zu verlieren, mauert sich der Zwangskranke förmlich ein und fühlt sich dabei von »aller Welt verlassen«.

Auch da passen viele der obigen Umschreibungen auf religiöse Menschen, die zwar von Nächstenliebe und Erlösung durch den Glauben *reden*, aber in Wirklichkeit liebesunfähig sind und auch gar nicht »erlöst« in die Welt schauen. Freud behauptete eine enge Verwandtschaft zwischen Religion und Zwangsneurose; auch wer nicht seiner Meinung ist, sollte zu überprüfen suchen, ob nicht das Gemüt zahlreicher Frommer unverkennbar die Züge der Zwanghaftigkeit aufweist.

In der Nähe der Zwangsneurose und der sogenannten Schizoidie ist der *Aberglaube* zu lokalisieren, der ebenfalls zum Symptombereich der ekklesiogenen Neurosen gehört. Anhänger des Aberglaubens, der sich unter anderem in Astrologie, Spiritismus und Wahrsagen, in der Hinwendung zu Hellseherei, außersinnlicher Wahrnehmung, Spuk, Telepathie und zahlreichen Abwandlungen der Parapsychologie äußert, verwenden Elemente der überlieferten Religion, um den Anschein zu erwecken, sie besäßen Erkenntnisse und Fähigkeiten, die weit über das Normalmaß des Menschen hinausreichen. Fast immer ist aber ein merklicher *religiöser Hintergrund* im Aberglauben gegeben, wiewohl es auch nicht wenige abergläubische Atheisten gibt, bei denen eine religiöse Erziehung nachwirkt. Dem Psychotherapeuten erscheint der Aberglaube seines Patienten oft wie eine kleine »Privatpsychose«, die in all jenen virulent wird, welche aus einem quasischizophrenen Milieu stammen, in dem Angst und verstiegene Frömmigkeit am Werk waren.

In zahlreichen Fällen unserer eigenen Kasuistik hatten alle genannten Symptome in den verschiedenartigsten Gruppierungen bei religiösen Patienten erhebliche Bedeutung; freilich läßt sich damit die Psychologie des *Homo religiosus* längst nicht erschöpfend festlegen. Gewiß kann der Einwand erhoben werden, unsere Schilderungen beträfen lediglich *Entartungen der echten Religiosität;* wahre Religion habe an der geschilderten Pathologie keinen Anteil.

Auf diese Frage treten wir nicht ein, möchten aber betonen, daß die Tiefenpsychologie auf der ganzen Linie die *Zusammenhangsbetrachtung* lehrt, so daß jeder ihrer Adepten und Repräsentanten gehalten ist, im Seelenleben den Teil auf das Ganze, das Ganze auf dessen sämtliche Teile zu beziehen. Man wird daher die Religiosität – oder den Atheismus – eines Menschen nicht von den übrigen seelischen Merkmalen dieses Menschen isolieren dürfen. Wer Individuen und soziale Gruppen verstehen will, darf sich weder auf die Sphäre der Triebe (Bios) noch auf das Geistige allein beschränken; er muß biologische, psychische und weltanschauliche Momente in ihrer *synthetischen Einheit* erfassen, damit er alle Bedeutungsnuancen des eigenen und des fremden Seelenlebens wahrnehmen kann.

Zwei Beispiele aus der Psychotherapie mögen dies fragmentarisch veranschaulichen.

Fall 1: Ein lediger Lehrer, 38jährig, konsultiert den Psychotherapeuten wegen wiederholter Straffälligkeit aufgrund »pädophiler Verfehlungen«; er hat sich an einigen Knaben vergangen, wobei er onanistische Handlungen an ihnen vornahm. Geschlechtsverkehr mit einer Frau hatte er noch nie. Er lebt einsam und zurückgezogen, ganz auf seinen Beruf und, in periodischen »Anfällen«, auf sein »Laster« beschränkt. Da er schon vorbestraft ist und bei weiteren Delikten ertappt wurde, droht ihm eine mehrjährige Gefängnisstrafe.

Der Patient ist in einer katholischen Arztfamilie aufgewachsen. Der Vater war autoritär und unnahbar, die Mutter sehr neurotisch, aber doch lieb und verwöhnend. So schloß sich der heranwachsende Knabe eng an die Mutter an, während er den Vater furchtsam mied, da er dessen abweisende Haltung und häufige Zornausbrüche nicht ertragen konnte.

In der Schule war er zunächst ein Musterschüler, wurde aber später eher unterdurchschnittlich, so daß seine Versetzung mehrmals gefährdet war. Beim Turnen wurde er wegen körperlicher Ungeschicklichkeit oft verspottet und verlacht. Die Kameradschaft mit Gleichaltrigen gelang ihm nur spärlich; die Mutter blieb auch in der Pubertät die wichtigste Bezugsperson. Sexuelle Aufklärung gab es für ihn nicht; er hat Anlaß zu vermuten, daß das Liebesleben seiner Eltern sehr unglücklich war. Die Pubertät brachte ihm große Ängste und Unsicherheiten, die er durch *leidenschaftliche Hinwendung zur Religion* kompensierte.

Er schaffte mit Mühe das Abitur und absolvierte ein Lehrerstudium. Das Zusammenleben mit den Kindern empfand er als wohltuend, weil er weniger seine Unterlegenheit fürchten mußte, die er stets im Beisein von »Erwachsenen« empfand. Die Liebeswerbung um Frauen vermied er, da er sich »nicht als kompletter Mann« fühlte.

Ungefähr mit dreißig Jahren kam es zu sexuellen »Spielereien« mit Kindern; dies wurde zu einem inneren Zwang, gegen den er sich vergeblich aufzulehnen versuchte. Immer wieder trieb es ihn dazu, Knaben anzusprechen, ihnen Süßigkeiten oder Geld zu schenken und sie schließlich zu sexuellen Betastungen zu verführen. Meistens war er hierbei so unvorsichtig, daß er früher oder später ertappt wurde. Phasen tiefer religiöser Zerknirschtheit, von Schuld- und Sündenbewußtsein wechselten bei ihm mit Phasen des Stolzes, daß er nicht sei »wie alle anderen«. Er fühlte sich nicht nur als Sünder, sondern als ein *großer Sünder*, woraus er sichtlich Befriedigung zog.

In seiner Kindheit hatte dieser Patient starke Gefühls- und Triebunterdrückung erlebt, gekoppelt mit bigotter Lebenseinstellung, die in allen seinen Lebensäußerungen zum Vorschein kam.

In der Therapie war auffällig, daß der Patient gefühlsmäßig sehr unzugänglich war. Er sprach gern und ausführlich von seiner tiefen Frömmigkeit, wirkte aber durchwegs als ein *Fassadenmensch*, an dessen Inneres kaum heranzukommen war. Die zugrunde liegende Charakterstruktur konnte nur als *Zwangspersönlichkeit* definiert werden. Der Patient war unkommunikativ und ichbezogen. Was sein Gesprächspartner sagte, vermochte er kaum zu hören; er selbst jedoch liebte weitläufige Ausführungen, die relativ inhaltsarm waren.

Die sozialen, politischen und kulturellen Interessen waren bei ihm sehr karg entwickelt. Er kreiste dauernd um sich selbst beziehungsweise um sein *Laster*, das im Zentrum seines Gefühlslebens stand, ja ihm das Gefühlsleben ersetzte. Die Sexualproblematik wurde so zum Surrogat für eine geistig-kulturelle Lebensführung, die aufgrund des frömmlerisch-düsteren Kindheitsmilieus nicht zum Tragen kommen konnte.

Unverkennbar war auch die in der Kindheit erlernte *Unechtheit* im sozialen Umgang; er liebte es zum Beispiel, seinen Schülern in der Schule die Notwendigkeit eines Lebens in Freude und Mitmenschlichkeit zu predigen, indes er selbst einsam und deprimiert vor sich hin lebte. Ähnlich hatte er auch als Kind den Eltern seine wahre Gefühlslage meistens verschwiegen, da er die Rolle eines braven und angepaßten Jungen spielen mußte.

Ein hervortretender Charakterzug war seine Sparsamkeit, die bis zum Geiz ging. Sein Bankkonto bedeutete ihm sichtlich viel; zudem war er Münzsammler, der für kostbare Münzen einiges auszugeben pflegte.

Die hauptsächliche sexuelle Befriedigungsform war die Onanie, die ihn zwanghaft zu überfallen schien; er masturbierte mitunter mehrmals an einem Tag, wobei er den übermächtigen Sexualtrieb mit Gebeten und Bußübungen in Schach zu halten bemüht war. Wenn er in Gesellschaft nicht im Mittelpunkt stand, geriet er in eine Art Dämmerzustand, der sein mangelhaft entwickeltes Sozialinteresse bekundete. Richtig lebendig wurde er nur, wenn er von seiner sexuellen Perversion und von seinen religiösen Erfahrungen erzählen durfte.

Die rund einjährige Psychotherapie konnte eine gewisse Besserung herbeiführen, blieb aber unabgeschlossen, da der Patient hernach in eine andere Stadt übersiedelte; sein weiteres Schicksal ist uns unbekannt.

Fall 2: Ein 35jähriger Physiker, verheiratet, Vater von zwei Kindern, konsultiert den Psychotherapeuten wegen schwerwiegender Eheprobleme. Seine Frau ist völlig frigid und kann keine Gefühle für ihren Mann aufbringen. Dieser jedoch liebt sie leidenschaftlich bis zur Selbstpreisgabe; sie ist für ihn das »höchste Wesen«, das er sich unter den Menschen denken kann. Die Gattin tendiert zur Auflösung der Ehe; der Mann widersetzt sich dem mit allen Kräften, da er die Partnerschaft unter allen Umständen retten will.

Er selbst ist tief religiös, katholisch. Er wuchs mit einem jüngeren Bruder bei seiner Mutter auf; der Vater hatte die Familie im Stich gelassen und sich ins Ausland abgesetzt, als der Patient etwa vier Jahre alt war. So entstand eine innige Bindung an die Mutter, für die er, wie er sagte, der »Ersatzmann« war.

Als Kind fühlte er sich immer einsam und isoliert. Unter den Gleichaltrigen fand er wenig Kontakt. Um so glücklicher war er, als ihm der Pfarrer im Religionsunterricht sehr viel Aufmerksamkeit schenkte. Er schloß sich diesem Geistlichen in den Pubertätsjahren an, wobei er selbst den Wunsch entwickelte, Theologe zu werden. Durch Zufälle kam es anders; doch sein Denken kreiste weiterhin viel um Religionsprobleme.

In der Ehe war er sichtlich der unterlegene Teil, der um Liebe warb, ohne sie zu empfangen. Um so mehr versuchte er, seine Partnerin zu seinem religiösen Weltbild zu bekehren, was ihm nicht gelang. Die Ehefrau, ein eher »männlicher Charaktertyp«, fühlte sich durch seinen masochistischen Gefühlsüberschwang ständig mißverstanden; je mehr er für sie und die Religion schwärmte, desto mehr entzog sie sich ihm und knüpfte auch außereheliche Beziehungen an. Der immer unglücklicher gewordene Patient vertiefte sich infolgedessen nur noch intensiver in seine frommen Überlegungen und theologischen Spekulationen, für die er bei seinem Pastor geistige Unterstützung fand.

Kirchliche Gemeindearbeit bot ihm Trost für seine häusliche Misere, die schließlich für beide Teile unerträglich wurde. Die Frau löste sich zuletzt von dieser Ehe, was bei dem Patienten eine Art Zusammenbruch heraufbeschwor. Er gab die Psychotherapie auf mit dem Entschluß, seine ganze Freizeit nur noch in den Dienst der Religion zu stellen, da alle übrigen Unternehmungen ihm als »eitel« erschienen.

In der Behandlung dieses Patienten wirkte der massive *Masochismus* störend; der Mann hatte von seiner Mutterbeziehung her ein unsägliches Hingabebedürfnis aufgebaut, das ihn vermutlich die emotional sehr verhaltene Liebespartnerin wählen ließ, bei welcher er der »große Liebende« sein konnte, ohne gewärtigen zu müssen, für seine Liebe Erwiderung zu finden. Sein religiöses Weltbild verklärte ihm alle Versagungen und Frustrationen, die ihm in der Ehe zuteil wurden. Anstatt eine konkrete Lösung für seine Misere anzustreben, etwa eine Scheidung, flüchtete er sich in eine *fromme Erwartungshaltung*, in der er von Gott die Klärung seiner Gefühlssituation erhoffte.

Mit seiner Gattin führte er *fromme Monologe*, die sie mit *sexuellen Monologen* beantwortete, indem sie bei seinen Umarmungen kalt und unbewegt blieb. In seiner einsamen und vaterlosen Kindheit hatte der Patient nicht den *Dialog mit der Realität* gelernt; um so bereitwilliger stürzte er sich in die Möglichkeit einer Gesprächsbeziehung mit Gott. Gott wurde ihm zum Ersatz für den Mitmenschen, für die Sexualität und die beglückende Gemeinsamkeit von Ich und Du.

Selbstverständlich könnte man ebensogut Krankengeschichten von Atheisten veröffentlichen, die an ähnlichen Gefühls- und Haltungskomplikationen leiden. So hat sich zum Beispiel der französische Psychoanalytiker Ignace Lepp in seiner *Psychoanalyse des modernen Atheismus*[204] geradezu darauf spezialisiert, *trostlose Lebensberichte von radikal Ungläubigen zu sammeln*, die dann durch

Bekehrung zum (katholischen) Glauben wiederum Glück, Freude und Zuversicht fanden.

Lepp selbst begann seine Karriere als »gläubiger Kommunist«, der sich in der KPF seine Sporen als Propagandist und Parteibürokrat verdiente. Als ihm der »kommunistische Gott« unglaubwürdig wurde, konvertierte er zum Katholizismus, dem er sich mit demselben Feuereifer verschrieb wie früher der »Generallinie der Partei«. Solche Konversionen sind nicht selten und erinnern uns daran, daß weltliche und überweltliche Religionen untereinander doch sehr verwandt sind. Ein treuherziger Kommunist kann ohne viel innere Umstellung ein guter Christ werden (und umgekehrt); er muß nur den *Gegenstand* seines Kultes auswechseln, nicht aber die *Gläubigkeit selbst*. Dies erklärt Lepps sehr einseitige Rhetorik, in welcher der alte Parteijargon nunmehr zur Anpreisung der uralten Glaubensweisheiten verwendet wird.

Wir enthalten uns der Parteinahme im Streit zwischen Atheisten und Religiösen und möchten darin fortfahren, Beispiele von ekklesiogenen Neurosen darzulegen, wobei wir nun zu Exempeln aus der Literatur übergehen. Auch hier kann es sich angesichts der übergroßen Materialfülle nicht um Vollständigkeit handeln; zwei Hinweise mögen als Paradigmata genügen.

Im Jahr 1976 veröffentlichte der Psychoanalytiker Tilmann Moser ein Buch unter dem Titel *Gottesvergiftung*[205], das prägnant und autobiographisch zu den Problemen des religionsbedingten Neurotizismus Stellung nimmt. Zwar ist Moser ein Autor, der krasse Töne liebt; in seinem vorangegangenen Bericht *Lehrjahre auf der Couch*[206] schreckte er nicht davor zurück, Bruchstücke seiner eigenen

Psychoanalyse mitzuteilen, wobei seine Offenher-
zigkeit ausgesprochen exhibitionistische Züge annahm. Daher muß man einen Teil der Dramatik,
mit der die »Gottesvergiftung« dem Leser ins Ohr
geschrien wird, wegstreichen; es bleibt jedoch immer noch genug, um diesen Text zu einem wichtigen Beleg für alle Merkmale der ekklesiogenen
Neurose zu machen, über die wir uns weiter oben
schon verständigt haben.

Mosers Eltern gehörten offenbar einer süddeut-
schen Sekte an; der Vater war Laienprediger, der,
einer Verkrüppelung der Beine wegen, mit einem
kleinen Wägelchen von Ort zu Ort zog, um vor den
Sektenmitgliedern die Bibel auszulegen. Die Enge
der Verhältnisse erzeugte in Tilmann Moser Angst
und Aggression, die er jedoch vor seiner Umgebung verstecken mußte, da offiziell jedermann
voller Nächstenliebe war. Wie ungünstig die
Sozialisierung im frommen Milieu verlief, läßt sich
unter anderem daran erkennen, daß Moser viele
Jahre lang einnäßte und seine Geschwister, die
ihm die karge Liebe seiner Eltern streitig machten,
zutiefst haßte. Wie auch die *Lehrjahre auf der
Couch* zeigen, wurde er eine narzißtisch-depres-
siv-zwanghafte Persönlichkeit, die gewaltige
Kleinheitsgefühle und Kontaktstörungen hinter
einer intellektuellen Fassade verbarg beziehungsweise zu verbergen suchte.

Woher die spätere Kontakt- und Liebesunfähigkeit kam, will Moser trotz langjähriger Charakter-
und Lehranalyse erstmals in *Gottesvergiftung* er-
gründen, da seine verschiedenen Analytiker der
Religionsthematik meistens keine Beachtung ge-
schenkt hatten. So schreitet denn der Autor dieses
Pamphlets zur »Selbstanalyse«, um mit dem Gott
seiner Kindheit Abrechnung zu halten.

Dabei macht er das Bild des Gottes, das Bibel,

Umwelt, Eltern und Erzieher in ihm verankerten, verantwortlich für Schuldgefühle, Ängste, Größenwahn und das frühe Gefühl, ein Aussätziger zu sein und das Ziel des Lebens niemals erreichen zu können. Gott gilt ihm auch als der Urheber seines Selbsthasses, seiner auto- und heterodestruktiven Tendenzen, von denen sein bisheriges Dasein überschattet wurde. Mit der ihm eigenen Schroffheit klagt Moser Gott dafür an, daß er ihm Lebensfreude und Mitmenschlichkeit zerstört habe. Religiöse Erziehung ist für ihn Schuld- und Scham-Pädagogik.

> Fast zwanzig Jahre war es mein oberstes Ziel, dir[207] zu gefallen. Das bedeutet nicht, daß ich besonders brav gewesen wäre, sondern daß ich immer und überall Schuldgefühle hatte [...]. Es war eine fundamentale Unsicherheit in mir, ob ich nicht etwa mir gar nicht ganz einsehbare Normen verletzt hätte, ob nicht binnen kurzer Zeit eine nicht berechtigte Strafe erfolgen würde [...]. Du hast mir so gründlich die Gewißheit geraubt, mich jemals in Ordnung fühlen zu dürfen, mich mit mir auszusöhnen, mich o.k. finden zu können.[208]

Moser ist der Auffassung, daß ihn der allmächtige Gott seiner Kindheit an die Wand gedrückt, ihm keinen Raum zur freien Entwicklung und Entfaltung gelassen habe. Im Vorstellungsbereich der sektiererischen Familie war Gott der Ersatz für die trostlosen zwischenmenschlichen Beziehungen. Er war auch Ursache und Medikament für die Angst, die den Frömmler kaum je aus ihrem Griff entläßt, wiewohl dauernd vom Gottvertrauen die Rede ist. Wenn ein Kind stets auf Gott verwiesen wird, kann der Mensch für dieses Kind nur zum Schatten werden, dem keine Realität zukommt.

> Ich habe versucht, dich durch Menschen zu ersetzen, aber was waren sie schon neben deinem Bild? Alle waren sie von vornherein entwertet, weil ich deine

abenteuerlich aufgeblähte Gestalt in mir trug, die Summe der Lügen über dich und das, was du an Freude und Geborgenheit hättest gewähren *können*. Ich habe es kaum geschafft, einem Menschen gerecht zu werden. Dein unbewußt in mir gebliebenes Bild hat alle verkleinert, verächtlich gemacht. Weil du ein ewiger Nörgler an mir warst, wurde ich zum Nörgler an den anderen.[209]

Moser glaubt am eigenen Beispiel erfahren zu haben, daß Gott die große Einschüchterung für Kinder und Erwachsene sei, die wohldosiert von allen Platzhaltern der Autorität eingesetzt werde, um jegliche Revolte schon im Keim zu ersticken. So schreibt er:

Es ist ungeheuerlich, wenn Eltern zum Zwecke der Erziehung mit dir paktieren, dich zu Hilfe nehmen bei der Einschüchterung wie bei der Vermittlung fiktiver Geborgenheit. Es ist genauso ungeheuerlich, wie wenn dich Herrschende zu Hilfe nehmen bei der Knechtung ihrer Völker. Aber deine Geschichte ist ja nichts anderes als die Geschichte deines Mißbrauchs.[210]

So endet Mosers religiös-atheistische Bekenntnisschrift mit einer Absage an das Gottesgespenst, mit dem er von Kindheit an in symbiotischer Beziehung zu leben gezwungen war. Was wird sein, wenn Gott für ihn nicht mehr existiert?

Aber was wird an deine Stelle treten, die riesigen Leerstellen füllen, wo du dich ausgebreitet hattest? Nicht alle müssen gefüllt werden. Das Haus kann schrumpfen, es war unnötig groß. Und was du für dich an wunderbaren Eigenschaften gepachtet hattest, werde ich bei den Menschen wiederfinden. Wenn ich in manche Gesichter sehe, empfinde ich keinen Verlust mehr, und menschliche Gesichter werden deines ersetzen, weil deines unmenschlich war. Meine Augen lernen sehen, seit du mir nicht mehr den Horizont verdunkelst.[211]

Was sich Tilmann Moser über seine religiöse Werdensgeschichte klagend und kämpferisch vom Herzen schreibt, könnte man weitgehend auf einen großen Dänen des vergangenen Jahrhunderts übertragen: Søren Kierkegaard (1813–1855). Kierkegaard war der Sohn eines unglücklichen und zwanghaften Vaters, der als Jugendlicher irgendwann in einem Anfall von Verzweiflung Gott verflucht hatte. Wiewohl er später erstaunlichen kommerziellen Erfolg hatte, wurde er seines Lebens nicht froh und trug dauernd das Bewußtsein einer unermeßlichen Sünde in sich, die nicht mehr zu sühnen sei. Auf seinen Lieblingssohn Søren übertrug er das Gefühl von Schuld- und Sündhaftigkeit. Vater und Sohn schlossen sich von der Welt ab, bis Søren selbst alle Züge der Zwangsneurose in sich aufgebaut hatte, wodurch sein Leben zu einer einzigen Tragödie wurde.

Angst vor der Liebe (die Verlobung mit Regine Olsen wurde von Kierkegaard wieder aufgelöst), Angst vor dem Beruf (er absolvierte das Pfarrerexamen, konnte sich aber nicht zu einer pastoralen Tätigkeit entschließen), Angst vor den Mitmenschen und Angst vor Gott durchtobten das Gemüt des geistreichen Schriftstellers, der in wenigen Jahren zahlreiche philosophisch-theologische Meisterwerke aus sich herausschleuderte, bis er psychisch und physisch im zweiundvierzigsten Lebensjahr zusammenbrach. So tiefsinnig Kierkegaards psychologische und spekulative Einsichten, auf denen heute die Existenzphilosophie aufbaut, sein mögen: Sie stellen auch das Dokument einer *lebenslänglichen Selbstquälerei* dar, die trotz immenser Hellsichtigkeit für die Probleme der Epoche in düstere Schwermut und Selbstdestruktion einmündete. Auch Kierkegaard hätte von »Gottesvergiftung« sprechen dürfen, sicherlich ebenso Blaise Pascal (1623–1662) und so viele andere größere und kleinere Geister, denen man in der Kindheit das irdische Dasein verdarb, um sie für ein Leben im Jenseits vorzubereiten. Man lese etwa Walter Lowries Buch *Das Leben Søren Kierkegaards*[212], Ehrhard Buchholz' 1939 erstmals veröffentlichte Lebensbeschreibung *Blaise Pascal* und die vielen Heiligenbiographien, die der frommgläubige Ernest Hello (1828–1885) unter dem Titel *Heiligengestalten*[213] publiziert hat – und man wird unweigerlich erkennen, daß der Begriff der ekklesiogenen Neurose einen wohlumschriebenen Sinn besitzt, den der Seelenforscher und Seelenarzt nicht aus den Augen verlieren darf.

Hermeneutik der Religiosität

Man kann die *Religionspsychologie* als eine Wissenschaft definieren, die Formen, Gesetze und Entwicklung des religiösen Lebens und Erlebens erforscht. So untersucht sie unter anderem den Glauben, die Bekehrung, die Sünde, die Reue, das Schuldgefühl, die Buße, das Gotteserlebnis, religiöse Erleuchtungen und Visionen, das Gebet, das Ritual, den Kultus, das Heilige, die religiöse Erziehung, den psychischen Gehalt von Dogmen. Eine *Tiefenpsychologie der Religion* wird zusätzlich die Bedeutung des unbewußten Seelenlebens, der Triebhaftigkeit, der Angst und ihrer Abwehrmechanismen für das Religiöse unterstreichen; auch wird sie die Manifestationen des Glaubens und des Unglaubens in einer philosophischen Anthropologie zu verankern suchen. Denn alle religiösen Betätigungen und Weltanschauungen sind Gegenstand der Forschung, die uns das *Wesen des Menschen* transparent zu machen versucht.

Nun ist aber die Religion nicht einfach ein gleichgültiges Verstehensobjekt wie etwa die Maikäfer, die Wolken des Himmels und der Granit in Gesteinsablagerungen. Religiöse Denkinhalte haben eine emotional-affektive Fundierung, so daß niemand in der Lage ist, sie völlig kühl und unbefangen zu beurteilen. Der Wissenschaftler, der sich mit der Religion beschäftigt, ist entweder gläubig oder ungläubig oder zwischen beiden schwankend; er hat eine religiöse, eine weltanschaulich neutrale oder eine atheistische Erziehung genossen, und er hat nicht zuletzt einen politischen Standort, der seine Einstellung zum Glauben bestimmt und von ihm bestimmt wird. Daher trägt jedermann seine menschliche und geistige

Situation und Werdensgeschichte in jegliche Religionsdebatte mit hinein, wobei er kaum imstande sein wird, sich alle seine inneren und äußeren Denkvoraussetzungen bewußtzumachen. Wie bei allen Weltanschauungsfragen spielen auch hier in die intellektuellen Entscheidungen mannigfache Komponenten hinein, die von der Charakterstruktur bis zur Klassenlage, von sozialen Abhängigkeiten bis zum wirtschaftlichen Status, vom geistigen Herkommen bis zur politischen Zielsetzung der Persönlichkeit reichen. Alle diese Vorbedingungen werden oft unbeachtet gelassen. So mancher Religionspsychologe zum Beispiel tut so, als ginge er *mit vollendeter Sachlichkeit* an sein Thema heran; in Wirklichkeit aber *bekennt* er anhand seiner *Erkenntnisse* lediglich seine innere und äußere Biographie und gibt auch nicht selten unter der Hand zu verstehen, wes Brot er ißt, da er doch auch dessen Lied zu singen gewillt ist.

Wollen wir einer solchen Naivität entrinnen, so müssen wir die Religionspsychologie als *kritisch-hermeneutische Wissenschaft* betreiben. Die Hermeneutik als »Auslegekunst« stammt aus den Geistes-, Sozial-, Kultur- und Humanwissenschaften, wo sie in jahrhundertelanger Reflexion und Forschungsarbeit ausgebildet wurde. Ihre Kunstregeln besagen unter anderem, daß der Akt des Verstehens in »Zirkelform« verläuft: Der Verstehende geht vom Teil des Verstehensobjektes zum Ganzen, vom Ganzen zu den Teilen, vom Werk zu seinem Urheber, vom Urheber zum Werk zurück, von der Epoche zur Einzelperson, vom Individuum zur Epoche und so weiter. In unermüdlicher Anwendung dieses *hermeneutischen Zirkels* kann es gelingen, in den Geist eines Werkes, einer Persönlichkeit, eines Zeitalters oder einer Kultur einzudringen, vor allem dann, wenn der Interpret durch

231

Umsicht, Toleranz, Einfühlung, Kenntnisreichtum, Weltoffenheit und vielseitige Humanität gekennzeichnet ist. Wilhelm Dilthey hat über diese Zusammenhänge sehr schön in seinem Aufsatz »Die Entstehung der Hermeneutik«[214] Aufschluß erteilt, wie im übrigen sein gesamtes Lebenswerk um die Bedeutung des Verstehens im Alltagsleben, in den Geisteswissenschaften und in der Philosophie kreist.

Überaus wichtig ist auch die Einsicht, daß das hermeneutische Geschehen nicht nur den Interpretationsgegenstand, sondern auch den Interpreten einbeziehen muß. Dieser kann sich bei seiner wissenschaftlichen Arbeit nicht heraushalten wie der Naturforscher, der unpersönliche Objektivität anstrebt. Der Hermeneutiker ist sich dessen bewußt, daß er mit einer bestimmten *Vorurteilsstruktur* an sein Objekt herantritt. Er weiß auch, daß in seiner eigenen Gemüts- und Geistesbeschaffenheit gewisse Grenzen gegeben sind, die seinem Verstehenkönnen zunächst eine Schranke setzen. Hier kann man nämlich am Forschungsobjekt nur erkennen, was man an sich selbst verstanden hat; andererseits versteht man sich selbst besser und umfassender, sobald man an einem »Gegenstand« – der immer ein Mensch, eine Menschengruppe oder Menschenwerk überhaupt ist – etwas Wesentliches begriffen hat. So bedeutet Hermeneutik immer einen Prozeß wechselseitiger Aufklärung. Wir gewinnen Klarheit über uns selbst, indem wir Fremdseelisches oder Geistiges interpretieren; wir klären die Gegenstandsstrukturen, indem wir uns selbst begreifen. Je radikaler wir *in beiden Richtungen* vorstoßen, um so größer ist der Gewinn an Erkenntnis, deren Fernziel die Verständigung mit dem Verstehensobjekt im Horizont der allumfassenden Humanität ist.

Was wir in der Folge über die Psychologie der Religion vorbringen werden, ist zwar vom intensiven Wunsch nach Verstehen der Religiosität inspiriert, kann aber doch den Standpunkt des Verfassers nicht verleugnen, der als Atheismus, Agnostizismus oder Freigeistigkeit zu bezeichnen ist. Wir formulieren demnach unsere religionspsychologischen Überlegungen als »Außenstehender«, das heißt als nicht mehr gläubiger Mensch. Viele Autoren, zum Beispiel Georg Wobbermin, sind der Meinung, Religionspsychologe könne nur jener sein, der (noch) glaubt; dem Ungläubigen sei das Wesentliche der Religion von vornherein verschlossen. Diese Auffassung können wir nicht teilen. Würde man sie etwa auf die Politik übertragen, so hieße dies, daß nur der Kommunist den Kommunismus, nur der Faschist den Faschismus und so weiter richtig begreifen könne. Alle kritische Erörterung im Geistesleben entfiele, wenn Verstehen immer an positive Parteinahme für das zu Verstehende gebunden wäre.

Wir sind uns klar darüber, daß alles, was wir als Religionskritiker aussagen, schon von anderen Autoren deutlich genug vorgetragen wurde und unsere Argumente vermutlich keinen Frommen von seiner Frömmigkeit abbringen werden. Gleichwohl lohnt es sich zu argumentieren, und sei es auch nur zum Zweck der Selbstverständigung beziehungsweise der Kommunikation mit ähnlich denkenden Menschen, denen das Freisein von religiösen Bindungen kostbar ist. Jeder wahre Freidenker hofft allerdings auch auf den *Dialog mit den Religionen*, die heute den Einwänden der Ungläubigen etwas mehr Beachtung schenken als in früheren Zeiten, da *Inquisition* und *Ketzerverfolgung* mit Glaubensabweichlern kurzen Prozeß zu machen vermochten.

a) Dem Agnostiker erscheint der Mensch als ein ungemein leichtgläubiges Lebewesen, das alles für wahr hält, was man ihm von früher Kindheit an suggeriert oder eintrichtert. Wer heute Christ ist, wäre mit ebensolcher Überzeugung Buddhist, Moslem und so weiter, wenn er einige hundert Kilometer von seinem Geburtsort entfernt geboren worden wäre. Fast niemand ist sich der Zufälligkeit seiner grundlegenden Lebensauffassungen bewußt, und wenn uns dieser Zufall aufstößt, haben wir meistens nicht den Mut und die Kraft, die Konsequenzen daraus zu ziehen. Oft hören wir Menschen sogar sagen: »Gewiß bin ich christlich, weil meine Eltern mich dazu erzogen haben. Aber warum sollte ich ihnen mißtrauen, wenn sie mich zum Christen gemacht haben? Mein Vertrauen zu Vater und Mutter rechtfertigt es, daß ich an ihrer Form der Religiosität festhalte!« Da nun aber Eltern auch Faschisten, Bolschewisten, Monarchisten, Obskurantisten und so weiter sein können, würde dies heißen, daß ihre Kinder auch diese weltanschaulichen Bindungen fraglos übernehmen sollten, eine Schlußfolgerung, deren Absurdität leicht zu erkennen ist. Hinter dieser Leichtgläubigkeit der Menschen steckt die Angst oder die Ehrfurcht vor den Erwachsenen und vor der Gesellschaft, die hinter ihnen steht; sie entscheidet mehr über unseren Glauben als unsere Intellektualität, die nur so weit reicht wie unser *Mut zum Selbstsein.*

b) Seit Alfred Adler ist es ein Gemeinplatz, daß jeder Mensch in seiner Kindheit Opfer von Minderwertigkeitskomplexen wird. Diese stellen gewissermaßen Verfestigungen des naturbedingten Unzulänglichkeitsgefühls dar, das dem Menschen infolge seiner langen Kindheit, seiner biologischen Schwäche und so weiter angeboren ist.

Unter dem Druck einer falschen Erziehung, biologischer, sozialer, politischer und kultureller Einflüsse wird die gefühlte Unzulänglichkeit stets mächtig vertieft; das verängstigte Menschenkind verzweifelt allzuoft in seinem Streben, aus seiner Minusposition herauszukommen. Daher entwikkelt es meistens Strategien einer scheinbaren Überkompensation auf der Unnützlichkeitsseite des Lebens, was Adler als Macht- und Geltungsstreben entlarvt hat. Wer an einem Minderwertigkeitskomplex leidet, strebt nach Herrschaft und Überlegenheit, wobei gerade diese Zielsetzung, die den Strukturgesetzen des Gemeinschaftslebens widerspricht, seine tiefsitzenden Lebensängste stets vergrößert.

Nun bietet die Kultur ihren Erziehungsopfern, die sie allemal in den Kleinheitswahn hineindrängt, Haltungen und Vorstellungen an, die von einem *kompensatorischen Größenwahn* infiziert sind. Hierzu gehören unter anderem die sozialen Vorurteile, die dahin tendieren, erziehungs- und gesellschaftsbedingten Seelenkrüppeln einen Hauch von Übermenschentum anzudichten. So wird etwa die Tatsache, daß jemand ein Mann, ein Weißer, ein Christ (Katholik, Protestant und so weiter), Angehöriger einer bestimmten Nation, Klasse oder Volksschicht ist, als *konstitutioneller Vorzug* gesehen, der das Bewußtsein der eigenen Winzigkeit und Wertlosigkeit verdrängen soll. Der Stolz, mit dem die Menschen an ihrer Religion hängen, läßt diese Dynamik mühelos erkennen. Religiosität, Nationalismus und Rassismus gehören zu den wichtigsten Kompensationsmechanismen, mit denen ein zerbrochenes Selbstbewußtsein schlecht und recht gekittet wird. Kein Wunder also, daß sich jedermann sträubt, rassische, religiöse und nationale Vorurteile aufzugeben; er befürchtet unbewußt, zusammenzubrechen, wenn er nicht mehr das Korsett seiner Voreingenommenheiten um sein gebrechliches Ich legen kann.

c) Jede Religion hat *Märtyrer* aufzuweisen, die mitunter als Beweis für die Wahrheit ihrer Lehre ins Feld geführt werden. Die entsprechenden Erzählungen vom Heldentod früher und frühester Glaubenszeugen sind gewiß eindrücklich; es ist aber geradezu lächerlich, solche Opfer an Gut und Leben als Wahrheitsbeleg anzugeben. Nicht nur die Konfessionen aller Art haben ihre Märtyrer; auch politische und andere Bewegungen leiden keinen Mangel an Blutzeugen, die für irgendeine Seifenblase aufs Schafott stiegen. Selbst der Nationalsozialismus − nicht zu reden vom Bolschewismus − hatte Opfertode seiner leidenschaftlichen Anhänger vorzuzeigen. Beweist dies die Richtigkeit oder gar die Humanität seiner Ideologie? Es ist für die Menschen leichter, für ein Idol zu sterben, als für ein Ideal zu leben − eine Bemerkung, die schon der geistreiche Lichtenberg im 18. Jahrhundert gemacht hat.

d) Die katholische Kirche bietet uns einen ganzen Katalog von *Heiligen* an, deren Seelengröße gelegentlich sogar von Protestanten gepriesen wurde und wird. Diese heiligen Glaubensrepräsentanten sind ein merkwürdiges Kapitel der Religionspsychologie; es lohnt sich sehr, ihre Biographien eingehend zu studieren. Wie seltsam sind doch diese Heiligen, deren Prozession durch die Jahrhunderte wandert! Es gibt unter ihnen Wunder an Herzensgüte wie den heiligen Franz von Assisi, militärische Organisatoren wie Ignatius von Loyola, politische Köpfe wie Niklaus von Flüe, Fanatiker des Glaubens wie Bernhard von Clairvaux, der die Kreuzzüge predigte, und ungezählte andere Charaktergestalten mehr.

Viele Heilige waren offensichtlich *pathologische Persönlichkeiten*, die sich quälten und kasteiten, die hungerten und sich erniedrigten, die abwegige Ideen in ihren Köpfen trugen, welche sie mit eiserner Beharrlichkeit in ihrem Leben praktizierten. Da gab es den heiligen Simon Stylites, der sein Leben auf einer hohen Säule stehend verbrachte, von der er auf das sündige Volk hinunterschauen konnte, ein Genuß, für den er Wind und Wetter gern in Kauf nahm. Heinrich Seuse, ein deutscher Mystiker, ließ sich ein Gewand mit Nägeln und Nadeln anfertigen, die ihm dauernd ins Fleisch stachen; so zeigte er seine überwältigende Frömmigkeit. Andere Heilige liebten es, eiternde Wunden von Bettlern und Aussätzigen zu küssen, jahrelang mit niemandem zu sprechen, sich den Schlaf und jegliche Körperreinigung zu versagen, nur noch an Christus zu denken und so weiter. Manche dieser *christlichen Helden* gehören unzweifelhaft in die Rubriken der Psychopathologie, was selbst William James (1842–1910) zugibt in seinem Buch *Die religiöse Erfahrung in ihrer Mannigfaltigkeit*[215], das die Religion im Grunde sehr wohlwollend erörtert.

Schopenhauer hat bekanntlich den Heiligen als eine der höchsten Stufen des Menschseins zu erkennen geglaubt, weil dieser den »Willen zum Leben«, das heißt die Triebhaftigkeit, den Leib und seine Bedürfnisse, den Eigensinn, in sich überwunden habe. Dies war wohl ein Irrtum des kühnen und kritischen Denkers, denn die Berichte der »Heiligenleben« lassen unschwer erkennen, daß die Asketen, Büßer und Selbstüberwinder ihre Triebe, ihre Leibbedürfnisse und ihren Stolz *in entstellter Form* sehr kraß ausgelebt haben. So sprechen zum Beispiel viele weibliche Heilige in ihren Herzensergießungen ganz freimütig die *sexualge-*

schwängerte Sprache der Hysterie, wenn sie etwa vom Heiland reden, der in sie eindringt, in ihren Leib schlüpft und diesen schließlich ganz ausfüllt, bis sie vor Wonne vergehen. Es gibt bereits einige aufschlußreiche psychoanalytische Biographien von Heiligen; dieses Feld der Forschung könnte jedoch mit großem Gewinn noch weiter bearbeitet werden.

e) Man spricht von der *Heilkraft des Gebetes*, und viele Gläubige können Beispiele dafür anführen, daß ihnen durch Beten in materieller und seelischer Not wesentlich geholfen wurde. Die Berichterstatter mögen meistens subjektiv ehrlich sein; es ist nur die Frage, ob sie wirklich wissen, wie und was ihnen geschieht. Was ist es denn, das den Menschen stärkt und ermutigt? Ist es wirklich das Eingreifen Gottes oder nicht vielmehr die Haltung des Sichbesinnens, der Dialog mit sich selbst, das assoziative Anknüpfen an Erinnerungen der Geborgenheit und des Schutzes in den Kinderjahren, um nur einige Möglichkeiten zu nennen? Jede vertraute Betätigung, die mit freundlichen Assoziationen verbunden ist, beruhigt und kräftigt den Menschen, und wäre es auch nur das Rauchen einer Pfeife, das Trinken eines Getränks, das Zupfen am Ohr. Die Selbstsuggestion spielt im Leben eine viel größere Rolle, als man gemeinhin annimmt; viele Gebete sind von einer Aura des Vertrauens umgeben und erzeugen daher auch Selbstvertrauen.

f) Als weiteres Zeugnis für den Glauben gilt *das Wunder*, das laut Goethes *Faust* geradezu »des Glaubens liebstes Kind« sein soll. In allen Wundern werden Naturgesetze durchbrochen; die Gottheit oder ihr Repräsentant unternimmt dem Menschen zuliebe »Zauberkunststücke«, welche die natürliche Logik auf den Kopf stellen. Die Arten und Erscheinungen der Wundertätigkeit müssen hier nicht rekapituliert werden; die ganze Bibel ist voll davon, vor allem die Jesus-Erzählung; des weiteren kann die gesamte religiöse Geschichtsschreibung mit Kompendien von Zauberwirkungen aufwarten, was sozusagen überall ans Unvorstellbare streift.

Wenn es wirklich solche Wunder gäbe, wäre dies ein unwiderlegbarer Beweis für die Existenz einer »Überwelt« hinter der realen Welt, einer »Überwirklichkeit« hinter oder jenseits der trivialen und nüchternen Alltagsrealität, in der die Naturkräfte und Naturgesetzlichkeiten uns allemal in enge Schranken einsperren. Leider ist jede wahrhaft denkwürdige Wundertat schon vor langer Zeit geschehen und nicht mehr überprüfbar. Sofern etwas aus der Gegenwart vermeldet wird, sind die Erzähler nicht vertrauenswürdig; vieles wird nur nach dem Hörensagen weitergegeben. Wunderglauben und Wunschdenken scheinen eng miteinander gekoppelt zu sein. Es ist der alte Allmachtswahn, der den Menschen an Wunder glauben läßt; da er ahnt, daß er selbst nicht Gott werden kann, möchte er wenigstens die besondere Gunst der Gottheit empfangen, die dann für seine kleinen Ziele und Zwecke die Naturgesetze außer Kraft setzen soll.

g) Da die Philosophie jahrhundertelang eine »Magd der Theologie« war, darf es uns nicht verwundern, daß sie lange Zeit darum bemüht war, ihrer Auftraggeberin sogenannte *Gottesbeweise* zu liefern. Solche Gedankenspielereien sollten durch logische Argumentation das »Dasein und Wesen Gottes« erkennen lassen. Es gibt etwa ein halbes Dutzend solcher Gottesbeweise, an denen sich nicht nur die Scholastiker des Mittelalters, sondern auch viele Denker der Neuzeit abgearbei-

239

tet haben. Das Erkenntnisziel stand immer im voraus fest; als Ergebnis spekulativer Spiegelfechtereien mußte herauskommen, daß Gott war, ist und sein wird und daß kein Zweifel an seiner Existenz berechtigt ist.

Kant hat in der *Kritik der reinen Vernunft* (1781) die hauptsächlichen Gottesbeweise ad absurdum geführt. Damit ist aber diese Sache noch lange nicht abgetan; es wird weiterhin frisch, fromm, fröhlich und frei das »notwendige Dasein Gottes« aus fadenscheinigen Überlegungen abgeleitet, die dem gesunden Menschenverstand mehr zumuten, als er sonst im Leben zu ertragen gewillt ist.

Schon Freud hat nachdenklich konstatiert, die Menschen nähmen in keinem Bereich ihres Daseins so schlecht bewiesene Behauptungen an wie in der Religion, obwohl es hier um die zentralen Fragen des Menschseins geht. Offenbar ist der Mensch, der durch die heutige Erziehung und unsere entsprechende Unkultur hindurchgegangen ist, tatsächlich *ein Wesen von schwacher Intelligenz, das von starken Affekten und Leidenschaften beherrscht wird* (Freud). Kein Wunder, daß sein Intellekt, wie Schopenhauer schon diagnostizierte, durchwegs im Dienst des Lebenswillens steht, das heißt stets nur das denken *kann*, was sein unbewußter Wille *will*; Trieb und Angst beherrschen die Vernunft.

h) Auch der ungläubige Mensch wird die *Bibel* lesen, weil sie ein Dokument der Kulturgeschichte ist und nicht nur historische Hinweise, sondern auch tiefe Einblicke in das menschliche Leben und Seelenleben enthält. Von diesem Punkt aus bis zu der Meinung, daß sie eine göttliche Offenbarung sei, ist allerdings ein großer Schritt. Es ist erstaunlich, wie gedankenlos die Menschen diesen vollziehen, so, als sei es die selbstverständlichste Sache von der Welt, daß Gott in einem sehr kruden und vieldeutigen Text einem Volk zwischen Babylon und Ägypten vor ungefähr zweieinhalbtausend Jahren seine wichtigsten Gedanken anvertraut habe.

Darüber hinaus demonstriert die Bibel offensichtlich ein Textgemisch aus manchen Epochen; sie ist interessante Erzählung und Wunderbericht, phantastische Vision und zügellose Verkündigung, grausame und wollüstige Novellistik, kindische Naivität und köstliche Weisheit in einem. Jedenfalls ist sie ein *sehr menschliches Buch*, das zu konstatieren bereits von vielen als ein *Akt des Unglaubens* gewertet wird, da die Menschen bis zum heutigen Tag noch nicht kritisch und souverän zu lesen gelernt haben. Nehmen sie »heilige Bücher« zur Hand, so befällt sie eine Lähmung des Intellekts, aufgrund deren sie sogar über manifest widersinnige Textstellen gläubig hinweglesen. Ähnlich lesen die Menschen aber auch ihre Zeitungen, ihre Kriegshetzereien und Kriegsberichterstattungen, ihre skrupellose nationale Geschichtsklitterung, ihre Kitschromane und so weiter.

Das Lesenkönnen ist ein spätes Produkt kultureller Reife. Für den kulturarmen Menschen genügt es schon, *ein Buch* zu haben, *das alle Weisheit des Himmels und der Erde enthält*. Theologen quetschen den biblischen Text, wie Goethe schon spöttisch bemerkte, seit zweitausend Jahren mühevoll aus, wobei keine Wort- und Sinnverdrehung zu gewaltsam ist, als daß sie nicht Furore machen könnte. Das Schauspiel ist kläglich, geht aber vorerst noch weiter, bis die Vernunft in den Köpfen etwas mehr Format gewonnen hat.

i) Ängstliche und hilflose Menschen lieben die Macht; diese einfache Lehre Alfred Adlers wird zuwenig begriffen und angewandt. Hinsichtlich der Religion bedeutet dies, daß schwache und kranke Seelen eine Phantasiewelt aufbauen, die zwischen den Polen der Allmacht und der Ohnmacht oszilliert. Gott, der Staat, die Partei, der Führer und so weiter werden zu Inbegriffen der Allmachtsvorstellungen; das Individuum selbst begnügt sich mit der Ohnmachtsrolle, wenn es nur an der grenzenlosen Kraft und Gewalt seines Idols teilhaben kann. Wir nennen diese Haltung *Masochismus*; ihre Bedeutung im politischen und religiösen Leben ist schier universell.

Masochisten als Künstler und Religionsrepräsentanten haben mit der ihnen eigentümlichen Sprache der Liebe und der überschwenglichen Hingabe den Bereich der Religion verklärt, so daß er heute als Sphäre der Schönheit, der Reinheit und der Größe erscheint. Mitunter schleicht sich allerdings auch die Ahnung ein, daß der große und gewaltige Gott, vor dem sich der Masochist in den Staub wirft, eine Schöpfung der masochistischen Seele selbst sein könnte. Man höre zum Beispiel die folgenden Verse aus dem *Stundenbuch* von Rainer Maria Rilke:

> Was wirst du tun, Gott, wenn ich sterbe?
> Ich bin dein Krug (wenn ich zerscherbe?)
> Ich bin dein Trank (wenn ich verderbe?)
> Bin dein Gewand und dein Gewerbe,
> mit mir verlierst du deinen Sinn.
> Nach mir hast du kein Haus, darin
> dich Worte, nah und warm, begrüßen.
> Es fällt von deinen müden Füßen
> die Samtsandale, die ich bin.

k) Solche überspannten, ekstatischen und visionären *Anrufungen* gibt es in der religiösen Literatur aller Epochen in ungeheurer Vielseitigkeit, so daß der redliche William James in seinem schon zitierten Buch *Die religiöse Erfahrung in ihrer Mannigfaltigkeit* die Frage aufwirft, ob nicht nervöse und psychopathische Naturen eine *exquisite religiöse Veranlagung* hätten, was in James' Munde keine Abwertung und Kritik bedeuten soll. Tatsächlich wimmeln die frommen Erlebnis- und Bekehrungsberichte von sadomasochistischen Bekundungen, von kindlichen Selbstmißverständnissen, von neurotischen oder gar psychotischen Symptomen, die als Erleuchtungen ausgegeben werden. James, der sich dessen wohl bewußt ist, macht einen intellektuellen Salto mortale, um seinen Gottesglauben zu retten, indem er sagt:

> Gibt es so etwas wie eine Inspiration aus einer höheren Welt, so kann es sehr wohl sein, daß das nervös reizbare Temperament die Hauptbedingung der notwendigen Empfänglichkeit ist. Und damit, denke ich, kann die Frage nach dem Verhältnis von Religiosität und Neuropathie verlassen werden.[216]

l) Neuropathen und Neurotiker gibt es sicherlich auch in der *Mystik*, bei der man durch die Meditation, die Versenkung ins eigene Innere, zur unmittelbaren Schau des Göttlichen gelangen soll und die in allen großen Religionen der Erde hohe Wertschätzung genießt. Der Mystiker will durch seine Abkehr von der realen Welt mit Gott eins werden, was er, sofern er es erreicht, als grandioses Erlebnis schildert. Fasten, Meditieren, Übungen aller Art sollen diesen köstlichen Seelenzustand herbeiführen, aus dem innerer Friede, Gelassenheit und Gottesnähe erwachsen. Deutschsprachige Mystiker sind etwa der bereits genannte Heinrich Seuse, Meister Eckart, Jakob Böhme und Angelus Silesius. Ähnliche Erfahrungen wie diese Gottsucher berichten auch indische, japanische und chinesische Mystiker von einst und jetzt; die Mystik ist eine der wichtigen Modalitäten der Religion, die es in Keimform sogar schon bei den Naturvölkern gibt.

Für den kritischen Religionspsychologen ist die Mystik ein extremer Zustand der Introversion, des Insichgekehrtseins, das viele Merkmale der *Weltflucht* aufweist. Die Last der Wirklichkeit zu bewältigen ist schwerer als die Gottsuche im eigenen Innern; wie so viele Glaubenshelden macht der Mystiker aus seiner Not eine Tugend, indem er sich in den »inneren Gott« versenkt, weil ihn die Gefahren der äußeren Realität, etwa in der Liebe und im menschlichen Miteinander, schrecken. Man darf daher die bisweilen eindrücklichen und geistvollen Darstellungen des mystischen Erlebnisses nicht isoliert auffassen; vielmehr muß man immer fragen, wie denn der Mystiker lebte, liebte und sich selbst verwirklichte, ganz abgesehen davon, daß er in so hohen Tönen vom Einssein mit seinem Gott schwelgt. Bei solcher Betrachtungsweise erkennt man oft den kläglichen Konterpart des mystischen Gefühlsüberschwangs, der eine Seligkeit verkündet, die von verdrängter Angst und Wollust, nicht aber von der angeblich erblickten Gottheit stammt. Wie für viele Manöver neurotischer Menschen gilt auch für das Tun und Treiben des Mystikers der Vers von Friedrich Schiller:

In die Flucht geschlagen
Glaubt er zu jagen.

m) Die moderne Wissenschaft trat als Gegenspielerin der Religion auf den Plan, mußte sie doch ihr Recht auf Leben und Forschung mühsam im Kampf gegen die Kirche und die kulturelle Konvention erobern. So schien es zunächst, als bestehe ein unüberbrückbarer Gegensatz zwischen diesen beiden Modalitäten des Geisteslebens; in ihrer entscheidenden Aufstiegsphase, im 18. und im 19. Jahrhundert, hat vor allem die Naturforschung jegliche Form von Religiosität bekämpft und sich

einem von der Theologie befreiten Weltbild verschrieben.

Diese kämpferischen Zeiten sind heute vorbei.
Das theologische Denken, das von jeher trotz seines Dogmatismus eine gewisse Geschmeidigkeit
aufwies, hat sich mit den naturwissenschaftlichen
Erkenntnissen versöhnt und so manche Möglichkeit gefunden, die Naturwissenschaft in die religiöse Weltanschauung einzubauen. Es fehlte auch
nicht an Wissenschaftlern, die aufgrund ihrer Herkunft und ihrer Erziehung zu jeglichem Kompromiß bereit waren, welcher der exakten Forschung
Raum ließ, aber um den Arbeitskittel der Wissenschaft einen Saum von Religiosität zu weben unternahm. Insbesondere die letzten hundert Jahre,
seit den epochemachenden Entdeckungen Darwins und anderer, sind voll von solchen verführeri-
schen Angleichungen, zu denen mitunter hochbe-
deutende Gelehrte Hand boten.

Dies heißt nun aber keineswegs, daß Wissenschaft und Religion wahrhaft im Einklang seien.
So mancher in seinem Spezialgebiet klar denkende Kopf hat in anderen Bereichen enorme *Ratio-
nalitätsdefekte*, die wir auf Erziehung und Persönlichkeitsstruktur zurückführen müssen. Daher
kann es durchaus sein, daß eine wissenschaftliche
Koryphäe im religiösen Raum zu stammeln beginnt wie ein Frömmler, dem jegliche Vernunfter-
kenntnis ein Buch mit sieben Siegeln ist. Oft
stehen hinter dem von der Kirche und ihren Gläubigen triumphal aufgenommenen »Glaubensbe-
kenntnis eines großen Forschers« ganz einfach
Ängste, Verzweiflung, Depressionen, Anpasserei,
Karrieresucht, Autoritarismus, Vorurteil und irrationale Hingabesehnsucht.

245

Auch wenn der Psychotherapeut, wie in unserem Fall, Agnostiker ist, wird er seinen Patienten keine seiner Auffassungen aufdrängen oder suggerieren wollen. Er wird seinem Gesprächspartner die Haltung der Toleranz, der Würde und der Humanität vorleben, wenn er dessen Selbstwerdung begünstigen will. Berührt aber das therapeutische Gespräch die religiöse Sphäre, so kann es dem meistens aus dem Glauben kommenden Analysanden nicht schaden, wenn er den Stand der heutigen Diskussion zwischen Religion und Atheismus kennenlernt. Warum soll etwa ein gläubiger Christ nicht die kritische Kirchengeschichte von Karlheinz Deschner kennen, die unter dem Titel *Abermals krähte der Hahn*[217] erschienen ist? Warum soll er nicht Gerhard Szczesnys Buch *Die Zukunft des Unglaubens*[218] lesen, das um Verständnis für die freigeistige Weltanschauung wirbt? Warum soll er nicht die geistreichen Werke Bertrand Russells studieren, etwa *Philosophie des Abendlandes*[219] und *Warum ich kein Christ bin*[220], die eine hohe Schule der Geistesfreiheit sind? Warum soll ihm der »evolutionäre Humanismus« eines Julian Huxley fremd bleiben, der den Evolutionsgedanken mit der Humanitätsidee in schönster Weise verknüpft? Wenn *Weltoffenheit* eines der Gesundheitsziele in der Psychotherapie ist, dann muß diese auf der *Ebene der geistigen Auseinandersetzung*, die im Verlauf jeder Behandlung erreicht werden soll, auch in die kontrapunktische Erfahrung des Geisteslebens einführen, in dem es eben verschiedene Anschauungen und Gesinnungen gibt und geben muß.

Hermeneutisch bleibt dieser Dialog zwischen Therapeut und Patient, wenn beide trotz Gesinnungsstärke sich dafür offenhalten, daß niemand die absolute Wahrheit besitzt und jedermann nur nach der im Unendlichen liegenden absoluten Gewißheit *streben* darf. *Es kann immer alles ganz anders sein, als ich es meine* – mit dieser Haltung allein können die großen Fragen des Menschseins geklärt werden, wobei es gut ist, daß viele Stimmen im geistigen Konzert der Menschheit ertönen, da monotone Melodien nur einschläfernd wirken können. Fast so wichtig wie die Wahrheitsfindung selbst ist es, daß im Gespräch Verstehen zustande kommt, das die Disputanten einander näher bringt und Friede und Eintracht bewirkt. Wo die Rechthaberei ausgeklammert wird, gedeiht die Humanität, deren Wachstum und Entwicklung der Sinn der Geschichte ist.

Religion, Wissenschaft
und Philosophie

Der sogenannte *ethnologische Gottesbeweis* entnimmt einen Beleg für die Existenz Gottes aus der
Tatsache, daß alle uns bekannten Völker und
Kulturen an höhere Wesen glaubten und sie ver-
ehrten. Dieser kühnen Schlußfolgerung ist entge-
gengehalten worden, daß es für die gesamte
Menschheit auch *gemeinsame Irrtümer* gibt, die
gewissermaßen aus der menschlichen Geistesbeschaffenheit und der Conditio humana mit Notwendigkeit hervorgehen, ohne deshalb auch einer
Realität entsprechen zu müssen. So gab und gibt
es überall den Glauben an Magie und Zauberei, an
Wunder und Vorzeichen, an die Macht der Toten
über die Lebenden und so weiter, was noch lange
nicht heißt, daß irgend etwas davon »wahr« ist. Die
Allgegenwart der Gottesvorstellung bedeutet
wohl nur, daß der Mensch in seinen Kulturanfän-
gen stets durch Stadien der *Selbstentfremdung*
hindurchgeht, in deren Zusammenhang die Religion fast unumgänglich auftaucht, um als ein frühes System der Weltorientierung zu dienen. Die
urtümliche Form der Welterklärung ist die religiöse; es ist aber keineswegs sicher, daß sie für alle
Zeiten als Weltbild gültig bleiben wird. Denn ihr
Grundgedanke von der »Heiligkeit des Kosmos«
ist Anthropomorphismus, der einmal sinnvoll war,
aber durch den kulturellen Fortschritt immer mehr
relativiert wird. Peter L. Berger resümiert die religiöse Haltung mit folgenden Worten:

Religion hat [...] eine strategische Rolle bei der Welt-
errichtung des Menschen gespielt. In ihr greift die
Externalisierung, d.h. die Selbstentäußerung des
Menschen, so weit über ihn hinaus, daß er der Wirk-

248

lichkeit seine eigenen Sinnsetzungen auferlegt. Religion impliziert die Projektion menschlicher Ordnung in die Totalität des Seienden. Anders ausgedrückt: Religion ist der [...] Versuch, das gesamte Universum auf den Menschen zu beziehen und für ihn zu beanspruchen.[221]

Da nun aber im Lauf der Zeit durch die Wissenschaft eine »Entzauberung der Welt« (Max Weber) stattfindet und die Religionskritik viele Prädikate Gottes als Eigenschaften des Menschen erkennt, drängt sich der Gedanke einer phasenmäßigen Menschheitsentwicklung auf, an deren Anfang die Religion und an deren Ende die Wissenschaft steht. Ein solches Phasenmodell schuf Auguste Comte (1798–1857), der in seiner Geschichtsphilosophie eine Abfolge dreier Stadien der Kulturevolution annahm, nämlich des theologischen, des metaphysischen und des wissenschaftlichen Zeitalters, wobei das letztgenannte auf der universellen Herrschaft der exakten und experimentellen Wissenschaft gegründet sein soll, die in ihrer vollendeten Gesetzeserkenntnis allem menschlichen Zweifeln und Spekulieren einen Abschluß geben wird.

Die Comtesche Auffassung hat im Materialismus und im Positivismus des 19. Jahrhunderts großen Einfluß erlangt. Auch die *Väter des Sozialismus* gerieten in ihren suggestiven Wirkungsbereich, nicht zu reden von den Naturforschern bis zur Jahrhundertwende und auch darüber hinaus. Liest man etwa die Texte von Marx und Bakunin, Kropotkin und Kautsky, Proudhon und Fourier, Saint-Simon und Enfantin, so findet man als Refrain die Idee, daß das Kommen der sozialistischen Gesellschaftsordnung unmittelbar bevorstehe, da sie durch die exakte Wissenschaft schon vorbereitet und »im Prinzip« bereits realisiert sei. Na-

turwissenschaft und Technik würden den überlieferten Mystizismus verdrängen; der »wissenschaftlich gewordene Mensch« werde überlebte
Herrschaftsformen abschaffen und das Reich der
Freiheit und der Brüderlichkeit errichten. Solche
Heilserwartungen haben zum Beispiel dem Marxismus den Charakter einer *säkularisierten Reli-*
gion verliehen, erhoben doch Marx und Engels
den stolzen Anspruch, in ihnen sei der Sozialismus
»zur Wissenschaft« geworden, da er auf der Erkenntnis der »Naturgesetze der menschlichen Gesellschaft und Geschichtsentwicklung« beruhe.
Weil somit für die Erkenntnis der Gesellschaft eine
ähnliche Präzision erreicht zu sein schien wie für
die Erkenntnis der Natur, galt der endgültige Sieg
der Wissenschaft für die Zukunft als gesichert.

Da sich alle diese hochgemuten Hoffnungen
nicht erfüllt haben, stehen wir heute vor der Aufgabe, unsere Konzepte neu zu durchdenken. Ist
tatsächlich ein »wissenschaftliches Zeitalter« das
Ziel des Fortschritts? Ist es überhaupt zu wünschen
in dem Sinne, wie es sich Materialisten, Positivi-
sten und Sozialisten des 19. Jahrhunderts vorstell-
ten? Was bedeutet exakte Wissenschaft, Wissenschaft überhaupt im Rahmen der gesamten Kultur? Wie soll man ihr Gewicht bemessen neben der
Philosophie, den Künsten und der Lebenspraxis,
neben der Kunst also, ein menschliches und men-
schenwürdiges Leben für den einzelnen wie für
die Gesamtheit zu sichern? Alle diese Fragen müssen aufs neue gestellt werden, da die Antworten,
welche die vergangene Epoche gab, sich als problematisch erwiesen haben.

Die tiefenpsychologische Untersuchung der Religion muß durch eine tiefenpsychologische Analyse der Wissenschaft ergänzt werden. Es geht
nicht an, einerseits das religiöse Weltbild zu relati-

vieren, andererseits aber davon abzusehen, die psychoanalytische Sonde an das wissenschaftliche Denken anzulegen, das man gern verabsolutieren würde. Gegen diesen Wissenschaftsabsolutismus melden wir unsere Skepsis an und fassen jene Problematik ins Auge, die etwa unter den Titel »Psychoanalyse der Naturwissenschaft« fällt.

Man sollte in vermehrtem Maß geistige Gebilde, Weltanschauungen, Ideologien und so weiter einer psychoanalytischen Klärung unterziehen. Dies fällt in den Bereich einer allgemeinen »Psychologie der Weltanschauungen«, zu der erst wenige Vorarbeiten bestehen. Warum sollen große Kulturphänomene wie die Wissenschaft, Philosophie, künstlerische Strömungen und Bewegungen, geschichtliche Epochen und Tendenzen nicht ebenso tiefenpsychologisch untersucht werden wie etwa Neurosen, Perversionen, Psychosen, Charaktere und Individualitäten? Gewiß benötigt man hierzu veränderte Methoden und Denkansätze, aber prinzipiell gibt es wahrscheinlich weitgehende Analogien zwischen der Psychoanalyse von Einzelmenschen und der von Ideologien und Weltanschauungen. Da sich diese These bei der Religion schon einigermaßen bewährt hat, gibt es keinen hinreichenden Grund, vor einer Psychoanalyse der Naturwissenschaft zurückzuscheuen.

Eine solche müßte unter anderem von dem sich wandelnden *Naturbegriff* seit dem Altertum ausgehen. Die Griechen faßten die Natur anders auf als zum Beispiel das Christentum und die neuere Zeit; für sie war die Natur eine quasilebendige Aufenthaltsstätte des Menschen, bevölkert auch mit Halbgöttern, Göttern und Dämonen. Das ist an sich nichts Ungewöhnliches für eine polytheisti-

sche Form der Religion; allerdings waren die griechischen Naturgötter oft freundlich und dem Menschen wohlgesinnt, so daß in ihm ein eher heimat-
liches Gefühl in bezug auf Wald und Feld, Fluß und
Meer, Gebirge und Ebene entstehen konnte. Die
Griechen entwickelten nur spärlich die Technik,
wiewohl sie einige Naturerkenntnis und bereits
Grundlagen der Mathematik besaßen. Ihr Verhältnis zur Natur muß anders als das unsrige gewesen
sein. Sie strebten keine entschiedene Herrschaft
über Naturgewalten an; es entsprach ihnen mehr,
sich in die Natur einzufügen, deren Kräfte ma-
gisch-religiös zu verehren und für sich zu gewinnen. Friedrich Schiller beklagt in seinem Gedicht
Die Götter Griechenlands den Verlust dieser poe-
tisch-vertrauten Welt, die in der Neuzeit durch ein
mechanistisches Weltbild ersetzt wurde, mit folgenden Worten:

Wo jetzt nur, wie unsre Weisen sagen,
Seelenlos ein Feuerball sich dreht,
Lenkte damals seinen goldnen Wagen
Helios in stiller Majestät.
Diese Höhen füllten Oreaden,
Eine Dryas lebt' in jenem Baum,
Aus den Urnen lieblicher Najaden
Sprang der Ströme Silberschaum.

Das Christentum räumte mit der Vielgötterei des
Altertums auf, wenngleich es mit seinem Himmel
voll von Engeln und Heiligen gleichfalls eine Ab-
art des Polytheismus einführte. Aber die vielen
Götter mußten zugunsten des einen und einzigen
Gottes abdanken. Im Zuge dieser monotheisti-
schen Tendenz wurde auch die Natur entgöttert.
Sie erhielt in den christlichen Lehren das Stigma
des Ungöttlichen, ja sogar des Teuflischen und Wi-
dergöttlichen. Das Natürliche war für den Christen
weithin das Diabolische, von dem sich der Mensch

ängstlich oder haßerfüllt fernhalten mußte. So entstand die *abendländische Naturfeindschaft*, die bis in unsere Tage hineinreicht.

Der Haß gegen das Natürliche betraf nicht nur den menschlichen Leib und seine Bedürfnisse, die durch Askese, Sexualrepression und mannigfaltigen Sadomasochismus ausgemerzt werden sollten; ähnlich wie die Leiblichkeit gab das Christentum auch das Naturganze dem allgemeinen Abscheu preis, indem es die für den Griechen noch lieblich-heitere Natur mit häßlichen Dämonen, Teufeln und Gespenstern erfüllte. Bis ins 15., 16. und noch ins 17. Jahrhundert hinein zeigen sich panische Ängste des Menschen gegenüber allen Naturerscheinungen und Naturgewalten, die man kaum anders denn als bösartig und dämonisch denken konnte. Daher gibt es eine eigentliche Naturliebe erst seit dem 18. Jahrhundert. Jacob Burckhardt erzählt in seiner *Kultur der Renaissance in Italien*[222], daß der Dichter Petrarca, »einer der frühesten völlig modernen Menschen« und ein Vorläufer der Aufklärung, als Sonderling zwar hohe Berge erklomm und die Schönheit der Landschaft genoß, bei der Besteigung des Mont Ventoux nahe Avignon aber ein Buch von Augustinus bei sich hatte, in dem er las, anstatt die Bergwelt zu betrachten. Bis zu Rousseau hin galten zum Beispiel die Alpen als Sitz gefährlicher Gespenster, so daß kaum jemand auf die Idee kam, ihre Täler und Gipfel ohne Notwendigkeit aufzusuchen. Mit Weihwasser, Bittgebeten, Beschwörungen und Teufelsaustreibungen kämpfte das fromme Gemüt gegen pittoreske Naturgestaltungen, für deren Liebreiz oder Erhabenheit das verschlossene Gefühlsleben nicht empfänglich war.

Das theologische Denken schlug sich ganz auf die Seite des Seelischen und des Geistigen, um

253

sich vom Körper und von der Natur zu emanzipieren. Wir können dies den »christlichen Spiritualismus« nennen, der für die Blütezeit des Mittelalters die maßgebliche weltanschauliche Position war. Er entfaltete sich ungemein reichhaltig in der sogenannten Scholastik, die als Philosophie des Christentums zwischen Glaube und Vernunft Übereinstimmung herzustellen versuchte, meistens mit Unterwerfung der letzteren unter den ersteren. Das Geistesleben Europas wurde durch den scholastischen Autoritarismus fast vollständig geknechtet; jeder Unsinn erschien als »gültig«, wenn er durch Zitate aus der Bibel oder aus dem Werk des Aristoteles abgesichert werden konnte. Auch diskutierten die Theologen mit größtem Ernst merkwürdigste Themen, so etwa, wie viele Engel Platz hätten auf der Spitze einer Nadel und ob Christus sein Erlösungswerk auch hätte vollbringen können, wenn er als Erbse auf die Welt gekommen wäre. Gleichwohl mögen diese Haarspaltereien nicht ganz unnütz gewesen sein – Nietzsche jedenfalls behauptete, die scholastischen Klopffechtereien hätten »eine prachtvolle Spannung des Geistes« zuwege gebracht, die der späteren wissenschaftlichen Forschung zugute kam.

Demnach ist vielleicht die moderne Wissenschaft nicht nur ein Kind der emanzipierten Vernunft, sondern auch ein Sprößling der ehemaligen Theologie und – des Geldwesens. Den letztgenannten Gedanken vertritt Georg Simmel in seinem Buch *Philosophie des Geldes* (1900). Bekanntlich breitete sich im 14. und im 15. Jahrhundert das Geldwesen in Europa mächtig aus. Geld ist ein quantitatives Maß für die unendliche Vielzahl qualitativer Dinge; seine »Philosophie« besagt, daß man die ganze Welt nach den Kriterien der Zählbarkeit, der Meßbarkeit und der Wägbarkeit »verrechnen« könne. Geld und Intellekt (Rationalität) haben direkte und untergründige Beziehungen zueinander. Das Geld stiftet ein neutral-gleichgültiges Universum, in dem man unter Ausschaltung von Emotionen rational handeln und verfügen kann. Es ist Symbol und Ausdruck von Machttendenzen im menschlichen Gemüt; alle *Herrschaftsimpulse* im europäischen Menschentum, die sich auch auf die Naturwissenschaft förderlich auswirkten, erhielten durch die Ausbildung des Geldwesens reichlich Nahrung.

Die Wissenschaft von der Natur, auf der wir heute aufbauen, entstand in der Hochrenaissance. Zu ihren bedeutendsten Vorkämpfern gehören Galilei, Kepler, Kopernikus, Pascal, Descartes, Leonardo da Vinci. Diese sehr verschiedenen Persönlichkeiten könnten nur schwerlich auf einen gemeinsamen Nenner gebracht werden. Aber sie haben alle mehr oder minder am *geometrisch-mathematischen Weltentwurf* gearbeitet, der die zukünftige exakte Naturwissenschaft möglich machen sollte. Nach Edmund Husserls Auffassung in seinem wahrhaft tiefgründigen Werk *Die Krisis der europäischen Wissenschaften und die transzendentale Phänomenologie*[223] waren es vor allem Galilei und Descartes, denen wir das Modell der leblosen, mechanischen und mathematisch beschreibbaren Natur zu verdanken haben. So formulierte Galilei mit großer Klarheit, die Natur sei ein Buch, das nicht mit Buchstaben, sondern mit Quadraten, Rechtecken und Kreisen geschrieben sei; folglich müsse man die Mathematik zur Grundwissenschaft erheben. Und Descartes schuf die analytische Geometrie, mittels deren räumliche Verhältnisse in mathematische Formeln übergeführt werden können. Beide Forscher strukturierten auf diese Weise ein Naturkonzept, mit dessen Hilfe der Siegeszug der exakten Wissenschaft eingeleitet wurde. Hilfreich war auch die Cartesische Lehre, daß »Denken« und »Ausdehnung« zwei getrennte Substanzen seien; sie wurde zur Grundlage für die mechanistische Welterklärung der nächsten beiden Jahrhunderte.

So war nun die Natur für die Wissenschaftler nicht mehr dämonisch und teuflisch; dafür aber wurde sie jetzt zu einem leblosen, maschinellen Räderwerk, wie man es etwa in Paul Thiry d'Holbachs berühmtem Buch *System der Natur* (1770) dargestellt findet, von dem sich Goethe in seiner Sturm-und-Drang-Periode mit einigem Schaudern abwandte, wie er in *Dichtung und Wahrheit* erzählt.

Die Verdienste der exakten Wissenschaft und der ihr zugeordneten materialistischen Philosophie sind unbestritten. Sie haben unzählige theologische Vorurteile bekämpft und in die Schranken gewiesen. Auch wird niemand bezweifeln, daß die moderne Technik nur auf dem Fundament der mathematisch-mechanistischen Naturinterpretation errichtet werden konnte. Aber der *Absolutheitsanspruch* dieser Form von Welterklärung und der daraus entspringenden technischen Verhaltensweise des Menschen ist inzwischen ins Wanken geraten. Wir erkennen nämlich in wachsendem Maß, daß Naturwissenschaften und Technik eine Haltung innewohnt, welche die Natur mit einer gewissen *Gewalttätigkeit* und *Rücksichtslosigkeit* zergliedert, aufbricht, spaltet, verwertet und verbraucht. Mit einiger Phantasie kann man im Wissenschaftsbetrieb der Moderne eine *sadistische Wendung gegen das Naturganze* sehen. Wohl gibt es darin auch Tendenzen der Naturliebe; es überwiegen jedoch in der neuzeitlichen Wissenschaft und Technik die *Naturzerstörung* und der *Naturverbrauch*, wie wir spätestens seit Bestehen der Atombombe und der universellen Umweltverschmutzung zu begreifen beginnen. Die Betriebsamkeit der exakten Forschung und die technikwütige Verfügungsmanie dringen in alles Natürliche ein und hinterlassen einen zivilisationsbedingten Schutthaufen, der die Menschheit als Ganzes zu ersticken droht.

So meinen wir, daß Reste der theologischen Naturfeindschaft, das Gelddenken des Frühkapitalismus und die aggressive Rationalität einer falsch verstandenen Aufklärung an der heutigen Misere in der natürlichen Umwelt und in der Wissenschaft mitschuldig sind. Dies soll aber keine Verdammung der Naturwissenschaft und der Technik sein. Wir sprechen nicht mit Ludwig Klages vom »Geist als Widersacher der Seele«, um ein *neuromantisch-reaktionäres Gesellschaftsideal* zu propagieren; wir schließen uns auch nicht Oswald Spengler an, der nach dem von Deutschland verlorenen (Ersten) Weltkrieg den »Untergang des Abendlandes« prophezeite und das technisch-wissenschaftliche Zeitalter als Vorboten eines »Kulturtodes« diagnostizierte. Kein vernünftiger Mensch wird den zivilisatorischen Fortschritt der Gegenwart rückgängig machen wollen. Die Entdeckungen von Physik, Chemie, Biologie, Medizin, Agronomie, Meteorologie, Astronomie und so weiter haben unsere Lebensbedingungen enorm verbessert; auch haben sie unsere Macht über den Erdball und bis in den Kosmos hinein ausgeweitet. Aber damit sind nicht *alle unsere Probleme* gelöst; es sieht auch nicht so aus, als könnten sie im Rahmen eines naturwissenschaftlichen Menschenbildes und einer materialistischen Weltdeutung je gelöst werden.

Noch die orthodoxe Psychoanalyse ist ein Ableger der materialistisch-positivistischen Ära, die nun ihrem Ende entgegenzugehen scheint. Der Mensch als Libidomaschinerie, als *Homo natura* und Triebwesen, als völlig determinierter Naturgegenstand und als Objekt einer quasipsychotechnischen Behandlungsweise ist ein Überbleibsel der radikalen Aufklärungsphilosophie, die trotz ihrer Wendung gegen die Religion so manche Anleihe aus dem theologischen Weltbild in ihr System eingeschmuggelt hat. Der christliche Glaube an die natürliche Bösartigkeit und Verworfenheit des Menschen feiert seine Auferstehung in Freuds Lehre vom »Aggressions- und Destruktionstrieb«, welcher der »menschlichen Bestie« unausrottbar zugehört. Freuds Pessimismus, der den großen Seelenforscher zuletzt sogar im Tod das eigentliche »Ziel des Lebens« sehen ließ (»Todestrieb«), ist nicht nur lebensgeschichtlich und charakterlich bedingt; er ist auch notwendige Konsequenz einer der Psychoanalyse eigentümlichen Entwertungstendenz, die Max Scheler eine »spéculation à la baisse« genannt hat. Wer immer und überall das Determinierte, das Triebhafte, das Mechanische, das Energetische ins Auge faßt und am Schöpferischen, am Seelisch-Geistigen, am Lebendigen vorbeiphilosophiert, wird um eine *kosmische und anthropologische Schwarzseherei* kaum herumkommen.

Scheler ordnete Naturwissenschaft und Technik dem »Herrschaftswissen« zu, dessen wir wohl bedürfen, ohne daß wir uns ihm völlig verschreiben müssen. Was wir brauchen, ist »Lebenskenntnis« und »Lebenswissen«, die in den exakten Disziplinen nicht zu finden sind. Diese verengen das Blickfeld, und nur im schmalen Bereich ihrer Interessen geben sie Raum für zielsicheres Erkennen und Handeln. Nietzsche hat sich oft spöttisch über die Mentalität des Wissenschaftlers geäußert, der seinen Stolz dareinsetzt, in der kleinsten Sphäre alles und jedes genau zu wissen – im *Zarathustra* ist »der Gewissenhafte des Geistes« der »beste Kenner vom Gehirn des Blutegels«; dies ist »sein Reich«. Eine derartige Verarmung an Fülle und Weite des Welterlebens ist durch keine noch so große Gründlichkeit im Spezialistentum je auszugleichen. Gemessen an einem »Weltweisen« wie Goethe muten selbst so grandiose Gestalten wie Darwin, Haeckel, Einstein oder Planck wie die Nachkommen der christlichen Asketen des Mittelalters an. Nietzsche, der für »tüchtige Naturwissenschaftler« viel Respekt übrig hatte, dichtete immerhin unter dem Titel »An die Jünger Darwins«:

Darwin neben Goethe setzen,
heißt die Majestät verletzen:
Majestatem Genii!

Wenn die Religionen einen *geheimnisvoll-mystischen* und die Naturwissenschaft einen *schmalspurig-rationalen* Weltentwurf enthalten, so entsteht unweigerlich die Frage, ob wir in den Geistes- und Humanwissenschaften ein Korrektiv für beiderlei Entartungen der integralen Sinnsuche des Menschen in der Welt entdecken können. Seitdem Giovanni Battista Vico (1668–1744) die Besonderheit und die Eigengesetzlichkeit der geschichtlich-gesellschaftlichen Welt erkannt hat, hat es nicht an Versuchen gefehlt, die spezielle Bedeutung von Geschichtswissenschaft, Sprachwissenschaft, Kunstwissenschaft, Soziologie und Philosophie für die eigentliche *Emanzipation des Menschen* hervorzuheben. Die Reihe der illustren Autoren, die sich um die methodologische Fundierung dieser Disziplinen verdient gemacht haben, ist lang; als herausragende Figuren sind unter anderen zu nennen Johann Gustav Droysen, Friedrich Daniel Schleiermacher, Wilhelm Dilthey, Edmund Husserl, Martin Heidegger, Theodor W. Adorno, Max Horkheimer, Hans-Georg Gadamer, Jürgen Habermas.

In Dilthey erreichte die Selbstbewußtwerdung der Wissenschaften innerhalb der sprachlich-historischen Welt einen ersten Gipfelpunkt; nicht umsonst hat man sein Lebenswerk, in Erinnerung an Kant, eine »Kritik der *historischen* Vernunft« genannt. Bei Dilthey finden wir auch die feste Überzeugung, daß dem Menschen »die Natur« ferner steht als das gesellschaftlich-geschichtliche Phänomen, dessen Urheber er ja selbst ist; ähnlich hatte sich schon Vico geäußert. Das naturwissenschaftliche Denken arbeitet mit Konstrukten, in welche die »volle Wirklichkeit« niemals eingehen kann; sofern es auf den seelisch-geistigen Kosmos angewandt wird, wirkt es »weltverstümmelnd« und bringt kein tieferes Verständnis zuwege. Will der Mensch sich selbst begreifen, so bedarf er wohl des Horizonts der Naturwissenschaften, aber der Schwerpunkt der Erkenntnis darf nicht in ihnen liegen. Die »eigentliche Befreierin des menschlichen Geistes« ist die »geschichtliche Weltanschauung«, die Selbsterkenntnis des Menschen durch Assimilierung der Werke und Taten, die auf ihn selbst zurückgehen. Durch eine hochentwickelte *Methodologie des Verstehens* (Selbstverstehen, Fremdverstehen, Verstehen der Objektivationen des personalen und des kollektiven Geisteslebens und so weiter) schuf Dilthey eine Grundlegung der Geisteswissenschaften; unter seinen Händen entstand daraus eine philosophische Anthropologie und Lebensphilosophie, die in

Husserl, Scheler, Heidegger, Sartre und anderen ihre Weiterentwicklung fand.

Der Ansatz dieser Geistes-, Sozial-, Kultur- und Humanwissenschaften ist lebensnäher als derjenige der Naturwissenschaft, entspringen sie doch deutlicher der Praxis des gelebten Lebens. So verankerten zum Beispiel Heidegger und Gadamer die hermeneutische Methode in einer »Hermeneutik des Daseins«, was bedeutet, daß sie das geisteswissenschaftliche Verstehen auf das existentielle Verstehen zurückführten, das ständig im Zusammensein der Menschen, im Sprechen miteinander, in der individuellen und der kulturell-kollektiven Lebensführung und so weiter jeweils schon stattfindet. Mehr als die Naturwissenschaften sind die geisteswissenschaftlichen Disziplinen in das menschliche Leben selbst eingebettet; sie gehen aus ihm hervor und wirken direkt darauf zurück. Dies ist ihre Chance, aber auch ihre Gefahr. Sie können in hohem Maß der »Existenzerhellung« dienen, haben sich aber auch allzuoft in den Dienst der *Existenzverdunkelung* stellen lassen. Wir denken hierbei an die sozialen Vorurteile, die gerade in den Forschungen der Geisteswissenschaft bis zum heutigen Tag eine dominierende Rolle spielen. Ein Forscher, der nicht seine Persönlichkeitsstruktur, sein persönliches und geistiges Herkommen, seine menschlichen und sozialen Bindungen einer analytischen Klärung unterworfen hat, wird sehr oft in seinen gesellschaftlich-geschichtlich-kulturellen Untersuchungen nur das ans Licht bringen, was seine tiefbegründete Vorurteilsstruktur bestätigt. Wissenschaftler in diesem Bereich haben sich, wie auch so manche ihrer Kollegen von der Naturwissenschaft, für jegliche Kulturbarbarei einspannen lassen und sich für niedrigste Herrschaftszwecke prostituiert.

Die *Ideologiekritik* hat es übernommen, diese Verunstaltungen des Geistes- und Kulturlebens zu entlarven; eine durch sie untermauerte und gestützte geisteswissenschaftliche Forschungsarbeit wäre vielleicht in der Lage, in dem Maß »emanzipatorisch« zu sein, wie es sich Dilthey, Husserl, Habermas und andere erträumten und weiterhin erträumen. Aber welcher Ideologiekritiker hat einen so erhabenen Standort, daß ihm beim Blick auf die vielfältigen Befangenheiten der anderen nicht die eigene Befangenheit als optische Beeinträchtigung in die Quere kommt? Auch der Ideologiekritiker muß immer ideologiekritisch überprüft werden. Wo ist der Ausweg aus dem Chaos der Meinungen und Weltanschauungen – Diltheys »Anarchie der Überzeugungen« –, in das wir uns versetzt fühlen?

Weder Natur- noch Geisteswissenschaft und auch nicht die Ideologiekritik kennen per se die Antwort auf die Herausforderung, vor die jeder einzelne durch die Tatsache gestellt ist, daß er sich in der entwickelten Kultur einer *Pluralität von Wahrheiten* gegenübersieht, die alle mit dem Anspruch auf Glaubwürdigkeit auftreten. So gibt es naturwissenschaftliche, geisteswissenschaftliche, religiöse, politische, philosophische und manche andere »Wahrheit«; häufig klafft indes ein unüberbrückbarer Widerspruch zwischen dieser und jener Wahrheit. Wo und bei wem soll und kann das Individuum sich seine Orientierung verschaffen? Anhand welchen Leitfadens soll es herausfinden aus dem Labyrinth der möglichen Irrtümer, die sein Leben und das Leben der Menschheit bedrohen?

Unsere Antwort lautet, daß man niemandem die je eigene Wahrheitssuche abnehmen kann. Die

Vielfalt der Standpunkte und Stellungnahmen im Geistesleben mag verwirrend sein; sie ist aber die Bedingung echter Kultur und soll keinesfalls abgeschafft werden. In ihr sich zurechtzufinden heißt nichts anderes als: *zu philosophieren beginnen.* Und diese Philosophie besteht nicht darin, daß man die Systeme der Philosophen auswendig lernt, tiefschürfende Vorlesungen an den Hochschulen anhört oder aus der Bibel und den philosophischen Lehrbüchern Texte und Textstellen zitiert, die als Wahrheitsbeweis gelten sollen. Für Husserl etwa hieß Philosophieren das Nachdenken des einzelnen Menschen über sein jeweiliges Ich, seine Mitwelt und das Universum, das Sichentwerfen des Menschen auf eine allgemeingültige Vernunft hin, unter Umständen auch die angsterfüllte Selbstvergewisserung angesichts des Zusammenbrechens geliebter und gewohnter Vorurteile, die in der Regel den durchschnittlich-alltäglichen Geisteshaushalt des einzelnen und der Gesamtheit ausmachen.

Radikalisierung des Denkprozesses, ausgehend vom Bestand der Weltauslegung, in die man gleichsam hineingeboren und für die man erzogen wurde, ist aber nicht nur ein intellektueller Prozeß; es ist immer auch eine Entscheidung für das eigentliche Ichsein in echter Selbstverantwortung, auch wenn man dadurch von der »Mehrheit der Menschen« abgelehnt oder mißverstanden wird. Ein solches *Ethos der individuellen Autonomie* und der *intellektuellen Redlichkeit* paßt sehr gut zu einer »philosophischen Psychoanalyse« oder »verstehenden Tiefenpsychologie«, wie wir sie vertreten. Unter solchem Horizont kann sich der Therapeut nicht damit begnügen, seine Patienten von ihren Symptomen zu befreien und sie möglichst fugenlos einzupassen in die geltende Kultur

263

und die bestehende Gesellschaft, die weithin doch nichts anderes als konventionelle Verlogenheit und Unmenschlichkeit bedeuten. Der wahrhaft »geheilte Mensch« ist ein *unbequemer Wahrheitssucher*, ein Repräsentant der Freiheit, der Vernunft und des Fortschritts, den man mit Husserl einen »Funktionär der Menschheit«[224] nennen kann. Ein derartiger *Menschheitsanwalt* wird im Denken und Handeln, in Liebe und Erkenntnis, im Selbstsein und in der Solidarität mit anderen jene Bewußtseinsstufe erklimmen, von der aus er sich zwischen Religionen, Wissenschaften, Philosophie und Alltagsmeinungen entscheiden kann. Als Philosoph, Künstler, Politiker, Wissenschaftler und Mitmensch wird er das *vernünftige Menschentum* repräsentieren, von dem allein eine menschenwürdige Zukunft zu erhoffen ist.

Literaturverzeichnis

Abraham, Karl *Psychoanalytische Studien zur Charakterbildung*. Frankfurt/Main 1969

Adam, Karl *Das Wesen des Katholizismus*. Bonn 1957

Adler, Alfred *Gesammelte Werke (Taschenbuch-Ausgabe)*. *Frankfurt/Main o. J.*

Baroja, Julio Caro *Die Hexen und ihre Welt*. Stuttgart 1967

Bauer, Bruno *Feldzüge der reinen Kritik*. Frankfurt/Main 1968

Bayle, Pierre *Verschiedene Gedanken über einen Kometen*. Leipzig 1975

Benz, Ernst *Beschreibung des Christentums*. München 1975

Berger, Peter L. *Zur Dialektik von Religion und Gesellschaft*. Frankfurt/Main 1973

Bergson, Henri »Die beiden Quellen der Moral und der Religion«. In: *Materie und Gedächtnis*. Frankfurt/Main 1964

Bitter, Wilhelm (Hg.) *Psychotherapie und religiöse Erfahrung*. Stuttgart 1965

Bloch, Ernst *Atheismus im Christentum*. Reinbek 1970

Boss, Medard *Indienfahrt eines Psychiaters*. Bern 1976

Braun, Hans J. *Ludwig Feuerbachs Lehre vom Menschen*. Stuttgart 1971

Brunner, Emil *Gott und sein Rebell. Eine theologische Anthropologie*. Reinbek 1958

Burckhardt, Jacob *Griechische Kulturgeschichte*. Bd. 2. München 1977

– *Die Kultur der Renaissance in Italien*. Stuttgart 1976

Campbell, Josef *Der Heros in tausend Gestalten*. Frankfurt/Main 1978

Cicero *Vom Wesen der Götter*. München o. J.

Deschner, Karlheinz *Abermals krähte der Hahn. Eine kritische Kirchengeschichte*. Stuttgart 1962. Neuausg. Düsseldorf/Wien 1986

– *Das Kreuz mit der Kirche. Eine Sexualgeschichte des Christentums*. Düsseldorf 1964

– *Kirche des Un-Heils*. München 1974

- (Hg.) *Das Christentum im Urteil seiner Gegner*. 2 Bde. Wiesbaden 1969/1971. Überarb. u. gekürzte Neuausg. in einem Bd. Ismaning 1986

Die Heilige Schrift (übers. v. Martin Luther). Stuttgart o. J.

Egenter, Richard/Matussek, Paul *Ideologie, Glaube und Gewissen*. München 1968

Eliade, Mircea *Das Mysterium der Wiedergeburt. Initiationsriten*. Zürich 1961

Engels, Friedrich *L. Feuerbach und der Ausgang der klassischen deutschen Philosophie*. Berlin 1977

Feuerbach, Ludwig *Das Wesen des Christentums*. Leipzig o. J.

- *Pierre Bayle*. Berlin 1967
- *Von Bacon bis Spinoza*. Berlin 1969
- *Anthropologischer Materialismus*. 2 Bde. Hg. v. A. Schmidt. Frankfurt/Main 1967
- *Kleine philosophische Schriften*. Hg. v. M. G. Lange. Leipzig o. J.
- *Das Wesen der Religion*. Leipzig o. J.

Frankl, Viktor E. *Der unbewußte Gott. Psychotherapie und Religion*. München 1974

Frazer, James George *Mensch, Gott und Unsterblichkeit*. Leipzig 1932

- *Der goldene Zweig. Eine Studie über Magie und Religion*. Köln 1968

Freud, Sigmund *Gesammelte Werke*. 18 Bde. Frankfurt/Main 1960 ff.

Freud, Sigmund/Pfister, Oskar *Briefe 1909–1939*. Frankfurt/Main 1963

Friedenthal, Richard *Ketzer und Rebell. Jan Hus*. München 1977

Fromm, Erich *Die Furcht vor der Freiheit*. Zürich 1945
- *Das Christusdogma und andere Essays*. München 1965
- *Psychoanalyse und Religion*. Zürich 1966
- *Märchen, Mythen und Träume*. Zürich 1957
- *Die Herausforderung Gottes und des Menschen*. Zürich 1970
- *Haben oder Sein*. Stuttgart 1976

Fromm, Erich/Suzuki, Daisetz T./Martino, Richard de *Zen-Buddhismus und Psychoanalyse*. Frankfurt/Main 1972

Funk, Rainer *Mut zum Menschen. Erich Fromms Denken und Werk, seine humanistische Religion und Ethik*. Nachwort v. Erich Fromm. Stuttgart 1978

Gödde, Günther/Krüger, Wolfgang *Über den Strukturzu-*

sammenhang zwischen Masochismus und christlicher Weltanschauung. Berlin 1976

Goldammer, Kurt Die Formenwelt des Religiösen. Stuttgart 1960

Grützmacher, Richard H. Die Religionen in der Anschauung Goethes. Baden-Baden 1950

Heer, Friedrich/Kahl, Joachim/Deschner, Karlheinz Warum ich Christ, Atheist, Agnostiker bin. Köln 1977

Heine, Heinrich Zur Geschichte der Religion und Philosophie in Deutschland. Frankfurt/Main 1966

Hemleben, Johannes Ernst Haeckel. Hamburg 1964

Hello, Ernest Heiligengestalten. Frankfurt/Main 1959

Holbach, Paul H. de Der gesunde Menschenverstand des Pfarrers Meslier. Zürich 1976

Hume, David Dialoge über natürliche Religion. Hamburg 1968

Huxley, Julian Ich sehe den künftigen Menschen. München 1965

– (Hg.) Der evolutionäre Humanismus. München 1964

James, William Die religiöse Erfahrung. Leipzig 1914

Jaspers, Karl Nietzsche und das Christentum. Hameln o. J. Neuausg. München 1985

Jones, Ernest Das Leben und Werk des Sigmund Freud. 3 Bde. Bern 1962

– Zur Psychoanalyse der christlichen Religion. Frankfurt/Main 1970

Jung, Carl Gustav Gesammelte Werke. Olten o. J.

– Erinnerungen, Träume, Gedanken. Aufgezeichnet v. A. Jaffé. Olten 1971

Jung, Carl Gustav/Kerényi, Karl Einführung in das Wesen der Mythologie. Zürich 1951

Kahl, Joachim Das Elend des Christentums oder Plädoyer für eine Humanität ohne Gott. Hamburg 1968

Kant, Immanuel Die Religion innerhalb der Grenzen der bloßen Vernunft. Hamburg 1956

Kerényi, Karl Prometheus. Hamburg 1959

Kluckohn, Clyde Spiegel der Menschheit. Zürich 1951

Kołakowski, Leszek Gespräche mit dem Teufel. München 1975

– Die Philosophie des Positivismus. München 1971

Läpple, Volker/Scharfenberg, Joachim (Hg.) Psychotherapie und Seelsorge. Darmstadt 1977

Lepp, Ignace Psychoanalyse des modernen Atheismus. Würzburg 1962

Lévy-Bruhl, Lucien *Die Seele des Primitiven*. Düsseldorf 1956
– *Die geistige Welt des Primitiven*. Düsseldorf 1959
Löwith, Karl *Von Hegel zu Nietzsche*. Hamburg 1978
– *Gott, Mensch und Welt in der Metaphysik von Descartes bis zu Nietzsche*. Göttingen 1967
– *Vorträge und Abhandlungen zur Kritik der christlichen Überlieferung*. Stuttgart 1966
Malinowski, Bronislaw *Eine wissenschaftliche Theorie der Kultur*. Zürich 1949
– *Magie, Wissenschaft und Religion*. Frankfurt/Main 1973
Marx, Karl/Engels, Friedrich *Über Religion*. Berlin 1958
Monod, Jacques *Zufall und Notwendigkeit. Philosophische Fragen der modernen Biologie*. München 1975
Moser, Tilmann *Gottesvergiftung*. Frankfurt/Main 1976
Mouat, Kit *Leben in dieser Welt*. München 1964
Nase, Eckart/Scharfenberg, Joachim (Hg.) *Psychoanalyse und Religion*. Darmstadt 1977
Otto, Walter F. *Die Wirklichkeit der Götter*. Hamburg 1963
Popper-Lynkeus, Josef *Über Religion*. Wien 1924
Reik, Theodor *Der eigene und der fremde Gott*. Frankfurt/ Main 1972
– *Dogma und Zwangsidee*. Stuttgart 1973
Rilke, Rainer Maria *Das Stundenbuch*. Frankfurt/Main 1975
Rohde, Erwin *Psyche, Seelenkult und Unsterblichkeitsglaube der Griechen*. Leipzig o. J.
Roheim, Géza *Psychoanalyse und Anthropologie*. Frankfurt/Main 1977
– *Die Panik der Götter. Die Quellen religiöser Glaubensformen in psychoanalytischer Sicht*. München 1975
Rorschach, Hermann *Ausgewählte Aufsätze*. München o. J.
Rose, Herbert J. *Griechische Mythologie*. München 1969
Russell, Bertrand *Philosophie des Abendlandes*. Zürich 1950
– *Warum ich kein Christ bin*. Reinbek 1968
Sartre, Jean-Paul *Das Sein und das Nichts. Versuch einer phänomenologischen Ontologie*. Reinbek 1962
Schjelderup, Harald u. Kristian *Über drei Haupttypen der religiösen Erlebnisformen*. Berlin 1932
Schjelderup, Kristian *Die Askese*. Berlin 1928
Schlette, Heinz Robert *Einführung in das Studium der Religionen*. Freiburg/Breisgau 1971

268

Schuffenhauer, Werner *Feuerbach und der junge Marx.* Berlin 1965

Shaw, Bernard *Die Aussichten des Christentums.* Frankfurt/Main 1971

Silberer, Herbert *Probleme der Mystik und ihrer Symbolik.* Darmstadt 1961

Sleumer, Albert *Der römische Index.* Osnabrück 1928

Spinoza, Benedictus de *Die Ethik. Schriften und Briefe.* Hg. v. Friedrich von Bülow. Stuttgart 1966

Sundén, Hjalmar *Die Religion und die Rollen.* Berlin 1965

Szczesny, Gerhard *Die Zukunft des Unglaubens.* München 1958

Tillich, Paul *Wesen und Wandel des Glaubens.* Berlin 1961

Topitsch, Ernst *Mythos, Philosophie, Politik.* Freiburg/Breisgau 1969

– *Vom Ursprung und Ende der Metaphysik.* München 1972

Troeltsch, Ernst *Die Absolutheit des Christentums.* München 1969

Uslar, Detlev von *Psychologie der Religion.* Zürich 1978

Wach, Joachim *Religionssoziologie.* Tübingen 1951

Wobbermin, Georg (Hg.) *Religionsphilosophie.* Berlin 1924

Zwerenz, Gerhard *Magie, Sternenglaube, Spiritismus.* Frankfurt/Main 1974

Anmerkungen

Sigmund Freud: Religion als Illusion

1 3 Bde. Bern 1960/1962
2 *GW (Gesammelte Werke)* Bd. 4
3 Ebd. S. 287
4 Ebd. S. 288
5 *GW* Bd. 7
6 Ebd. S. 132
7 Ebd. S. 138
8 *GW* Bd. 9
9 Ebd. S. 107
10 Ebd. S. 176
11 Ebd. S. 188
12 *GW* Bd. 12
13 Ebd. S. 250
14 *Die Ethik.* Stuttgart 1966
15 Ebd. S. 254
16 *GW* Bd. 17
17 Ebd. S. 43 f.
18 *GW* Bd. 13
19 Ebd. S. 167
20 *GW* Bd. 15
21 *GW* Bd. 13
22 Ebd. S. 317 f.
23 Ebd. S. 352
24 *GW* Bd. 14
25 Ebd. S. 349
26 Ebd. S. 350
27 A. a. O.
28 Ebd. S. 352
29 Ebd. S. 370
30 Ebd. S. 371
31 Ebd. S. 373
32 Ebd. S. 378 f.
33 Ebd. S. 380
34 *GW* Bd. 14
35 Ebd. S. 440
36 Ebd. S. 443

37 Ebd. S. 431
38 *GW* Bd. 15
39 Ebd. S. 181
40 A. a. O.
41 *Sigmund Freud – zwischen Moses und Ödipus. Die jüdischen Wurzeln der Psychoanalyse.* Aus d. Franzos. v. Helmut Engelmann. München 1975
42 *GW* Bd. 10
43 Ebd. S. 175
44 Ebd. S. 194
45 *GW* Bd. 16
46 Ebd. S. 223
47 *Die Welt von Gestern. Erinnerungen eines Europäers.* Frankfurt/Main 1970
48 Ebd. S. 304

Alfred Adler: Religion und Minderwertigkeitsgefühl

49 Verfügbar als Fischer TB 6283. Frankfurt/Main 1975
50 *Alfred Adler oder Das Elend der Psychologie.* Wien 1970
51 Ebd. S. 49
52 *Über den nervösen Charakter. Grundzüge einer vergleichenden Individual-Psychologie und Psychotherapie* (Fischer TB 6174). Frankfurt/Main o. J. S. 246
53 Alfred Adler *Menschenkenntnis* (Fischer TB 6080). Frankfurt/Main o. J. S. 190
54 A. a. O.
55 *Über den nervösen Charakter.* S. 262
56 *Menschenkenntnis.* S. 189
57 *Das Sein und das Nichts. Versuch einer phänomenologischen Ontologie.* Reinbek 1962
58 *Der Sinn des Lebens* (Fischer TB 6179). Frankfurt/Main 1972
59 Ebd. S. 165
60 Alfred Adler *Religion und Individualpsychologie. Eine prinzipielle Auseinandersetzung über Menschenführung.* Frankfurt/Main 1975. S. 71 f.
61 Alfred Adler *Kindererziehung.* Einf. v. Wolfgang Metzger (Fischer TB 6311). Frankfurt/Main 1976. S. 25
62 *Religion und Individualpsychologie.* S. 99
63 Ebd. S. 100
64 Ebd. S. 104

65 *Erinnerungen, Träume, Gedanken von C. G. Jung.* Aufgezeichnet von Aniela Jaffé. Olten 1971
66 *Carl Gustav Jung – Prophet des Unbewußten. Eine Biographie.* München 1977
67 München 1969
68 *Erinnerungen, Träume, Gedanken von C. G. Jung.* S. 26
69 Ebd. S. 45
70 Ebd. S. 55
71 *GW (Gesammelte Werke)* Bd. 1
72 *GW* Bd. 3
73 *Erinnerungen, Träume, Gedanken von C. G. Jung.* S. 153f.
74 Ebd. S. 159f.
75 Ebd. S. 143
76 Ebd. S. 160
77 *Carl Gustav Jung – Prophet des Unbewußten.* S. 248
78 Ebd. S. 389
79 Ebd. S. 209
80 Ebd. S. 293
81 Ebd. S. 306
82 *GW* Bd. 5
83 Sigmund Freud / Oskar Pfister *Briefe 1909–1939.* Hg. v. Ernst Freud u. Heinrich Meng. Frankfurt/Main 1963. S. 90
84 *Das Problem des geistigen Seins. Untersuchungen zur Grundlegung der Geschichtsphilosophie und der Geisteswissenschaften.* Berlin 1933
85 *GW* Bd. 6
86 *GW* Bd. 7
87 Carl Gustav Jung *Psychologie und Religion* (*GW* Bd. 11). Olten o. J. S. 49
88 Ebd. S. 64
89 *GW* Bd. 11
90 Ebd.
91 Ebd.
92 Ebd. S. 25
93 Ebd. S. 115
94 *Erinnerungen, Träume, Gedanken von C. G. Jung.* S. 209
95 *GW* Bd. 11. S. 93

96 *Das Wandlungssymbol in der Messe* (GW Bd. 11). Ol-
    ten o. J.
97 Carl Gustav Jung *Yoga und der Westen* (GW Bd. 11).
    Olten o. J. S. 576 f.
98 *GW* Bd. 11
99 *Ein moderner Mythos* (GW Bd. 10). 1958
100 *GW* Bd. 8

Psychoanalyse und Religionspsychologie

101 *Protokolle der Wiener Psychoanalytischen Vereini-
    gung.* 4 Bde. Bd. 1: 1906–1908. Bd. 2: 1908–1910.
    Bd. 3: 1910–1911. Bd. 4: 1912–1918. Hg. v. Herman
    Nunberg u. Ernst Federn. Frankfurt/Main 1976–1981
102 Derzeit abgedruckt in Karl Abraham *Psychoanalyti-
    sche Studien zur Charakterbildung.* Frankfurt/Main
    1969
103 Derzeit abgedruckt in *Neurose und Genialität. Psy-
    choanalytische Biographien.* Hg. v. Johannes Creme-
    rius. Frankfurt/Main 1971
104 *Psychoanalytische Studien zur Charakterbildung.*
    S. 310
105 Neuausgabe Darmstadt 1961
106 *Probleme der Mystik und ihrer Symbolik.* S. 160
107 *Das Leben und Werk von Sigmund Freud.* Bern 1960/
    1962
108 Neuausgabe Frankfurt/Main 1970
109 *Zur Psychoanalyse der christlichen Religion.* S. 12
110 Sigmund Freud / Oskar Pfister *Briefe 1909–1939*
111 Ebd. S. 13
112 Ebd. S. 64
113 Ebd. S. 132
114 Gemeint ist die Seitenwunde Jesu.
115 München o. J.
116 *Ausgewählte Aufsätze von Hermann Rorschach.* Hg.
    v. K. W. Bash. S. 94
117 Berlin 1932
118 *Über drei Haupttypen der religiösen Erlebnisformen
    und ihre psychologische Grundlage.* S. 98
119 *Kulturentwicklung und Religion.* Zürich 1953
120 Arie Sborowitz »Eine religiöse Konzeption in der
    Nachfolge von C. G. Jung«. In *Psyche* Bd. 8, 1954/
    1955

121 In *Psyche* Bd. 10, 1956/1957
122 »Etwas über die erste Menschengesellschaft nach dem Leitfaden der mosaischen Urkunde« und »Die Sendung des Moses«
123 In *Psyche* Bd. 14, 1960/1961
124 Ebd. S. 559
125 In *Psyche* Bd. 16, 1962/1963
126 Ebd. S. 57
127 In *Psyche* Bd. 30, 1976
128 Ebd. S. 146
129 In *Psyche* Bd. 27, 1973
130 In *Zeitschrift für Psychosomatische Medizin und Psychoanalyse* Bd. 17, 1971
131 Hg. v. Eckart Nase u. Joachim Scharfenberg. Darmstadt 1977
132 Hg. v. Volker Läpple u. Joachim Scharfenberg. Darmstadt 1977

Beiträge der Neopsychoanalyse

133 Stuttgart 1940
134 Abschnitt 168
135 *Der gehemmte Mensch.* S. 191–206
136 Ebd. S. 207
137 In *Psyche* Bd. 2, 1948. S. 417–435
138 München 1965
139 Zürich 1957
140 Zürich 1966
141 Zürich 1970
142 Stuttgart 1976
143 Stuttgart 1978
144 Erich Fromm *Das Christusdogma und andere Essays.* S. 21
145 Ebd. S. 27
146 Ebd. S. 91
147 *Psychoanalyse und Religion.* Zürich 1966. S. 49
148 Ebd. S. 139
149 Frankfurt/Main 1972
150 Stuttgart 1976
151 In Rainer Funk *Mut zum Menschen. Erich Fromms Denken und Werk, seine humanistische Religion und Ethik.* Nachwort v. Erich Fromm. Stuttgart 1978. S. 360

Ludwig Feuerbach und Karl Marx: Religion als Selbstentfremdung

152 Ludwig Feuerbach *Das Wesen des Christentums*. Berlin 1973. S. 26
153 Ebd. S. 125
154 Ebd. S. 315
155 Leipzig 1908
156 *Das Wesen der Religion.* S. 170
157 Ludwig Feuerbach *Kleine philosophische Schriften*. Hamburg o. J. S. 169
158 Ebd. S. 169 f.
159 Enthalten in: Karl Marx / Friedrich Engels *Über Religion*. Berlin 1958
160 Ebd. S. 30
161 *Das Wesen des Christentums.* S. 30
162 Karl Marx / Friedrich Engels *Über Religion.* S. 30 f.
163 Ebd. S. 31
164 Ebd. S. 33
165 Ebd. S. 38
166 Ebd. S. 55
167 Ebd. S. 56

Friedrich Nietzsche: Gott ist tot

168 2 Bde. 1878/1879
169 Bd. 1. S. 40
170 *Menschliches, Allzumenschliches.* S. 102
171 Ebd. S. 106
172 *Also sprach Zarathustra.* S. 31 f.
173 Ebd. S. 98
174 Friedrich Nietzsche *Morgenröte.* S. 49 f.
175 Friedrich Nietzsche *Umwertung aller Werte.* Bd. 1. München 1969. S. 193
176 *Menschliches, Allzumenschliches.* S. 114
177 *Umwertung aller Werte.* Bd. 1. S. 228
178 Ebd. S. 235
179 Friedrich Nietzsche *Die fröhliche Wissenschaft.* S. 145
180 *Umwertung aller Werte.* Bd. 1. S. 221
181 Ebd. S. 198
182 *Morgenröte.* S. 65 f.
183 *Menschliches, Allzumenschliches.* S. 123

275

184 *Morgenröte.* S. 71
185 *Die fröhliche Wissenschaft.* S. 152
186 Ebd. S. 145
187 Friedrich Nietzsche *Der Wille zur Macht.* Leipzig 1930. S. 99
188 *Menschliches, Allzumenschliches.* S. 115
189 Ebd. S. 99

Auf dem Weg zu einer erweiterten psychoanalytischen Religionspsychologie

190 Erschienen 1833/1834. Neuausgabe Frankfurt/Main 1966
191 Ebd. S. 147 f.
192 Frankfurt/Main 1973
193 Sigmund Freud *Briefe 1873–1939.* Frankfurt/Main 1960. S. 416
194 *GW* Bd. 13
195 München 1958
196 *Der Wille zur Macht.* S. 664
197 *Zur Geschichte der Religion und Philosophie in Deutschland.* Frankfurt/Main 1966. S. 67
198 Stuttgart 1971
199 Stuttgart 1965
200 München 1968
201 Darmstadt 1977
202 Darmstadt 1977
203 *The Authoritarian Personality.* New York 1950
204 Würzburg 1962
205 Frankfurt/Main
206 Frankfurt/Main 1975
207 Gemeint ist Gott.
208 Tilmann Moser *Gottesvergiftung.* S. 17
209 Ebd. S. 35
210 Ebd. S. 46
211 Ebd. S. 100 f.
212 Düsseldorf/Köln 1955
213 Frankfurt/Main 1959
214 *Gesammelte Werke* Bd. 5. Göttingen 1968
215 Leipzig 1914
216 William James *Die religiöse Erfahrung in ihrer Mannigfaltigkeit.* S. 19
217 Stuttgart 1962. Neuausgabe Düsseldorf/Wien 1986

218 München 1958
219 Zürich 1950
220 Reinbek 1968
221 *Zur Dialektik von Religion und Gesellschaft.* Frank-
   furt/Main 1973. S. 28
222 Neuausgabe Stuttgart 1976
223 Den Haag 1962
224 *Die Krisis der europäischen Wissenschaften und die
   transzendentale Phänomenologie.* S. 15

Personen- und Sachregister

280